国家社科基金一般项目（项目编号：17BTY083）结项成果
本书出版获得陕西师范大学优秀学术著作（哲学社会科学）出版一类资助

Research on the
Implementation
Strategy and

Path of National
Fitness in Ultra High
Altitude Agricultural and
Pastoral Areas

超高海拔农牧区
全民健身实施策略与路径研究

黄聪 等著

中国社会科学出版社

图书在版编目（CIP）数据

超高海拔农牧区全民健身实施策略与路径研究 / 黄聪等著. -- 北京：中国社会科学出版社，2025.3.
ISBN 978-7-5227-4463-6

Ⅰ．G812.42

中国国家版本馆 CIP 数据核字第 202496XJ57 号

出 版 人	赵剑英
选题策划	宋燕鹏
责任编辑	王正英　宋燕鹏
责任校对	王文源
责任印制	李寡寡

出　　版	中国社会科学出版社
社　　址	北京鼓楼西大街甲 158 号
邮　　编	100720
网　　址	http://www.csspw.cn
发 行 部	010-84083685
门 市 部	010-84029450
经　　销	新华书店及其他书店

印　　刷	北京明恒达印务有限公司
装　　订	廊坊市广阳区广增装订厂
版　　次	2025 年 3 月第 1 版
印　　次	2025 年 3 月第 1 次印刷

开　　本	710×1000　1/16
印　　张	19.5
插　　页	2
字　　数	256 千字
定　　价	108.00 元

凡购买中国社会科学出版社图书，如有质量问题请与本社营销中心联系调换
电话：010-84083683
版权所有　侵权必究

前　言

　　海拔3500米以上的超高海拔农牧区主要分布在我国西部，这里以农牧业生产为主。超高海拔农牧区全民健身是一项兜底性民生工程，看似边远微小，实则伟大而重要，与习近平总书记提出的"稳定、发展、生态、强边"紧密相关。2016年《"健康中国2030"规划纲要》颁布，提出了"共建共享，全民健康"的战略主题。全民健身作为健康中国建设的战略基础、前端要地和有力支撑，是全体人民增强体魄、幸福生活的基础保障。所以"健康中国"战略的全民部署，必然离不开超高海拔农牧区全民健身的实施与发展，体育强国建设和健康中国建设离不开超高海拔农牧区全民健身目标的实现。

　　本书是国家社科基金项目的结项成果，通过了专家评审，准予出版。原结项报告36万字，共七部分，本书根据需要做了适当调整，比如主要概念与理论基础、国内外主题研究综述，以及一些原始数据，在结项评审通过的前提下，这些内容不再体现出来。

　　本研究突破体质人类学揭示超高海拔居民体质微观世界和体育学探讨超高海拔居民全民健身宏观构建的学术范畴，运用问卷调查、体质健康检测、田野调查等方法，深入超高海拔农牧区生活场景，零距离接触农牧民，遵循从解决问题出发，由探究微观因素入手，科学构建宏观理论，着力回归微观解决问题的路径探究，提出一个全新的分析和解决超高海拔农牧区全民健身问题的研究逻辑框架。

为了做好这项研究，课题组在 2017 年、2018 年、2019 年和 2022 年四次在青海、甘肃等超高海拔农牧区开展调研检测，共有 41 人次研究人员参加到这项工作。在完成研究过程中，李金金、刘鹏、李颖、杨玺、王丽萍、赵一鸣、王佳、刘于溪、杨甲慧、田浩、王肖、李伟雪、马强强等同志，陪我一起学习与进步，在研究中给予莫大的帮助，在此表示感谢。在研究过程中，还咨询了很多专家，得到多个单位的帮助，得到笔者单位领导的支持和同事朋友们的关心协助，在此一并表示感谢。

目录 Contents

第一章 绪论 ………………………………………………（1）
  第一节 研究背景与意义 ……………………………………（1）
  第二节 研究对象、目的与方法 ……………………………（12）

第二章 超高海拔农牧区全民健身体系发展现状调查与成年农牧民体质健康分析 ……………………………（24）
  第一节 超高海拔农牧区全民健身体系发展现状调查 ……（24）
  第二节 超高海拔农牧区成年农牧民体质健康分析 ………（60）

第三章 超高海拔农牧区全民健身发展影响要素与发展策略 ………………………………………………………（76）
  第一节 超高海拔农牧区全民健身发展影响要素 …………（76）
  第二节 超高海拔农牧区全民健身发展策略 ……………（122）

第四章 超高海拔农牧区全民健身宣传路径选择与政策执行路径优化 ……………………………………………（145）
  第一节 超高海拔农牧区全民健身宣传路径选择 ………（145）
  第二节 超高海拔农牧区全民健身政策执行路径的优化 ………………………………………………………（179）

第五章　超高海拔农牧区全民健身文化驱动与跨界整合 …………………………………………………（234）
　第一节　超高海拔农牧区全民健身文化驱动 …………（234）
　第二节　超高海拔农牧区全民健身跨界整合驱动 ………（254）

结　语 ……………………………………………………（297）
主要参考文献 ……………………………………………（299）

第一章

绪　论

第一节　研究背景与意义

一　研究背景

(一) 全民健身是实现"健康中国"的重要方式

中华人民共和国建国之初，中共中央一再表明体育"为人民服务，为国防和国民健康的利益服务"的性质，可以说，在广大劳动人民中普及体育运动是当时体育发展的既定方针。1956年，周恩来总理在党的"八大一次"会议上作《关于发展国民经济的第二个五年计划的建议的报告》指出："我们应该在广大群众中进一步开展体育运动，有效地增强人民体质，并且提高我国体育运动的水平。"再至1995年《全民健身计划纲要》由国务院正式颁布实施，明确要求积极发展全民健身事业，全面提高中华民族的体质和健康水平，促使群众参与体育运动时间逐步增加，经常参加体育活动人数有所增长；明确提出要实施体质监测制度，制定体质监测标准，并定期公布全民体质状况。2008年北京奥运会的成功举办，"十一五"期间提出大力倡导"全民健身与奥运同行"，以及在《体育事业发展"十二五"规划》中明确指出要坚持以人为本，服务民生，首先把增强人民体质、提高全民族身体素质和生活质量放在首位，其次把群众体育作为促进人的全面发展的出发点和落脚点，满足人民群众不断增长的体育需求。继1995年

《全民健身计划纲要》的颁布，2016年国务院发布《全民健身计划（2016—2020）》（以下简称全国《计划》），以增强人民体质、提高健康水平为根本目标，满足人民群众多元化的健身需求，提出重点扶持革命老区、民族地区、边疆地区、贫困地区发展全民健身事业，并要着力开展西部偏远地区和农村乡镇的全民健身活动，缩小地区及城乡间差距。

从2014年10月20日国务院印发的46号文件将"全民健身"纳入国家发展战略[①]，到2015年党的十八届五中全会提出推进健康中国建设，再到2016年10月《"健康中国2030"规划纲要》要求进一步推动全民健身和全民健康的深度融合[②]，以及习近平在十九大报告中再次提出，广泛开展全民健身活动，加快体育强国建设，将健康中国建设放在优先发展地位[③]，这为全民健身提供了明确的发展方向。2019年印发的《国务院关于实施健康中国行动的意见》[④]再一次强调生命在于运动，运动需要科学。要求为不同人群提供针对性的运动健身方案或运动指导服务。进一步对全民健身提出了更加科学的运动指导。以上全民健身相关政策都是在"健康中国"发展的大背景下提出。"健康中国"作为国家战略，其最终目标是实现全民健身意识的提高、体育参与度的提高和参与权利的均等化和身心健康水平的提高。而全民健身作为一项综合性发展事业，关乎国民健康，关乎经济建设，关乎社会生态发展，关乎是否满足"人民对美好生活的需求"。在中国特色社会主义新发展阶段，以习近平新时代中国

---

① 国务院：《关于加快发展体育产业促进体育消费的若干意见》，发文号：国发〔2014〕46号，2014年10月20日。
② 新华社：《中共中央国务院印发〈"健康中国2030"规划纲要〉》，http://www.gov.cn/zhengce/2016-10/25/content_ 5124174. htm，2024年2月22日。
③ 国务院办公厅：《国务院办公厅关于印发体育强国建设纲要的通知》，发文号：国办发〔2019〕40号，2019年8月10日。
④ 国务院：《国务院关于实施健康中国行动的意见》，发文号：国发〔2019〕13号，2019年7月15日。

特色社会主义思想为指导，"全民健身"不仅是全体人民增强体魄、健康生活的基础和保障，更是落实"健康中国"战略的重要组成部分。

2017年10月18日，习近平总书记在中国共产党第十九次全国代表大会上强调要"广泛开展全民健身活动，加快推进体育强国建设"。由"广泛开展全民健身运动"改为"广泛开展全民健身活动"，其表述更深层次的意义就是要全面、全方位、全民族、全地域开展全民健身活动。新时代下，在体育强国的建设道路中，"全民健身运动"向"全民健身活动"的转变同样适应了新时代的体育发展，充分说明更加鼓励群众自发进行体育活动，积极参与身体锻炼。新思想下，"全民健身活动"是维系国家与社会、政府与人民的重要纽带，同时也是实现体育强国在基层实施办法的落脚点。如今，"全民健康""全民健身""健康中国"已成为新时代生活的主题词，"健康中国"战略的提出将全民健康与全民健身紧密衔接，全民健身与全民健康的深度融合是"健康中国"战略的具体实施需要。中华人民共和国成立至今，党和国家高度重视国民的身体健康状况和全民健身工作的开展，如今全民健身与全民健康的深度融合成为开展全民健身工作的新起点，同时，也为21世纪全民健身工作提出了新要求。深度融合是通过控制两者共同进行融合的关键要素，在实施的过程中共进退，不应偏离应有的轨迹，应时时考虑全民健康与全民健身融合的关键点，最重要的是全民健身与全民健康的深度融合为"健康中国"的建设提供支撑。首先全民健身与全民健康的服务对象具有同一性；其次，两者的核心目标都是增强国民体质，使国民具有良好的体魄，远离疾病威胁，维护国民健康；第三，两者在干预方法中相互交叠，全民健身主要是让国民通过科学的、正确的健身方法达到身体健康的效果，而全民健康涉及的手段和方法则更为广泛，包括医疗干预、健康教育和行为干预、健康环境创造等方面，两者互相影响，相互促进。因此，就全民健身和全民健康之间的逻辑关系来说，则更应该针对我国国民健康仍存在诸多问题的地区。例如超高海拔地区，由于地广人稀，且都在高海拔、信息相对闭塞的环境下生活，很少有人关注农牧民的健康问题。然而农牧民的健康问题属于全民健康的一部分，因此农牧民的体质健康值得国家时时关注。针对超高海拔地区农牧民的体质健康状况，通过全民健身和全民健康的融合，提高农牧民对健康的基本认识，引导农牧民远离疾病，逐步提升农牧民的健康与寿命，在实施过程中使农牧民充分感受到国家对他们生活的关注、健康的关注，从而提升幸福感。

在新中国的任何阶段、任何时期党和国家都十分关注国民体质健康状况，并通过多种宣传教育方式使国民全面、正确地认识全民健身，倡导国民积极参与全民健身活动，最终达成造福全国人民、保障人民美满生活为根本目的。党和国家对发展全民健身事业给予高度重视，全民健身是构建社会主义和谐社会必不可少的重要组成部分，随着"健康中国""全面建成小康社会"和"两个一百年"奋斗目标等战略的不断推进，针对我国文化性、地域性、民族性的不同，结合实际情况对全民健身进行理论与实践相结合的研究受到重视。

（二）超高海拔农牧区全民健身是"健康中国"建设的必然需求和"全民健身"全面实施的必然趋势

习近平总书记在党的十八届一中全会上明确指出："人民对美好生活的向往，就是我们的奋斗目标。"在党的十九大报告中再一次强调："人民健康是民族昌盛和国家富强的重要标志。"超高海拔农牧区（后文简称"农牧区"）在我国西部分布较广，是"一带一路"建设的重要途经地，是推进"健康中国"建设不可或缺的地区。2016年《"健康中国2030"规划纲要》颁布，提出了"共建共享，全民健康"的战略主题，而全民健身作为健康中国建设的战略基础、前端要地和有力支撑，是全体人民增强体魄、幸福生活的基础保障，所以"健康中国"战略的全民部署，必然离不开农牧区全民健身的发展与实施。

自1995年6月20日国务院发布《全民健身计划纲要》后，"全民健身"计划率先在经济水平较为发达的大中城市开展，而对于老、少、边、穷地区及农牧区"全民健身"的开展就较为薄弱。直到21世纪初才迎来了"全民健身"计划的第一次发展热潮，其发展方向开始向更高层次更广领域迈进，由最开始的宣传推广逐渐转为面向城市与社区的全民健身工程建设、全民健身系统构建和体育消费等方面。2001年北京申奥成功，"全民健身"计划便开始以奥运会为基础进行发展，其中不乏体育服务体系构建，以及全民健身法治建设。我国西部大开发战略旨在将东部地区发达的过剩经济发展力，用以提高欠发达的西部地区的经济和社会发展水平。在这一大背景之下，产生了许多关于全民健身的研究，并且，不少学者开始着眼于少数民族地区的全民健身问题。由此，全民健身这一热议话题逐步由东部发达地区向西部欠发达地区转移。但由于受到西部少数民族地区各方面客观因素的制约，例如地理环境特殊、人口稀少、经济欠发达、教育资源匮乏、文化发展水平相对较低、交通闭塞等缺陷，"全民健身"计划实施情况不容乐观，其推进过程较为滞缓。2008年北京奥运会成功举办，我国加快体育基础建设，"全民健身"计划的实施也成为全民健身公共服务体系建设和城乡全民健身体系建设的主要关注点，在建设过程中也将全民健身融入社会发展，在拓展"体医结合""体医融合"理念的同时，也加大了对特殊群体健身参与等方面的关注。这一转变也使"全民健身"计划完成了再一次升级和完善。伴随着《全民健身计划（2011—2015）》收官，覆盖城乡、比较健全的全民健身公共服务体系初步形成。然而，在《全民健身计划（2011—2015）》实施过程中也面临一些挑战，如全民健身发展依然不平衡。这种不平衡表现在地区间、城乡间和人群间，公共财政的投入依然较低，体育社会组织有待发展壮大，参与全民健身的社会力量动员不够等。2014年《国务院关于加快发展体育产业促进体育消费的若干意见》发布后，将全民健身上升为国家战略。2015年《中共中央关于制定国民经济和社会发展第十三个五年规划的建议》，将"健康中国"正式上升为国家战略。2016年至今，《2030年可持续发展议程》、全国《计划》、《"健康中国2030"规划纲要》等文件相继出台，分别指出要"保障全民健康""着力推动基本公共体育服务均等化和重点人群、项目发展""共建共享、全民健康；人人享有基本体育健身服务"，表明国家将向纵深继续推动全民健身发展和健康中国建设。而西部农牧区等特殊区域的全民健身发展将是整个全民健身战略不可或缺的一部分，加强农牧区全民健身研究是"全民健身"全面实施的必然趋势。

（三）全民健身政策执行与全民健身工程建设是促进超高海拔地区农牧民体质健康的基础保障

国家的全民健身政策是把握大局的具有指导性的宏观政策，是我国全民健身事业发展的大政方针，为我国全民健身事业的发展指明前进的方向与实现的目标。我国以实施乡村振兴战略为抓手，将农民和少数民族地区体育事业的发展作为全民健身国家战略的重点任务之一，在政策的具体内容中重视经济发展较为薄弱的乡村与少数民族地区的全民健身发展，并制定了《关于进一步加强农民体育工作的指导意见》《关于进一步加强少数民族传统体育工作的指导意见》等一系列政策。以上政策对农牧区全民健身发展起到关键的引领作用。按照国家全民健身政策的要求，各省、自治区、直辖市不仅需要制定与国家政策相契合的地方政策，还要结合地区实际制定具体可操作性的全民健身政策。

全民健身是一项国家领导、社会支持、全民参与的体育健身计划,也是一种锻炼和教育手段,对满足各族人民的健康需求起着积极推动作用。超高海拔地区经济社会得到逐步发展,各族民众生活水平显著改善,立足于贯彻落实国家的全民健身战略,超高海拔地区的全民健身事业也在加速发展。2011年起,超高海拔地区相关地方政府依照国家的全民健身发展,制定了地方性的《全民健身实施计划(2011—2015)》和《全民健身实施计划(2016—2020)》。

农牧区全民健身的发展,既是全面建设超高海拔地区小康社会的重点、难点,又是超高海拔地区全民健身事业的重点、难点。全民健身政策执行是地方政府将全民健身政策转化为政策目标的根本途径,具体执行的情况关乎广大农牧民的身体健康水平和农牧区的发展。然而农牧区作为超高海拔地区发展最为薄弱的环节,两个计划中关于农牧区的具体实施内容较少,操作性的措施不够具体。因此,超高海拔地区全民健身政策执行中对农牧区全民健身的发展应做进一步优化。

全民健身是全民健康的基础和保障,全民健康是全面小康的重要内涵,也是每一个人成长和实现幸福生活的重要基础。如今在新的历史起点上,提高身体素质和健康水平是各族人民生活中最直接和最现实的问题之一,也是全力建设全民健康社会的关键。只有大力发展超高海拔地区的全民健身事业,加快在农牧区执行全民健身政策,始终坚持以人为本,把农牧民健康放在首位,才兼具提高超高海拔地区人民身体素质和健康水平,以及丰富人民群众精神文化生活的双重作用,不仅能促进人的全面发展,而且还能推动经济社会和谐发展,有助于加快建设团结、民主、富裕、文明、和谐的社会主义新局面。

健康是促进人全面发展的必然要求,是经济社会发展的基础条件,是民族昌盛和国家富强的重要标志,也是广大人民群众的共同追求,没有全民健康,就没有全面小康。要把人民健康放在优先发展的战略地位①。在此背景下，我国不仅要加快全民健身工程的建设，更应注重我国超高海拔地区农牧民的健康，加强农牧区全民健身工程的建设是提高农牧民体质健康的基础保障。

二 研究意义

（一）有利于建设体育强国，完善我国体育理论体系建设

体育强国体现了一个国家的体育综合实力，而综合实力包括两种，即硬实力和软实力。国家体育的硬实力水平由竞技体育、群众体育、体育科技等构成，而国家体育软实力中理论体系建设则是其重要的组成部分。在体育硬实力和软实力相互支撑、相互作用下，所形成的合力才是这个国家的体育综合实力。我国目前正在为实现中华民族伟大复兴的中国梦而不懈奋斗，体育则是提高人民健康水平的重要手段，同时也是铸牢中华民族共同体意识，实现中国梦的重要内容，能为中华民族伟大复兴提供凝心聚气的强大精神力量，而全民健身战略则是完善我国体育理论体系建设不可或缺的重要推力。全民健身实施过程是以群众体育为基础，积极调动广大群众参与日常锻炼，逐步实现国民健康，形成完善的体系，从而逐步实现体育强国的根本目标。因此，开展农牧区全民健身研究，可为我国"体育强国"建设提供重要理论支撑。

（二）完善我国全民健身体系，服务"健康中国"建设

全民健身体系是一项社会系统工程，它是基于加强政府主导、部门协同、社会发展的共同参与，从而推动形成多元化"大群体"的发展格局。现阶段我国全民健身战略实施中，对城市社区的全民健身相关研究与建设已趋于完善，对乡村的相关研究与建设正逐步形成体系，但是对西部农牧区以及超高海拔等特殊区域的相

---

① 央视网：《习近平在全国卫生与健康大会上强调：把人民健康放在优先发展战略地位努力全方位全周期保障人民健康》，http://cpc.people.com.cn/shipin/n1/2016/0822/c243247-28656389.html，2024年2月22日。

关研究与建设还很不足，所以我国全民健身战略下一阶段的部署，应当将关注点落实到西部农牧区以及超高海拔等特殊区域，并着力此类区域的全民健身体系建设。此外，由于西部农牧区等特殊区域地处我国内陆，并存在多种多样的制约因素，其发展很不完善。因此，开展农牧区全民健身研究，也是为了完善我国全民健身体系，为了服务"健康中国"建设，充分落实《"健康中国2030"规划纲要》，真正实现"共建共享，全民健康"的发展目标。

关于农牧区全民健身政策的执行研究尚未引起广大专家和学者的关注。近年来，全民健身政策执行的研究成果层出不穷，并主要集中在城市和经济条件较好省市的乡村，而有关农牧区全民健身政策执行的研究成果却少见。综合运用体育学、政策学、管理学等多学科的系统理论与方法，对全民健身政策在农牧区的执行展开研究，聚焦全民健身政策在农牧区执行路径的优化，不仅可在一定程度上完善促进全民健身发展的研究成果，而且有助于全民健身政策执行研究的深化和提供实践思路的优化，进一步丰富全民健身政策执行的理论研究成果。

(三) 推动我国西部全民健身战略发展与我国社会实践相结合

当今中国正处于实现"两个一百年"奋斗目标的重要历史时期，既面临着经济发展、社会进步、文化事业繁荣发展的大好机遇，同时又面对社会转型加剧、体制改革深化的挑战。全民健身战略是文化惠民项目与群众文化需求有效对接的直接体现，它更是我国能否由体育大国建成体育强国的突破点，也是实现"中国梦"的切实保障之一。我国西部全民健身战略的发展应当将全民健身战略的"全民性"落到实处，旨在实现两个方面的基本要求：第一，实现"具有中国特色的全民健身体系"工程目标的基本要求；第二，实现民族文化发展的基本要求。全民健身战略实施的理念、精神、模式、价值追求等方面，都紧密地与国家坚持改革开放、西部大开发战略、体育强国建设战略、全面建成小康社会、"一带一路"建设、实现中华民族伟大复兴的"中国梦",以及国家颁布的《"健康中国2030"规划纲要》等重大国策与战略相结合,充分体现我国社会发展与全民健身战略的重要关联。迈入新时代新发展阶段,全民健身发展已呈现出参与途径多样化和参与项目多元化现象。因此,开展农牧区全民健身研究,不仅能够进一步推动我国西部全民健身战略的发展,推动农牧区全民健身良性发展,而且有助于服务"健康中国"建设,推动社会发展,更好地服务于我国社会主义和谐社会的建设。

(四)改善居民生活方式,促进全民健康,为国民体质健康状况研究提供事实与理论依据

居民的生活方式与居民居住地的风俗习惯紧密联系,主要涉及居民对衣食住行、劳作、社交、娱乐等物质与精神生活的习惯与行为。人类不同的生活方式对健康状况的影响不同。农牧民生活方式受传统观念、宗教文化,以及与外界交流等因素的影响,大部分农牧民每天都忙于放牧、农作,很少有闲暇时间,即使偶尔有闲暇时间,他们会选择看电视或休息,很少有人专门健身。因此,培养农牧民健康文明的生活方式是必须重视的问题之一。课题组研究认为,发展农牧区全民健身将在一定程度上改变居民生活方式,有利于促进居民健康。虽然目前我国正在进行城乡医疗卫生服务均等化改革,大力发展新型乡村医疗合作,但在短时间内未能彻底改变超高海拔地区农牧民看病难的现状,因此,借助全民健身发展,提高当地居民健康素质是一种经济实惠的途径。此外,通过全民健身可充实居民闲暇时间,拓宽居民生活空间,调节居民生活节奏。通过农牧区全民健身研究,可以引导农牧区营造全民健身文化氛围,进而通过文化引领、精神感召,潜移默化影响当地农牧区居民的健身态度,提高其健康素养,改变其生活方式,最终促进全民健康。

自2000年以来，我国开始实行全国国民体质监测工作，并通过《国民体质监测报告》反映我国国民体质健康状况。近年来，国民体质健康水平逐渐提升，在地理格局中呈"东升、西降、中部大致稳定"的变化特征，相对而言超高海拔地区农牧民体质健康状况虽然已经有了很大提升，但相对东南沿海地区依旧不容乐观。因此，加强超高海拔地区农牧民体质监测工作很重要，不仅为民族地区体质健康调研工作提供帮助，同时为全国国民体质健康状况提供事实与理论依据。

（五）超高海拔农牧区全民健身的发展是实现"健康中国"建设的重要组成部分

农牧区全民健身的发展对国家的东西部协调发展和城乡协调发展至关重要。以《"健康中国2030"规划纲要》为行动指南，完善"健康中国"战略的实施，系统化、深入化、具体化地实施"健康中国"战略，做到以人民为中心，为人民群众提供多角度、多层次、全方位的健康服务，充分彰显国家对人民群众健康问题的高度重视和责任担当。

近年来，超高海拔地区全民健身事业在党和国家的领导下蓬勃发展，自"健康中国"战略提出，各地方政府更加重视当地全民健身工程的建设，尤其重视农牧区全民健身事业的发展。农牧民的健康问题不可忽视，因此促进农牧民体质健康，完善农牧区全民健身工程建设不仅有利于各地区全民健身的发展，更重要的是为实现"健康中国"发展战略提供保障。

（六）增强农牧区文化交流，促进民族和谐，加快"健康中国"战略的全面实施，促进民族大团结和维持社会稳定团结

中国是一个文化和而大同的国家。随着全球化的发展，五彩缤纷的文化交流不断增多，全民健身作为体育文化的组成部分，通过其实践会潜移默化地影响人们行为。当参与健身的人越来越多时，就会形成一种健身文化环境，随之人们之间的文化交流也会越来越频繁。然而,根据调研组在农牧区的调查发现,居民居住分散,每天忙于放牧、农作、干家务,很少参与健身,导致全民健身文化交流甚少。因此,课题组通过研究构建超高海拔农牧区全民健身的文化驱动,以期改变农牧区传统的文化生活方式,加强各农牧区间文化交流,增进居民情感,促进民族和谐。

在"全民健身"战略中,民族体育的发展也很重要,民族体育的发展始终坚持促进人民身体健康、加强各民族团结、弘扬民族文化的方针。一直以来,我国政府在积极扶持少数民族地区社会经济发展的同时,对少数民族地区体育事业的发展也给予了政策倾斜,无疑是促进民族交流、团结统一的一种体现。2010年国家体育总局颁布的几个对超高海拔地区体育事业发展的文件中详细规划了相关工作的目标、重点、布局、进程及要求,这一举措对促进超高海拔地区体育事业的发展具有重大的政治意义和战略价值,同时也体现出各民族间的相互交流和团结。随着"健康中国"战略实施,"全民健身"战略日益完善,民族体育建设也要紧跟步伐。因此,加强农牧区全民健身研究,不仅可以加快"健康中国"战略的全面实施,更能整合资源,使各民族间充分交流,促进民族大团结。为此,必须提高超高海拔地区居民整体人口素质。体育锻炼是改善超高海拔地区农牧民体质健康的重要途径,这不仅关乎超高海拔地区人民自身健康利益和健康中国建设的必然需求,同时为加固我国国防屏障,维持社会稳定提供保障。

第二节 研究对象、目的与方法

一 研究对象

此成果在"健康中国"大背景下,以我国超高海拔农牧区全民健身计划实施中存在的问题和实施策略与路径为研究对象。主要包括，超高海拔农牧区全民健身体系发展现状调查与超高海拔地区成年农牧民体质健康分析、超高海拔农牧区全民健身发展影响要素与发展策略、超高海拔农牧区全民健身宣传路径选择与政策执行路径优化、超高海拔农牧区全民健身文化驱动与跨界整合等。

二 研究目的

此成果研究目的主要有以下三个方面：一是依据国内外全民健身发展趋势和国家战略发展需求，进一步完善我国全民健身体系，服务"健康中国"建设。二是结合我国国情和超高海拔农牧区社会生态，为提出科学有效的全民健身实施策略与路径提供理论依据与科学支撑，完成对实施策略与路径的研究，解决现实问题，服务"健康中国"建设。三是通过本研究，为其他特定社会生态全民健身理论与方法的研究提供参考，服务"健康中国"建设。

三 研究方法

（一）文献资料法

在中国知网 CNKI 数据库、万方数据库及中国国家图书馆、陕西师范大学图书馆、百度学术、Google Scholar、外文期刊网 Web of Science 等网站，以"全民健身"（含英汉互译，下同）"全民健身启示""超高海拔全民健身""健康中国""体育文化""全民健身文化""成年人体质健康""农民体质健康""农牧民体质健康""区域全民健身""体育宣传""全民健身宣传""跨界整合""驱动系统""驱动模型""文化驱动模型"等作为主题词和关键词进行搜索，收集了大量资料（截至2020年，后期在修改过程中有所增加）。如在核心与外文期刊中将"全民健身"作为主题词进行检索，共搜索到2203篇，将"超高海拔全民健身"作为主题词搜到 0 篇,将"全民健身启示"作为主题词搜到 80 篇,将"全民健身文化"作为主题词搜到 176 篇,以"成年人体质健康"作为主题词,在核心与外文期刊中共检索到 19 篇,将"农民体质健康"作为主题词共搜到 6 篇,将"农牧民体质健康"作为主题词搜到 0 篇,将"健康中国"作为主题词搜到 2681 篇,将"农牧区全民健身"作为主题词搜到 2 篇,将"驱动模型"作为主题词搜到 1348 篇,将"文化驱动模型"作为主题词搜到 2 篇。查阅到相关报纸报道 70 余篇、学术论文 70 余篇、博士学位论文 21 篇、学术著作 50 余种;同时,查询了国外相关文献资料 30 余篇,为研究提供了丰富的论证材料与坚实的理论支撑。另外,本研究严格把握网站资料的来源途径,一是查阅国务院、国家统计局、教育部、国家体育总局、北京市人民政府、西部地区相关人民政府、西部地区相关体育局等官方网站获取相关政策文本、年度工作报告等资料;二是通过网络搜集西部地区相关全民健身相关新闻信息。收集超高海拔农牧区在活动、设施、锻炼人口等方面精确的数据资料。

(二)田野调查法与访谈法

制定详细的调查实施方案,选取青海等超高海拔地区为田野调查地,于 2017 年、2018 年、2019 年和 2022 年的 7—8 月,调研组实施田野调查。调查中采用参与式观察、记录统计、深度访谈等方式,对超高海拔农牧区生存环境、生活习惯、生产方式、人口结构、文化教育、边疆特性、风俗习惯等社会生态,以及全民健身发展现状、研究成果的价值与预期效果等进行调查,访谈对象主要涉及农牧民和政府管理人员。本研究中超高海拔农牧区居民主要指生活在农牧区的所有合法公民,农牧区管理人员主要指负责农牧区体育开展的管理人员,以教体局管理人员为主。最后对田野调查中获取的资料及感想进行整理,形成田野笔记,以便分析研究。

（三）问卷调查法

1. 问卷调查设计

2017年5月开始设计调查问卷，一共设计2套问卷。第一套为超高海拔农牧区全民健身开展情况调查问卷（群众问卷），该问卷主要针对超高海拔农牧区居住的合法公民，即农牧区居民。第二套为超高海拔农牧区全民健身开展情况调查问卷（管理人员问卷），该问卷主要针对农牧区的体育管理人员，以教体局管理人员为主。

各套调查问卷主要针对所调查的主题设计。《超高海拔农牧区全民健身开展情况调查问卷》（群众问卷）主要涉及农牧区居民"基本情况"（年龄、性别、民族、宗教信仰、教育程度等）、"健身认知情况"、"参与健身活动情况"、"健身影响因素"、"健身需求情况"和"健身组织情况"等六个方面的内容，按照问卷设计的基本规范，除了第一部分"基本情况"以外，其他各部分主题的问题顺序都在问卷中打乱排版。设计问卷的目的体现如下：从"健身认知情况"了解到农牧民对健身的基本认知，以便解释他们的健身选择，这也进一步在"参与健身活动情况"得到验证，也可以在这两个主题中找到超高海拔农牧区全民健身中还存在的问题，为后面的研究或路径和策略的提出提供最现实的支撑。"健身影响因素""健身需求情况"和"健身组织情况"这几个主题中涉及很多全民健身体系的提问，通过这些提问可以管窥超高海拔农牧区全民健身体系中还存在的问题，以及存在问题的原因，以便有针对性地作出路径与策略研究的选择，特别是从中找到什么是最重要的影响因素，以期找到最核心的问题，然后进行重点讨论。《超高海拔农牧区全民健身开展情况调查问卷》（管理人员问卷）主要涉及农牧区全民健身资金投入、政策宣传、组织活动、服务保障、开展问题等内容。问卷设计好后做信效度检验，修订后A3纸双面印制。

2. 问卷的信度检验

运用重测法检测调查问卷的信度。选取超高海拔地区的 15 名农牧区居民与 9 名相关部门管理人员为调查对象，在当地体育部门工作人员中第一次发放问卷，7 天进行同一问卷第二次发放。回收并统计两次问卷的调查情况，两次所有问卷均为有效问卷，问卷回收后，用 excel 录入两次问卷的数据，并用 SPSS23.0 进行相关性分析，得出群众 R = 0.900、管理人员 R = 0.945 的结果，该结果符合问卷统计的要求，说明问卷结果具有较高的信度，达到统计学标准，可以进行调查。

第一步，检验数据是否无异常值数据。异常值对相关性分析的影响较大，本次检验数据是否存在异常值采用绘制箱形图来完成。本次案例数据群众调查问卷每组为 15 个，管理人员调查问卷每组为 9 个，全部纳入图形绘制，无数据点位于箱图误差线的上下范围，本案例中无异常数据。

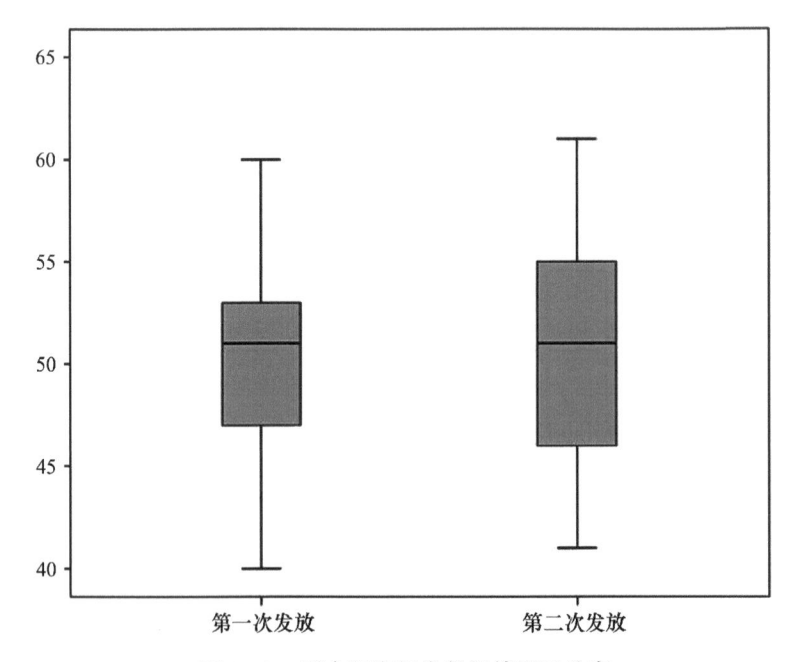

图 1-1　群众调查问卷数据箱形图分布

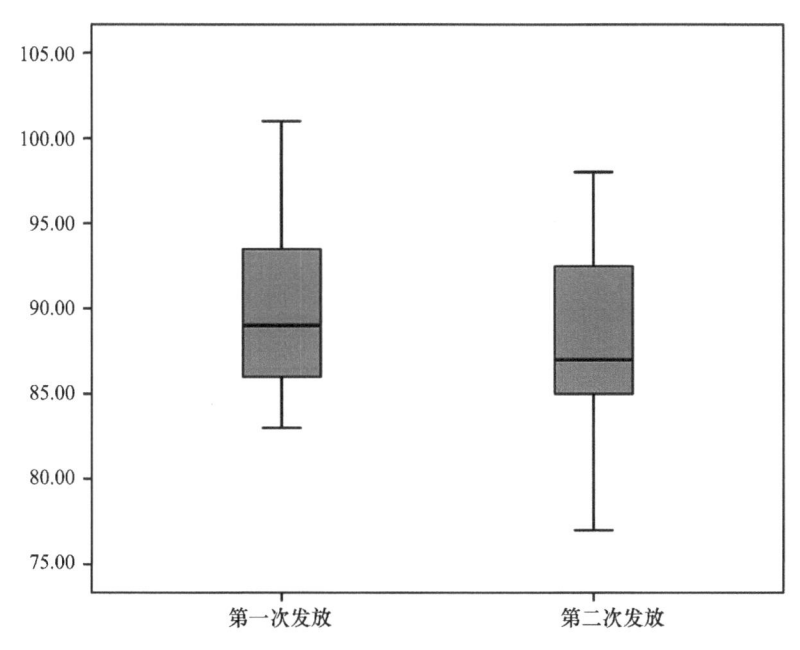

图1-2 管理人员问卷数据箱形图分布

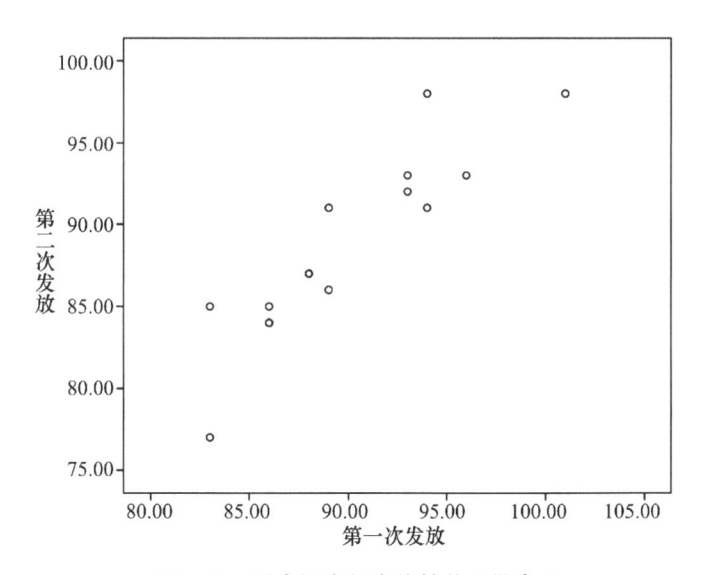

图1-3 群众调查问卷线性关系散点图

第二步，数据满足线性相关关系时，才能使用 Pearson 相关性分析。观测绘制的散点图，进而判断两个变量之间是否存在线性关系。从本研究中看出，数据符合线性相关关系。

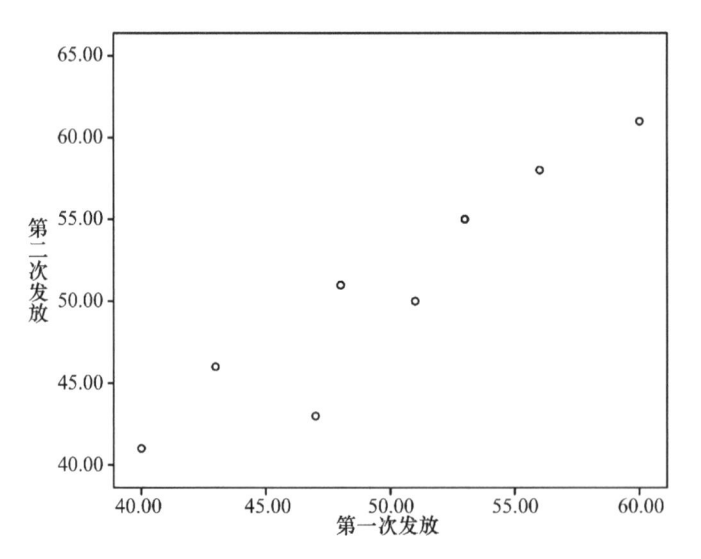

图 1-4　管理人员调查问卷线性关系散点图

表 1-1　　　　　　　　群众调查问卷正态性分布检验

	柯尔莫戈洛夫—斯米诺夫 a			夏皮洛—威尔克		
	统计	自由度	显著性	统计	自由度	显著性
第一次发放	0.173	15	0.200*	0.943	15	0.420
第二次发放	0.153	15	0.200*	0.951	15	0.540

* 这是真显著性的下限。

a 里利氏显著性修正。

第三步，数据正态分布是 Pearson 相关性分析的前提。正态性检验结果显著性大于 0.05 时，数据服从正态分布，可继续进行 Pearson 相关性分析；当检验结果显著性小于 0.05 时，数据不服从正态分布，此时对数据进行转换，使其满足正态分布原则后，再进行 Pearson 相关性分析，或采用非参数检验，进行 Spearman 秩检验。本研究中第一次发放和第二次发放数据正态性检验显著性均大于 0.05，可直接进行 Pearson 相关性分析。

第四步，相关性系数越接近 1，表明变量之间的相关性越强，当相关系数越接近 0，表明变量之间的相关性越弱。本研究中，超高海拔农牧区群众和管理人员问卷第一次发放和第二次发放的数据相关性系数分别为 0.900、0.945，Sig 值（显著性检验结果）为 0.00，表明超高海拔农牧区群众和管理人员问卷第一次发放和第二次发放数据相关性系数之间存在极显著的正相关关系，说明问卷结果具有较高的信度。

表 1－2　　　　　　　管理人员调查问卷正态性分布检验

	柯尔莫戈洛夫—斯米诺夫 a			夏皮洛—威尔克		
	统计	自由度	显著性	统计	自由度	显著性
第一次发放	0.121	9	0.200*	0.983	9	0.980
第二次发放	0.160	9	0.200*	0.963	9	0.827

* 这是真显著性的下限。

a 里利氏显著性修正。

表 1－3　　　　　　　群众调查问卷相关性系数检验

		第一次发放	第二次发放
第一次发放	皮尔逊相关性	1	0.900*
	显著性（双尾）		0.000
第二次发放	皮尔逊相关性	0.900*	1
	显著性（双尾）	0.000	

* 在 0.01 级别（双尾），相关性显著。

表1-4　　　　　　　管理人员调查问卷相关性系数检验

		第一次发放	第二次发放
第一次发放	皮尔逊相关性	1	0.945 *
	显著性（双尾）		0.000
第二次发放	皮尔逊相关性	0.945 *	1
	显著性（双尾）	0.000	

* 在0.01级别（双尾），相关性显著。

3. 问卷的效度检验

《超高海拔农牧区全民健身开展情况调查问卷》（群众问卷与管理人员问卷）的效度，分别请15位相关领域的专家做了两轮效度检验，每位专家均提出了两次修改建议，根据这些建议分别进行两次修改后，再由15位专家进行评定（表1-5所示）。评定方法采用3级评定法，在得到了15位专家的全部认可后定稿。

表1-5　　　　　　专家对问卷的评定结果（N=15）

问卷	可行	基本可行	不可行
群众问卷	13	2	0
管理人员问卷	11	4	0

4. 问卷的发放与统计

调查问卷的发放与回收：对选取超高海拔农牧区采用随机发放的方式进行调查。群众问卷共发放292份问卷，2017年发放97份，2018年发放195份，均进行现场回收，统计有效问卷，共289份（N=289）。管理人员问卷共发放14份，2017年发放5份，2018年发放9份，均现场回收，统计有效问卷共14份（N=14）。

（四）测量法

参照《国民体质测定标准手册及要求（成年人部分）》中所规定的检测方法，由经过专门培训的专业检测人员对该地区成年人的体质健康进行检测。由于超高海拔地区条件制约，因此，检测仪器的选择主要考虑便携实用性，同时考虑检测人员和被试人员的安全问题，仅选择部分指标进行检测。

检测对象：

经过三周的检测，课题组共获取了229名成年农牧民体质数据，并遵循国家体质监测工作要求将被测人员分为A（20—24岁）、B（25—29岁）、C（30—34岁）、D（35—39岁）、E（40—44岁）、F（45—49岁）、G（50—54岁）、H（55—59岁）8个年龄段，各年龄段人数和性别分布如表1-6所示。

表1-6　　　　检测人数及性别一览表（N=229）

年龄（岁）	甲地区（N=125）		乙地区（N=104）	
	男	女	男	女
20—24	5	7	5	7
25—29	9	5	6	4
30—34	8	6	5	3
35—39	5	7	10	8
40—44	19	7	7	9
45—49	15	5	6	5
50—54	5	5	7	5
55—59	8	9	8	9
合计	74	51	54	50

检测仪器设备：检测采用国家体育总局和教育部审定批准使用的健民牌GMCS-Ⅱ型B网络型学生体质检测仪器：身高、体重测试仪、肺活量测试仪、血压仪、卷尺等。

检测时间：2018年7—8月

检测地点：超高海拔农牧区各村委会办公处。

检测指标内容：考虑到检测过程中被测人员的安全，体质监测中回避了个别可能存在检测风险的指标。其中，身体形态选取身高、体重、胸围、腰围、臀围五项指标，身体机能选取肺活量、血压、心率三种指标，身体素质仅选择握力指标判定成年农牧民上肢力量（参见表1-7）。

表1-7　　　　　　　　成年人体质检测指标

类别	检测指标				
身体形态	身高	体重	胸围	腰围	臀围
身体机能	肺活量	收缩压	舒张压	心率	
身体素质	握力				

检测流程：①对被测成年农牧民进行基本信息登记；②登记后开始在调研人员的引导下进行身体形态、身体机能以及身体素质的相关体质检测；③结束体质检测后，随机抽取现场5位成年农牧民进行体质检测复测，复测结果与首测结果进行核对；④调研者现场回收检测数据，初步整理数据的同时筛出异常数据，对异常数据的检测者进行复测，在更正数据后再次确认检测结果数据无误，最终进行检测数据的统一整理。

（五）数理统计法

运用 SPSS23.0 软件对实验所获得的有效数据进行统计和分析。统计分析结果以平均值±标准差（$\bar{X} \pm SD$）表示。在超高海拔农牧区成年农牧民与国家成人体质检测结果对比中采用单样本 T 检验的统计方法，由于国民体测结果选取《2014 年国民体质监测报告》中的数据，报告中的数据均以平均值体现，无法查找国民单样本体测数据，因此在本研究中采用比较样本数据（成年农牧民体测数据）与一个特定数值（2014 年国民体测数据）之间的差异性，以 $P>0.05$ 为无显著性差异，$P<0.05$ 为有显著性差异，$P<$

0.01 为有非常显著性差异。使用 excel 软件将调研期间回收的调查问卷进行整理，对问卷的调查结果进行统计，并做分析。

（本章主要执笔：黄聪）

第二章

超高海拔农牧区全民健身体系发展现状调查与成年农牧民体质健康分析

第一节 超高海拔农牧区全民健身体系发展现状调查

一 超高海拔农牧区全民健身体系发展的现状

（一）经常参加锻炼的居民数量现状分析

经常参加锻炼的居民数量是反映一个地区全民健身活动开展状况的一项基本数据。根据农牧区居民每周参加体育锻炼的次数、参加体育锻炼的时间以及闲暇时间做什么的调查，意在分析农牧区经常参加锻炼的居民数量状况（参见表2-1、表2-2、表2-3）。

表2-1 居民每周参加身体锻炼的次数调查（N=289）

选项	人数	所占百分比（%）
0次	201	69.55
1—2次	60	20.76
3—4次	24	8.30
5次及以上	4	1.39

表2-2　　居民每次参加身体锻炼的时长调查（N=88）

选项	人数	所占百分比（%）
30分钟以下	55	62.50
30—60分钟	25	28.41
60分钟以上	8	9.09

由表2-1可以看出：农牧区居民每周参加身体锻炼的次数由低到高依次为每周0次，所占比例为69.55%；排名第二的是每周1—2次，其所占比例为20.76%；排名第三的是每周3—4次，所占比例为8.30%，每周5次以上排名最后，其所占调研人数比例为1.39%，由此可见，农牧区居民每周参加身体锻炼的频率总体较低。

由表2-2可以看出：表2-1中每周参加身体锻炼次数为0次的居民不参与每次锻炼时长的选择，所以表2-2所统计的样本数N=88人。其中每次锻炼时长在30分钟以下的人数最多，有55人，所占比例为62.50%；锻炼时长在30—60分钟的居民所占比例为28.41%；锻炼时长在60分钟以上的居民人数最少，所占比例为9.09%。

表2-3　　成年农牧民闲暇时间做什么的调查（多选）（N=289）

选项	人数	所占百分比（%）
与邻居聊天	253	87.51
看电视、听广播	196	67.83
读书看报（纸质类）	2	0.78
身体锻炼	89	30.81
玩棋牌	6	2.08
电脑上网	50	17.31
手机上网	187	64.71
其他	53	18.32

表2-3是对农牧区居民闲暇时间做什么的调查,其中选择与邻里聊天的人数最多,所占比例为87.51%,通过在农牧区的实地观察,农牧区居民在饭后或者工作之余喜欢集中在村子里的某个地方聊天、拉家常,其中女性居多;选择看电视、听广播和手机上网的居民数量也较多;排在第四位是参加身体锻炼,所占比例为30.81%,可见当地居民在空余时间对身体锻炼的重视程度远远不够;电脑上网是农牧区居民青年空余时间娱乐的方式;读书看报和玩棋牌这两个项目居民选择的比例最少。可以看出,农牧区居民除参加生产劳动外,绝大多数时间,活动区域都在家中,闲暇时间选择身体锻炼的居民很少。

综合以上表2-1、表2-2、表2-3分析,农牧民除参加生产劳动外,多数农牧区居民平时不太参加体育锻炼,只有30.45%的居民每周进行1次以上的锻炼;每次锻炼时长在30分钟以上的人数占每周进行1次以上锻炼人数(N=88人)比例也只有37.5%。因此,综上可以看出,农牧区经常参加身体锻炼的居民数量不乐观。

(二)经济收入及体育消费现状分析

1. 农牧区居民的收入

超高海拔农牧区在过去的扶贫历程中,推行"草畜双承包"责任制,加强了草原灌溉建设等一系列政策,提升了当地居民的生产积极性,牲畜产量也迅速增加。如今,在国家精准扶贫下,在党中央和地方政府的领导和关心下取得了巨大成就。农牧区居民的收入统计结果如表2-4所示。

表2-4　　　　居民家庭人均年收入(N=289)

选项	数量	所占百分比(%)
3000元以下	14	4.84
3000—9000元	16	5.53

续表

选项	数量	所占百分比（%）
9001—15000 元	153	52.95
15001—21000 元	69	23.88
21001—27000 元	23	7.96
27000 元以上	14	4.84

对在农牧区所发放的 289 份问卷进行统计得出，居民人均可支配收入达 13679 元，根据各省国民经济发展报告可知，在全国各省乡村居民人均可支配收入排名中居第 10 位，略高于全国乡村居民的人均可支配收入水平。调查得知，农牧区居民家中的牲畜作为经济来源相对农村农作物收入较好，以及国家对农牧区居民的一系列优惠补贴政策，农牧区居民的人均可支配收入高于部分省份乡村居民的平均收入。

2. 农牧区居民的体育消费

体育消费是衡量一个地区经济水平状况和地区人民健身意识的重要参数，可为实物型体育消费、观赏性体育消费和参与型体育消费。实物型体育消费包括购买运动服装、与健身有关的器材设备、运动食品饮料等；观赏性体育消费包括去现场观看体育赛事、表演、文化展览和获得体育文化信息等；参与型体育消费是指个人为了满足自身需要，在经营（收费）场所通过货币购买获得体育参与的机会，从而达到身体锻炼的目的。通过调查问卷，统计农牧区居民的体育消费金额和消费种类如表 2-5、表 2-6 所示。

表 2-5　　居民每年体育消费金额的调查（N=289）

选项	数量	所占百分比（%）
0	133	46.02
1—100 元	110	38.08

续表

选项	数量	所占百分比（%）
101—500 元	32	11.07
500—900 元	8	2.77
900—1500 元	3	1.03
1500 元以上	3	1.03

表2-6 居民体育消费对象的调查（去掉133位没有体育消费的样本 N = 156）

选项	数量	所占百分比（%）
运动类服装	110	70.51
购买体育器材	9	5.77
体育类图书、杂志、网络资源	0	0.00
购买体育彩票	27	17.31
专门体育场馆运动消费	3	1.92
体育比赛门票	7	4.49
其他	0	0.00

通过对表2-5、表2-6的数据分析可得出：没有体育消费和体育消费等于与低于100元的居民人数是243，占比84.10%。对消费水平在这一区间的居民来说，其一，他们的生活方式和消费习惯过于保守，购买对象趋于单一，几乎都是生活的必需品，例如和吃饭、穿衣相关的物品，对于其他商品的消费较少。通过对问卷的详细分析，这部分居民的年龄大都集中在50岁以上，可想而知，50岁以上的居民，他们受教育水平较低，对体育的认识不足，这也是他们不愿进行体育消费的原因之一。体育消费101—500元的居民人数为32人，占比11.07%。这部分居民的体育消费对象全都集中在体育服饰，这就是上文所说的实物型体育消费，如运动服和运动鞋。通过对问卷的详细统计得出，这部分居民的年龄大都集中在10—15岁的初中生和25—35岁的居民。10—15

岁的青少年会受到学校中城镇的学生审美和穿着引导；25—35 岁的居民有一定的经济能力，加之对社会潮流服饰的追赶，因此会对体育服饰产生需求。体育消费在 500—900 元的居民人数是 8 人，占比 2.77%。通过数据可以看出在这部分居民人数很少，通过访谈可知，他们几乎都是在市里或者其他省份读高中、大学的在校学生，年龄大都集中在 16—25 岁，这部分学生受教育水平较高，而且与外界接触较多，所参与的体育活动也较丰富，体育消费除了集中在实物型体育消费之外，一少部分也会购买体育比赛门票等观赏性体育消费。国家体育总局公布 2014 年全民健身活动状况调查公报数据显示，全年人均体育消费 926 元，农牧区居民体育消费水平相比全国人均体育消费水平，差距较为明显。

（三）居民身体锻炼意识现状分析

身体锻炼意识是充满主观色彩的、能够反映出对体育健身重视程度的一项标准，体育意识的高低也直接影响人们参加身体锻炼的主观能动性。因此，农牧区居民身体锻炼意识情况能够反映出当地全民健身的开展情况。通过农牧区居民受教育情况、农牧区居民对身体健康的认识情况，以及农牧区居民空余时间做什么的调查分析，客观反映了农牧区居民身体锻炼意识现状。

1. 居民受教育情况

意识的过程其实就是对外界信息加工处理，通过自身的判断整合，最终付诸行动的一个过程，这样一个过程和人受教育程度存在密切关系。调查统计 289 位农牧区居民的文化程度如表 2 – 7 所示。

表 2 – 7　　　　居民受教育程度情况调查（N = 289）

选项	数量	所占百分比（%）
没上过学	48	16.61
小学	149	51.56

续表

选项	数量	所占百分比（%）
初中	53	18.34
中专/高中	18	6.23
大专	13	4.50
本科及以上	8	2.76

通过表2-7可以看出，农牧区居民没上过学占16.61%，小学文化程度占51.56%，初中文化程度占18.34%，高中及中专文化程度占6.23%，大专文化程度占4.50%，本科及以上文化程度占2.76%。受教育程度不同，居民健身认知观念不同，参与健身的行为也存在差异。因此，加强对居民的教育是农牧区发展全民健身应重点考虑的问题。

2. 居民的身体健康认识

农牧区居民对身体健康的认识情况会直接影响参加身体锻炼效果。通过对农牧区居民的访谈可知，大部分居民知道体育锻炼对健康有促进作用，但是对自己身体健康状况不能有一个很好的了解。

表2-8 农牧民认为身体没有疾病是否代表身体健康的调查（N=289）

选项	人数	所占百分比（%）
能	197	68.17
可部分代替	52	17.99
不能	40	13.84

通过对289位农牧区居民进行问卷调查，结果如表2-8所示，其中68.17%的居民认为身体没有疾病就代表着身体健康，这也直接反映了居民对身体健康的认识偏差。通过与居民交谈可知，他

们认为身体没有疾病就是身体没有什么不舒服的状态，对健康的理解也是如此，认为身体没有不舒服就是身体健康，这种对健康的认知严重影响到他们对自身的健康评估。还有一部分居民平时不愿意去医院体检，担心再去医院检查出不好的结果，心理产生恐惧，所以，他们一般不会定期到医院体检，直到身体出现不舒服的症状。农牧区的医疗卫生条件还不够好，从调研的23个村子来看，还有很大一部分村子里面没有卫生所，当地居民就医要去附近的乡镇，路途遥远可想而知。即使配备有卫生所的村子医疗条件也很有限，难以对当地居民的身体状况及时进行准确检查。据农牧区居民反映，每年都会有一次市里的医疗队伍来村子里给他们免费做体检，体检之后医生会将发现的问题告诉他们，之后是否接受治疗问题还是需要居民自己决定。

由上述分析可知，居民对自身健康状况的认知存在误区，感觉身体锻炼和自己的健康没有太大关系，这种对身体健康的认知可能会影响农牧区居民进行身体锻炼的积极性。

3. 居民对身体锻炼和体力活动关系的认识

通过对农牧区居民对身体锻炼和体力活动的认识调查，统计结果如表2-9。由表分析可得出，其中67.13%的居民认为体力活动能够取代身体锻炼，他们理解的身体锻炼就是干农活或者放牧，所以这部分居民在劳动之余很少有人会选择参加身体锻炼；其中认为可部分代替的和不能代替的比例只有19.72%和13.15%。其实人在进行体力活动时往往在主观情感上是不情愿的、被迫的，节奏感较为单一，带有一定的目的性，心情往往比较紧张；在实际劳动时往往还会保持一个动作，并且持续较长的劳动时间，容易形成肌肉疲劳或者劳损现象。身体锻炼不仅能够提高人们的身体素质，还能提升心情愉悦感，提高神经系统的兴奋性。因此，对身体锻炼和体力活动关系的认识也直接影响着居民参与身体锻炼的情况。

表2-9 农牧民认为体力活动能否代替身体锻炼的调查 (N=289)

选项	人数	所占百分比（%）
能	194	67.13
可部分代替	57	19.72
不能	38	13.15

总结农牧区居民身体锻炼意识现状得出，居民的受教育程度较低，缺乏学习和领悟事物的能力。居民对身体健康程度的认识偏差进而影响到他们对身体锻炼的重视程度；其次，通过对居民的访谈可知，大多数居民知道身体锻炼对促进身体健康的重要性，但他们认为身体没有疾病就没必要进行身体锻炼，这种对健康的片面认识直接影响居民对身体锻炼的意识。超过半数的居民认为体力活动能够代替身体锻炼，所以这部分居民在劳动之余几乎不会参加身体锻炼。

（四）全民健身路径现状分析

1. 全民健身路径的分布

通过在农牧区实地调研，对农牧区村落的划分作一个简单的介绍。农牧区居民居住比较分散，往往在划分村落的过程中会出现许多自然村，自然村一般是由数量不多的农牧户组成。为了方便管理，自然村归行政村管辖，一个行政村包含若干个自然村，行政村办公地往往设在村民居住较为集中的区域。通过调研发现，由于农牧区居民在一系列传统节日都会集中在村委会附近集体欢度，村委会也是集合村内居民开大会的场所，所以全民健身路径的安放地点也大都集中在行政村的村委会附近。除此之外，部分全民健身路径还安放在学校和道路附近，也是因为这些地点的居民相对集中，这有利于当地居民群众开展锻炼活动。

表2-10 居民对全民健身路径安放场所的满意程度统计结果（N=289）

选项	数量	所占百分比（%）
满意	227	78.55
一般满意	43	14.88
不满意	19	6.57

通过表2-10可以看出，78.55%居民对全民健身路径的安放地点满意，只有14.88%和6.57%的居民持一般满意和不满意的态度。通过上文的讨论可知，持满意态度的居民大都居住在行政村里，对经常锻炼的居民来说出入锻炼比较方便，对没有锻炼习惯而又居住在行政村的居民来说，他们经常途经健身路径的摆放地点，对健身路径也会有一个比较好的印象，因此，对居住在行政村的居民来说，他们对健身路径的安放地点持较为满意的态度。相比于居住在行政村的居民，自然村居民居住较为分散，较多是在重要节日才能和行政村的居民聚集在一起，对全民健身路径的使用也只有这个时候，可想而知，自然村的居民就很少享受到全民健身路径带来的福利，这部分自然村的居民对全民健身路径的安放位置持不满意态度。整体来看，农牧区全民健身路径建设空间布局较为分散，由于农牧区幅员辽阔，虽然居民有政府统一建设的居住区域，但健身路径距离部分居民居住地较远，这对健身路径的使用效率造成一定的影响。

2. 全民健身路径的种类及数量

通过对超高海拔农牧区23个行政村的全民健身路径调查可知，村内全部配备全民健身路径，其中有3个村子配备篮球场；在乡镇小学附近也会配备健身路径。根据调查，农牧区乡镇中心和乡村地区全都配备全民健身路径，每条健身路径的数量一般在10—15个之间。全民健身路径的安装面积一般是80—100平方米，集中安放在村委会、学校附近。全国《计划》指出：要严格落实按"室内人均建筑面积不低于0.1平方米或室外人均用地面积不低于0.3平方米"标准配全全民健身设施的要求①。调研发现，农牧区村子人口大都集中在200—500人之间，计算得出农牧区居民的人均室外健身器材场地占有面积约在0.2—0.5平方米，基本达到国家的要求标准。通过对农牧区居民的访谈得知，农牧区的全民健身路径种类基本能够满足他们身体锻炼需求，不过当地居民对全民健身器材的认知较为粗浅，很少有居民能够完全认识全民健身器材的种类，也很少能够完全理解健身器材的具体作用。

农牧区常见的全民健身路径主要分为上肢类、下肢类和平衡类器械，种类较多，乒乓球台和篮球场这种大型专项运动场地的配备量较少。在实地调研的23个村子中，只有3个村子里配备篮球场地，绝大多数村子里只有上述一些健身器材。通过对村内安装全民健身种类情况分析，适合老年人、小孩的全民健身路径几乎都具备，这也是每条全民健身路径在搭配过程中已经考虑到的问题；但适合年轻居民使用的篮球、乒乓球等运动强度较大或技巧性项目的场地建设数量却很少，这也直接影响了年轻居民参与运动的积极性。

3. 全民健身路径的使用

上文通过对健身路径的安放和数量种类情况做了统计，而健身路径的使用情况能够直接反映出健身路径的存在价值。通过对农牧区居民平时健身地点选择进行问卷调查，其结果如下。

表2-11　居民对健身活动的地点选择情况统计结果（N=289）

选项	数量	所占百分比（%）
房屋周边、空地附近	157	54.33
附近学校所属的操场	7	2.42

---

① 国务院：《国务院关于印发〈全民健身计划（2016—2020）〉的通知》，发文号：国发〔2016〕37号，2016年6月15日。

续表

选项	数量	所占百分比（%）
社区公共体育活动场所	125	43.25
专门收费体育场所	0	0.00

通过对表2-11的数据分析可以得出，经常在房屋周边、空地附近进行身体锻炼的居民所占比例最高，社区公共体育活动场所锻炼的居民所占比例次之。可以看出，社区公共体育活动场地在当地居民心中的重要性还是不足，换言之，农牧区居民对社区公共体育活动场地有益身体健康认识不充分，这一点在很大程度上影响了全民健身路径的使用率，降低其所发挥的作用。对经常在房屋周边、空地附近锻炼的居民访谈可知，他们所说的锻炼是在房屋周边散步、饭后跳舞，还有些居民由于不能完全理解身体锻炼的含义，把平时的劳动也当作"身体锻炼"。相比于在房屋周边、空地附近锻炼的居民来说，在社区公共体育活动场所进行身体锻炼的居民，利用全民健身器材能够较好地起到锻炼身体的作用。在学校操场进行身体锻炼的居民较少，可能与学校建设在镇上有关，超高海拔农牧区地广人稀，农牧区居民去镇里的路程较远，除了去买一些必备的生活用品和就医，一般情况很少去镇上。农牧区专门的体育场地建设不足，如室内球馆和操场，所以很少有居民在收费的体育场所进行身体锻炼。

通过对当地的村委干部访谈可知，经常进行身体锻炼的老人和小孩较多，中年人比较少，出现这种情况可能是这部分人的家中体力劳动较多，没有时间进行身体锻炼；家中的小孩一般交给老人喂养，村委会门口的健身路径也成了老年人看孩子的场地；村里的中学生和大学生一般只有在寒暑假才回家，对健身器材的使用也较少。

4. 全民健身路径的维护

全民健身路径建设为我国社会体育工作的开展提供了很好的基础，随着健身器材安装时长增加，器材损坏、锈蚀现象逐渐呈现出来，影响居民对器材的使用。因此，加强对全民健身路径的维护和管理也非常重要。通过对289名农牧区居民调查，访问他们是否在日常生活中见过维修人员来维修全民健身器材，其统计结果如表2-12所示。

表2-12 农牧民是否见过维修员来维修健身器材的调查（N=289）

选项	人数	所占百分比（%）
是	22	7.61
否	267	92.39

通过表2-12可以看出，只有7.61%的居民见过有维修人员来维护和修理全民健身器材；92.39%的居民没有见过维修人员，农牧区全民健身路径的维护情况很不乐观。通过对问卷的后期整理发现，见过维修人员来维修的农牧区居民居住地方距离城镇较近，交通较为发达，居住在相对偏远的农牧区居民没有见到过维修人员对器材的维护。

通过对村支书和村主任的访谈得知，对体育器材的维护并没有专门的维修人员，如果器材坏掉了只能村内自行解决，基本上是村委会干部在做维护工作。通过对各个村子健身器材维护情况比较，实际维护情况差距较为明显，有些村子健身器材维护情况较好，健身器材周围环境整洁、卫生，适合村民们进行身体锻炼；有些村子健身器材损坏严重无人维护修理，器材周围杂草丛生，健身器材区域几乎荒废。

（五）社会体育指导员现状分析

社会体育指导员作为群众体育的组织者、指导者、传播者，其作用对群众体育的发展有着深刻影响。对农牧区社会体育指导员基本情况调查分析，有助于更好地了解农牧区全民健身的发展现状。

1. 社会体育指导员的数量

根据有关计划，规定到2015年，超高海拔地区社会体育指导员所占比例大约为1/1000，到2020年超高海拔地区社会体育指导员的比例达到1/700，在国家各省处于平均水平。

2. 社会体育指导员的培训

通过对相关管理人员访谈得知，对社会体育指导员的授课方式较为单一，以集中理论教学为主。随着社会指导员培训需求量的增加，集中面授与统一灌输式培训模式的弊端开始慢慢凸显出来，很容易影响到体育指导员的积极主动性，培训效果达不到预期要求。"满堂灌"的传统培训方法也在很大程度上压缩了学员独立思考和互动学习的空间，没能凸显出体育指导员实践过程中的开放性、实践性、主体性[1]。其次，现有的培训模式受应试思维影响较为严重，培训过程中也是重理论、轻实践，没有给学员充分的时间去思考问题，导致学员掌握知识不扎实，深度不够；最后，培训教师过度依赖教材进行讲课，对知识点讲解较多，但对实践中经常出现的问题以及经验的总结较少，影响学员在以后指导过程中的应变能力。

3. 社会体育指导员对农牧区居民日常锻炼指导情况

通过管理人员访谈调研得知，超高海拔农牧区社会体育指导员主要组成人员的职业分别为中小学体育教师及退休职工、体育部门干部、体育锻炼爱好者，还有部分街道办事处工作人员。农牧区体育相关负责人大都不是体育专业出身，不具备群众体育基础和一些运动技能；村内进行体育公共服务的人员几

---

[1] 邓星华：《论我国社会体育指导员的培养》，《体育学刊》2001年第1期。

乎是村子里的一些年轻人,大部分都不具备社会体育指导员资格,他们很少接受过相关专业的培训,基本不具备健身指导、制定运动处方的能力。

表2-13 农牧民是否接受过社会体育指导员指导的调查(N=289)

选项	人数	所占百分比(%)
是	22	7.61
否	267	92.39

如表2-13所示,通过对289份问卷的回收统计,社会体育指导员在农牧区对居民的体育指导情况如下:对农牧区社会体育指导员的出勤情况调查,其中有267位居民没有见过社会体育指导员,更没有接受过相关体育指导,这部分居民所占比例为92.39%,只有所调查的7.61%的居民接受过为数不多的社会体育指导。通过对接受过社会体育指导的居民访谈可知:他们大都居住在乡镇或者学校附近交通较为发达的地区,接受指导时以宣传的形式较多,实际对健身知识、方法的指导较少,且下至农牧区工作的次数较少。没有接受过社会体育指导的人们大都居住在较为偏远、交通不发达的地区。

通过对以上现状分析发现,目前农牧区的社会体育指导员的人才分布不均衡,他们中的绝大多数都生活在城镇地区,而深入农牧区的很少。距离农牧区较近的指导员就是乡镇的部分干部和乡镇学校的体育教师,但管理部门对指导员的管理模式存在缺陷,不能对其工作进行有效、合理的考核。所以很少有城镇里的体育指导员下至农牧区进行体育知识的宣传和指导。农牧区距离城镇的路程十分遥远,加大了社会体育指导员下农牧区开展指导工作的难度,农牧区居民也很难获得被指导的机会。农牧区亟须培养一批结构合理、素质较高、比例适当的社会体育指导员队伍。

(六) 全民健身赛事活动开展现状分析

随着社会发展,人们参与身体锻炼的效果越来越好,各类全民健身体育赛事也迅速开展起来,有效增强了人们参加身体锻炼的意识,这对培养全民健身的热情起到了重要作用。实地调研农牧区的全民健身赛事开展情况如下。

1. 举办体育赛事的区域选择

通过对农牧区的城镇体育部门相关管理人员问卷调查及访谈,统计农牧区体育赛事开展地点和开展次数情况如下表。

表2-14　　农牧区每年举办体育赛事次数的调查 (N=14)

选项	人数	所占百分比 (%)
1—2次	1	7.14
3—5次	4	28.57
5次以上	9	64.29

通过对表2-14和表2-15分析可知,农牧区每年举办体育赛事在5次以上的地区较多,比赛的举办地点绝大多数会选择在城镇地区的学校体育场地和街道、社区体育活动场所,只有很少的赛事举办地点会放在农牧区的草场空地。对此现象相关管理人员认为,赛事地点的选择充分考虑到人口的集中度,也就是城镇地区,但对农牧区人口的影响程度管理人员并没有充分考虑,有些赛事在城镇地区举办得热火朝天,农牧区居民可能并不知情,这样大大降低了体育赛事对农牧区居民的影响程度;对农牧区体育赛事的举办情况管理人员并不是很了解,因为村内举办体育赛事的情况主要是当地村干部自行安排组织,上级单位并没有明确的考核制度。不去农牧区村子举办体育赛事的原因,管理人员的回复大体一致,主要是缺乏经费,社会体育指导员会把主要精力放在城镇地区体育赛事的举办。

表2-15　农牧区赛事举办地点的选择情况调查统计（N=14）

选项	人数	所占百分比（%）
学校的体育场地	5	35.72
街道、社会体育活动场所	8	57.14
房屋周边空地	0	0.00
农牧区草场空地	1	7.14

2. 举办体育赛事项目的选择

通过对农牧区的调研可知，城镇举办的活动形式与项目多样，如职工篮球、足球、乒乓球赛，以及形式多样的广场舞比赛。从与管理人员的访谈得知，城镇开展这类比赛的人员参与情况并不尽如人意，有很多职工比赛强制安排职工参加，虽然有奖品激励，可是参赛的职工人员积极性并不高；其次，对比赛的参赛人员限制比较严重，由于社会上队伍组织训练的难度较大，所以参赛人员往往是职工和政府在编的工作人员，这样参赛的单位较为固定，举办比赛的难度也大大降低，但对社会的影响力也大大降低。至于锅庄舞、拔河、抱石头、押加、吾尔朵等一系列民族传统体育项目赛事的举办只有每年的赛马节才统一举行，很少在平时举办这些具有民族传统特色的体育项目，因此也不能很好地调动农牧区居民参加比赛的积极性。

二　超高海拔农牧区全民健身体系发展的主要困境

（一）全民健身体制机制不健全

1. 政策的明晰性不足，可操作性不强

政策的明晰性与政策的可操作性直接挂钩，是确保政策有效执行的重要前提条件之一，它不仅决定着政策能否全面、准确贯彻实施，同时避免了因为内容不清晰准确所暴露出政策的漏洞，给各类利益主体留下钻"政策空子"的余地①。农牧区全民健身的相关政策因缺乏明晰性也容易出现难以操作的情况。首先，由于农牧区受发展现状以及教育部门、体育部门、文化部门的影响，在解读国家政策和制定当地全民健身政策时明晰性的问题会越来越明显暴露出来，所以政策中产生"原则性、指导性规定过多""各级体育责任不够明确""具体操作和实施效果受到影响"等诸多问题。其次，由于在农牧区全民健身的相关政策中多以"县域"作为政策制定对象，使得全民健身发展的指向性变得含糊，从而对农牧区全民健身发展造成极大阻碍。农牧区全民健身的发展起步较晚，部门间的设立比较复杂，所以当地全民健身相关政策暴露出明晰性不足的问题，也使得各部门对其操作性不强，从而对农牧区全民健身发展造成了一定的影响。此外，政策中对现阶段农牧区全民健身的针对性发展规划甚少，其现阶段发展人员不足、执行力不强、操作性不强等诸多问题显露出来，致使全民健身相关政策的落实变得更加困难。

2. 农牧区政策匹配程度低

党的十九大报告明确提出广泛开展全民健身活动，加快推进体育强国建设。在针对农牧区全民健身发展时当地政府也制定了相应政策，但是提及和针对农牧区所匹配的全民健身相关政策却非常少。由于农牧区全民健身的发展情况复杂，起步晚问题多，仅靠单一的大政方针显然行不通，又没有制定针对农牧区全民健身的配套政策，因而国家全民健身宏观政策落实困难，农牧区全民健身发展缓慢。

在调研过程中发现，农牧区的全民健身发展现状以及政策执行呈现一定的断层现象。由于农牧区自然环境的特殊性，使其与全

---

① 丁煌：《政策制定的科学性与策执行的有效性》，《南京社会科学》2002年第1期。

民健身相关政策的执行时融合度不够理想，全民健身政策法规执行过程中客观存在的执行手段与执行方式单一，以及"老、少、边、穷"地区地域、现状的局限性，执行政策匹配度低。所以，虽然在超高海拔农牧区各地级县、市每年都从不同程度上拟定和修改当地的"全民健身计划"，但对农牧区的实际考察甚少，未能对症下药，从而使得全民健身相关政策落实难。

3. 政策不健全

健康且健全的政策环境是全民健身工程开展的基础，是农牧区全民健身发展的法律制度保障。政策不健全也对农牧区全民健身建设产生了一定的影响。

第一，超高海拔全民健身相关政策不健全与农牧区居民体育服务需求发展匹配度不足，容易造成全民健身发展的管理体制和运行机制不平衡。当地管理部门未完全依据农牧区的发展需求制定相应的全民健身发展政策，也未充分考虑当地的人文环境、经济发展、组织管理等制约因素，为开展全民健身活动所制定的政策具有局限性。

第二，受基层体育队伍不足以及基层繁重的体育保障服务任务矛盾的影响，造成农牧区全民健身保障体系的行政组织系统与社团组织发展不平衡。调研时发现，农牧区在规划社会体育指导员的培训及安排时相关保障政策的制定不完善，农牧区没有体育骨干、农牧民体育组织等，也未有相关的安排计划。

第三，由于农牧区的全民健身政策不健全，农牧民平等的体育权益与享有平等体育权益的机会之间存在协调不足，在很大程度上导致农牧区保障服务的均等化程度不够，使城乡、区域、行业、人群全民健身保障发展不平衡。农牧区作为我国全民健身体系构建中不可或缺的一部分，其相关政策不健全的现状，不仅影响了农牧区全民健身保障体系的构建进度，同时也间接影响了我国全民健身体系的发展进程。

（二）全民健身机制不完善

1. 组织管理规范性较弱

组织管理是全民健身发展的重要基础架构，也是确保全民健身体系运转的基本保障，而多元化的组织管理模式已经成为我国全民健身发展常态模式。随着超高海拔农牧区全民健身发展，农牧民日益增长的多元化体育需求与体育资源之间的矛盾逐渐产生，加重了农牧区全民健身发展组织管理的负荷。

对农牧区而言，仅仅依靠各级政府单一主体提供管理与服务，很难满足现阶段全民健身需求。同时，受资源短缺的影响，农牧区在发展全民健身时，各组织管理部门现有资源不足以支撑多部门联动的运转，从而导致在开展全民健身活动时，组织管理规范性较弱，管理部门间的工作不明确，联动不清晰。如某县的"体育局"仅是县教育局下的一个科室，在开展全民健身活动时，经费和人员严重不足，借调教育局人员时往往出现工作任务重叠等现象使得工作人员无法有效补充，导致农牧区全民健身开展困难。

2. 社会体育指导服务机制尚待完善

社会体育指导服务机制是全民健身服务体系构建后的产物，也是全民健身工程中的"公益商品"，将直接关系到公民对全民健身工程的感知质量和满意度。这类"公益商品"恰恰是全民健身服务体系中的核心产物，也是公民享有全民健身工程权益的体现，更是全民健身发展机制的重要组成部分。通过对文献整理分析，总结社会体育指导服务的内容和标准分为以下几点。

表2-16 社会体育指导服务内容及标准

序号	服务内容及标准
1	全民健身活动站点免费提供体育健身指导服务
2	村（社区）可提供体育项目指导

续表

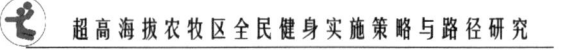

序号	服务内容及标准
3	提供免费在线体育指导服务
4	体育社会组织参与体育指导服务

对表 2-16 的内容和标准分析发现,农牧区社会体育指导服务现状存在一定的复杂性,受多因素的影响,体育社会组织的建立与相关制度的制定相对匮乏,所以由体育社会组织参与体育指导服务相对短缺,为体育指导服务机制的建立增加了困难。农牧区仅有一些发展纯牧的大型市区、全民健身示范县涉及相关体育指导服务,但受经济发展、人口密度等一系列的因素影响,其内容及标准与国家制定的标准也存在一定的差距。村级单位的社会体育指导服务几乎处在待起步阶段,其发展有待进一步加强。

3. 体育培训服务机制发展困难

体育培训服务机制是整个全民健身服务体系中的自我优化检测体系,不仅加强、扩充已有工作人员的执行力和知识面,培养优秀年轻的工作人员为整个体系注入活力和生机,而且也可以通过培训的手段进行选拔和淘汰,从而优化整个全民健身服务体系运行和发展。国家对体育培训服务有统一规定,通过文献分析总结为以下几点。

表 2-17　　　　　　　体育培训服务内容及标准

序号	服务单位	服务内容及标准
1	县级体育部门举办	免费普及体育知识、健身知识讲座
2	县级体育部门举办	体育协会、体育健身活动站点等体育社会组织负责人员免费培训
3	县级体育部门举办	社会体育指导员技能提高培训
4	乡镇(街道)、村(社区)举办	免费普及体育知识、健身知识讲座

续表

序号	服务单位	服务内容及标准
5	村（社区）的体育协会、健身活动站点、体育俱乐部等群众性体育组织举办	体育运动项目技术、技能培训
6	村（社区）体育俱乐部等群众性体育组织举办	青少年喜爱体育运动项目培训

通过表 2-17 可以了解到国家对县、乡、村级单位体育培训服务有规定的内容及标准。而整个超高海拔农牧区全民健身体育培训服务的现状形势不容乐观。超高海拔农牧区的全民健身发展起步较晚，资源利用存在一定的局限性，全民健身服务体系构建尚不完善，体育培训服务的发展仅仅规划到县级单位，培训内容也是仅涉及社会体育指导员技能提高培训，其他的培训项目涉及极少。农牧区的体育培训服务发展更加严峻，受地域、人口密集度、资源利用等诸多因素影响，全民健身服务体系的构建还有待努力。

4. 考核问责机制不完善

在全民健身发展中建立行政机关及工作人员的考核问责机制，不仅可以促使参与全民健身发展的行政机关及工作人员对待工作更负责，也可以提高其相关行政部门的工作效率，保证全民健身发展质量。在调研时了解到，农牧区全民健身行政机关及工作人员的考核制度建立并不完善，甚至一些地区并未出台相关的考核制度，在举办全民健身活动时很难形成客观的标准，考核问责机制也就很难落实。

（三）全民健身资源供给不丰富

1. 农牧区全民健身基础资源供给不完备

伴随全民健身的深入普及，农牧区全民健身发展的重要地位与价值愈加凸显。但是，由于各种主客观因素的制约，农牧区全民健身发展存在诸多亟须解决的问题，其中以农牧区本身基础资源匮乏而导致的发展基础薄弱最具代表性，它是制约农牧区全民健身发展的重要因素。主要体现在人力资源、物力资源、财力资源等方面。

（1）人力资源的匮乏是影响农牧区全民健身发展的主要诱因

农牧区全民健身发展的人力资源主要包括：全民健身执行人员、社会体育指导人员、全民健身科研人员、文化传承者、全民健身文化传播者等。

第一，农牧区全民健身执行人员匮乏。农牧区全民健身政策的落实离不开全民健身计划的实施，伴随西部大开发的不断推进，超高海拔农牧区全民健身发展对其执行人员的数量与质量要求显得尤为重要。超高海拔农牧区受自身发展的影响，发展社会事业的成本高，社会事业的资源明显不足，体育事业单位正式编制少，体育专业技术人员流失严重。调查分析发现，超高海拔农牧区的体育工作压力巨大，体育工作人员短缺问题十分严重，直接影响了农牧区全民健身工作的开展，同时也间接影响了农牧区全民健身政策的落实。

第二，农牧区社会体育指导人员匮乏。社会体育指导员是全民健身发展中不可或缺的组成部分，调查发现，超高海拔农牧区社会体育指导员规划的落实并不理想。首先，农牧区社会体育指导员的职业规划范围较为单一，仅仅是当地的体育教师以及当地教体局的工作人员，其他行业涉及较少，正因如此，一些老师和工作人员往往都从事着双重工作，会出现体育指导工作没有完成的现象。其次，农牧区社会体育指导员拓展的层次不足，现阶段也仅仅涉及市、县层面的社会体育指导员的培养，而对乡、村、牧区暂时未能顾及，其"名义上"的社会体育指导员是各村的驻村干部，而各村驻村干部的工作任务重，往往难以完成体育指导方面的工作。

第三，农牧区全民健身本土科研人员匮乏。科研人员是全民健身的"设计者"，也是全民健身发展的"引领者"。虽然国家现阶段对西部地区的发展十分关注，也极力增加西部地区科研项目的数量，但农牧区全民健身科研人员非常匮乏，仍然困难重重。本土科研人员由于各类资源的匮乏以及人才流失等影响因素，其力量极小。目前内地研究者对农牧区全民健身才慢慢开始关注，不过也仅能和本地高校合作研究，这样局面下也致使全民健身发展所追求的全面性目标难以得到圆满实现。

第四，农牧区本土文化传承者匮乏。农牧区是典型民族聚集地，同样也是典型的民族文化传承地。所以全民健身文化、超高海拔农牧区民族传统体育文化等的文化传承者也是农牧区全民健身发展不可或缺的一部分。由于农牧区存在游牧文化、民族传统体育文化、现代体育文化等多样文化的重叠发展，一些传统文化被同化的现象也时常发生，文化传承者的数量日益减少，而现阶段农牧区全民健身的发展需要多元文化的依托，所以这一局面也对农牧区全民健身的发展产生了极大影响。

第五，农牧区全民健身文化传播者匮乏。由于农牧区全民健身发展处在起步阶段，开展全民健身理念的传播工作非常必要，政府部门的传播宣传是一部分，还需要更贴近群众的传播者参与，如邀请县、村比较知名的民族传统体育名人或者牧民、熟知当地的艺人作为农牧区全民健身传播形象大使等。但是农牧区全民健身受到起步晚、信息慢、组织欠规范等多种因素的困扰，对全民健身传播工作者并未做相应的规划，这种情况也对农牧区全民健身发展产生一定的困扰。

（2）物力资源短缺是影响农牧区全民健身发展的基本因素

农牧区全民健身物力资源主要包括：全民健身路径的建设、标准化体育场地的建设。

第一，全民健身路径缺失，使用率偏低。农牧区全民健身工程建设中，场地设施服务的重要性不言而喻，其建设规模是整个全民健身发展的基础，也直接反映了地区全民健身发展水平。通过对文献整理分析，对场地设施服务的实施标准与内容总结如下（参见表2-18）。

表2-18　　　　　　　　场地设施服务内容及标准

序号	服务内容	服务标准
1	县以上设立公共体育场	有周长400米标准田径跑道，105米×68米标准足球场
2	县以上设立全民健身活动中心	建有综合运动场地、体能训练场地、附属用房和设施
3	乡镇（街道）综合文化站有专门体育活动场地	室外活动场地配置篮球架、足球门、羽毛球柱等，配置灯光照明设施，配置1套全民健身路径
4	村（社区）综合文化服务中心有专门体育活动场地	室外活动场地配备一个标准篮球场和两个乒乓球台
5	村（社区）设立全民健身活动站点	具有适宜的体育场地和设施
6	室外体育设施	向公众免费开放
7	学校体育场地设施	向公众开放

注：根据国家公共体育设施基本标准整理。

全民健身场地设施服务的内容及标准如表2-18。在对超高海拔农牧区进行调研时发现，部分高海拔地级市、县、乡、村基本达到标准全覆盖，但是其健身路径的品质与使用率极低。而更多农牧区健身路径的建设，由于农牧民居住分散，且地域偏远，导致健身路径的建设有一定困难，没有达到全覆盖的标准。同时由于农牧民主要忙于农牧劳作，对健身路径的使用率极低，健身路径闲置的概率更大，影响了全民健身工程的实施，导致整个农牧区全民健身服务体系建设缓慢。

第二，标准化体育场地的建设缺失。在全国《计划》的通知中强调，到2020年人均体育场地面积达到1.8平方米，有效扩大增量资源，新建居住区和社区要严格落实按"室内人均建筑面积不低于0.1平方米或室外人均用地不低于0.3平方米"标准建设体育用地①。通过调研得知，农牧区除了示范县有标准化体育馆外，其余县的标准化体育馆没有达到全覆盖，这也对会农牧区全民健身的发展产生影响

（3）财力资源贫乏是影响农牧区全民健身发展的主要因素

农牧区全民健身财力资源主要包括：全民健身工作经费、体育产业发展、社会红利资金等。

第一，全民健身工作经费投入不够。全民健身工作经费投入是全民健身工程建设的必要物质条件，也是制约我国全民健身事业发展的因素之一。全民健身工作经费应包括全民健身活动经费、全民健身教育经费和全民健身基础设施建设经费三部分。

我国大部分地区在全民健身基础设施建设方面的社会投资力度还很有限，因此，必须形成以政府公共财政投入为主导，社会融资为补充的多元化投入渠道②。第 5 次全国体育场地普查数据显示 1990—1999 年来对体育设施建设的投资额度为：广东 204 亿、上海 120 亿、江苏 100 亿、山东 62 亿③，可得平均每年投资额度为广东 20.4 亿、上海 12 亿、江苏 10 亿、山东 6.2 亿，从 1999 年开始在这个基础上体育设施建设的投资额度每年会逐步升高。而"十三五"以来，超高海拔农牧区的投入资金非常有限，主要构建以体彩公园、登山健身步道、笼式足球场等为基础的小型便民化全民健身设施体系。通过对比不难发现，超高海拔农牧区体育设施在"十三五"所投入资金比广东、上海、江苏、山东在 1990—1999 年间平均每年的投资额度还要低。体育设施资金投入不足必然会影响超高海拔农牧区全民健身的发展，也直接影响全民健身工程的建设。由于农牧区的地域环境、发展前景、群众需求、人

---

① 国务院：《国务院关于印发〈全民健身计划（2016—2020）〉的通知》，发文号：国发〔2016〕37 号，2016 年 6 月 15 日。
② 赵原：《刍议全民健身保障体系的构建》，《人民论坛》2013 年第 2 期。
③ 李建国：《社区全民健身服务网络的理论框架》，《上海体育学院学报》1999 年第 4 期。

文环境等因素，使得农牧区招商引资方面与内地相比缺乏竞争力，而依靠各级政府单一主体提供，显然难以满足农牧区全民健身发展需要。

第二，体育产业发展不足。地区体育产业的发展往往是一个地区全民健身发展的重要支撑，但对农牧区而言，由于受多种因素影响，导致体育产业发展不足。其一，超高海拔农牧区经济产业发展并不理想，对农牧区体育产业的发展所能提供的帮助非常少，因而体育产业的发展仅仅能够勉强做到自我维持，对体育产业发展的进一步发展显得非常吃力。其二，对农牧区一直看好的旅游业与体育产业的结合带动并不理想，由于自身高海拔的自然环境，使得地区体育产业与旅游业并未较好兼容，两者的发展并非紧密结合，旅游业对体育产业的带动并不明显。由于这些因素的存在，从而也影响到农牧区全民健身的发展驱动。

第三，过度依赖社会红利的投入。体育彩票公益金投入是现阶段农牧区全民健身发展的主要社会红利。通过文献与数据分析，超高海拔农牧区全民健身的资金投入呈现过度依赖社会红利的现状，这些因素对农牧区全民健身持续发展影响较大。

2. 农牧区全民健身外部资源供给不丰富

由于农牧区地理位置的特殊性以及社会环境的复杂性，农牧区基础资源的供给也仅仅是作为全民健身发展内部维持驱动，而外部资源的供给则是作为主要驱动资源。但是现阶段农牧区全民健身外部资源供给并不丰富。首先，由于农牧区全民健身的发展处在起步的阶段，外部对其关注度并不高，同时一些外来资本对其认可度也不高。其次，受自身制约因素影响与可借鉴的外部资源存在一定的差异性，同时农牧区对待外来资本的认知存在差异，并未对招商引资做过多规划。总的来说，农牧区全民健身外部资源的供给可以分为社会资源与技术资源两大类，由于这些资源短缺，对农牧区全民健身的外部驱动产生了极大的影响。

（1）社会资源短缺是影响农牧区全民健身发展的主要因素

农牧区全民健身发展的外部社会资源主要包括：地区间援助、科研项目、可借鉴的制度资源、外来资本投入等。

第一，地区间援助存在一定的局限性。2010年，国家体育总局发布了相关文件，从国家层面对超高海拔农牧区体育发展的各项工作进行了部署，并提出了相应的要求。地区间援助以群众体育为主要领域，旨在加大国家对超高海拔农牧区重点群众体育项目建设的支持力度，并对训练设施和全民健身设施予以资金、实物、人力等资源的支持。虽然地区间援助是国家重要的惠民政策，但是对农牧区全民健身存在一定的局限。由于地区间援助大多是以资金、实物、人力等资源的支持，但是对地区经济拉动发展存在一定的局限性。反观农牧区全民健身的发展，由于经济发展相对薄弱，各方面发展都处在起步阶段，基础建设并不完善，所需的各类资源都较为紧缺，而地区间援助的注入，对农牧区全民健身的发展仅起到"解燃眉之急"，对更好解决问题还有很长的路。

第二，环境的恶劣造成外来科研有限。农牧区地处"世界屋脊"之上，其地区气候特征属于典型的高原山地气候，干燥、少雨、多风、缺氧、寒冷等，这些恶劣气候直接影响农牧民户外体育运动的开展，同时也对外来科学研究团队造成了极大的困难，以至于对外来科研产生了影响。通过文献分析，发现现阶段对农牧区全民健身相关研究相对较少。在田野调查中，我们走访村庄，从各村镇管理人员、村民的访谈中分析总结出农牧区在地域环境的影响下具有交通不方便、牧场减少、水源减少、水污染加重、进城务工人员增多、环境污染加重等问题。

表2-19 农牧区影响因素统计表（N=289）

选项	人数	所占百分比（%）	排序
交通不方便	128	44.29	1
牧场减少	50	17.30	2
水源减少	41	14.19	3
水污染加重	33	11.42	4
进城务工人员增多	24	8.30	5
环境污染加重	13	4.50	6

通过表2-19可以分析得出，交通不方便现象占总体的44.29%。牧场和水源减少现象分列第2和第3位，占比17.30%和14.19%。水污染加重现象排在第4位，占比11.42%。进城务工人员增多和环境污染加重排在第5和第6位，占比8.30%和4.50%。交通不方便现象占的比重最大，这是客观存在的主要原因。首先，由于地域和生产生活方式的不同，交通问题变成第一大障碍，农牧民间居住距离远且路况崎岖，一些村子的驻地往往在偏远的山区中，导致全民健身相关研究受到阻碍。课题组切身感受，在调研过程中一些村庄坐落于山区中，其道路崎岖不堪，时常有山体滑坡、泥石流等自然灾害产生。其次，农牧区深处人烟稀少，对获取真实且有效的数据增加了极大的难度，以至于一些科研项目由于数据的问题无法讨论。上述种种原因，导致农牧区全民健身发展的科研有限。

第三，基础发展不完善造成可借鉴的制度资源不丰富。农牧区现阶段全民健身体系建设还不完善，各类资源缺失也造成农牧区现阶段全民健身的发展并不理想，由于基础发展不完善，一些发达社区的健康工程在农牧区就无法借鉴实施。首先，由于相关人力资源的严重缺失，使得居民与全民健身工作人员无法形成平衡的配比，使得健康工程无法开展。其次，由于农牧区的居民大多数在草场，只有一小部分在政府提供的安置区中，而偏远农牧区中每户居民相互间隔的距离少则3—4千米，多则9—10千米，为健康政策的落实加大难度。

第四，群体认知的差异化造成外来资本的投入短缺。外来资本的助力是农牧区全民健身发展不可或缺的经济发展来源。由于农牧区受多重因素的影响，牧区经济发展不足，本地企业不足以刺激并带动体育消费增长，选择接受外来资本的投资、接受融合多样的体育资源，是农牧区增长体育消费的必然发展方向。

表2-20　　居民对外来资本投资的认知调查（N=289）

选项	人数	所占百分比（%）
希望	113	39.10
随大流	140	48.44
不希望	36	12.46

表2-21　　居民对外来资本投资并提供收益的调查（N=289）

选项	人数	所占百分比（%）
希望	209	72.32
随大流	67	23.18
不希望	13	4.50

从表2-20、表2-21不难看出，农牧区居民对外来资本的投资有很大的差异性，农牧区居民对单纯的外来资本基本保持不支持也不反对的无所谓态度。通过访谈了解到，几乎没有外来资本投资，而谈及外来资本投资能够提供收益，有约72.32%人乐意接受。所以使他们转变想法的不在于什么样的外来资本，而在于是否能提供收益。这样的认知显然存在差异，是对外来资本投资了解不透彻，不理解投资的本身含义，居民思想意识仅仅停留在能不能有收益的浅层。由于农牧区居民对待外来资本投资认知的不足，不仅影响了农

牧区整体的经济发展,也给投资商造成农牧民排斥外来资本假象,影响农牧区全民健身外来资本的投资选择。同时,在对当地政府进行访谈时,地区政府由于自身经济发展形势不好,并不看重外来的招商引资,同时对待招商引资也没有做相应的规划,这些因素对农牧区全民健身的外部驱动产生了极大阻碍。

(2)技术资源紧缺是影响农牧区全民健身发展的基本问题

农牧区全民健身发展的技术资源主要包括:"互联网+"技术的开拓、适宜"运动处方"的建立、科技体育等。

第一,"互联网+"技术拓展面较窄。"互联网+"技术已经成为各领域发展不可或缺的技术,我国全民健身战略的实施同样也离不开"互联网+"技术的支撑。现阶段农牧区全民健身的发展,对"互联网+"技术拓展面较窄,仅停留在网络媒体宣传,对其他方面未有较多涉及。全国《计划》中强调,利用"互联网+"技术开拓全民健身产品制造领域和消费市场[①]。而超高海拔农牧区的全民健身计划中也提出,利用"互联网+"搭建"一号、一群、一库、一平台"的全民健身信息服务系统,但现状不太乐观。首先,农牧区全民健身发展对"互联网+"技术的拓展面非常窄,仅限于地区的全民健身信息服务系统。其次,农牧区在运用"互联网+"技术服务全民健身信息服务系统并不完善,对全民健身评价体系、智库的建立并未做详细的规划。

第二,"运动处方"建立不完善。"运动处方"建立是全民健身战略发展的产物,结合每个居民(或者每类居民)的身体状况,对其进行评估和检测后,分别建立一份专属的运动健身计划。这种方法显然也是农牧区全民健身发展的重要手段,但是现阶段农牧区"运动处方"建立并不完善。首先,农牧区地域环境使得当地居民成

---

① 国务院:《国务院关于印发〈全民健身计划(2016—2020)〉的通知》,发文号:国发〔2016〕37号,2016年6月15日。

为个体差异较大的群体存在,所以"运动处方"的建立难度相当大,特别是自然环境的特殊性,使得普通"运动处方"并不适用于农牧区居民。而对农牧区相关的科学研究并不丰富,使得现阶段农牧区全民健身发展所适宜的"运动处方"相对欠缺。其次,农牧区居民对身体健康或身体锻炼缺少正确的认知,加之受经济条件、社会环境、受教育程度和生理状况差异的影响,造成居民对"身体锻炼"认知也存在差异。"全民健身"发展的基础就是让人们享有身体锻炼的权益和享有正确身体锻炼方法的权益,农牧区居民对身体锻炼认知也是农牧区全民健身发展的重要标准之一。

表2-22 居民对身体无疾病是否代表身体健康的认知调查（N=289）

选项	人数	所占百分比（%）
是	268	92.73
否	21	7.27

表2-22的数据显示有约92.73%的居民认为身体没有疾病代表"身体健康",仅有约7.27%居民认为身体没有疾病不代表"身体健康"。说明牧区居民对"身体健康"的认知还很不清晰,仅凭自我的主观意识去理解,而对"身体健康"的深层次含义并不是很清楚。

表2-23 居民对身体健康是否有必要参加身体锻炼的认知调查（N=289）

选项	人数	所占百分比（%）
有必要	207	71.63
无所谓	47	16.26
没必要	35	12.11

表2-23的数据表明农牧区居民对待"身体锻炼"有一个初步的认知,数据显示有约71.63%认为身体健康"有必要"参加

"身体锻炼",16.26%和12.11%人认为"无所谓"和"没必要"。有七成以上的人认为"有必要",表明农牧区居民对"身体健康"和"身体锻炼"之间的关系有一个正确的认识,并且在对待"身体锻炼"方面有迫切的希望。

表 2-24 农牧民认为体力活动能否代替身体锻炼的调查 (N=289)

选项	人数	所占百分比(%)
能	194	67.13
可部分代替	57	19.72
不能	38	13.15

表 2-24 显示有约 66.44% 的居民认为体力活动能代替身体锻炼,仅有约 19.72% 和 13.15% 的居民认为可不代替和不能代替。这也说明农牧区居民对待"体力活动"和"身体锻炼"间的区别存在认知不足,在潜意识里将"体力活动"和"身体锻炼"混在一起,而对其真正的含义却认识不清晰。所有这些原因的产生也导致现阶段超高海拔农牧区全民健身的技术资源相对紧缺。

第三,科技与全民健身结合不紧密。科技与全民健身的结合已经成为发展我国全民健身战略的常态发展方式,科技驱动同样也成为我国全民健身发展不可或缺的新型驱动手段。现阶段农牧区全民健身的发展同样不能缺少科技驱动,但是通过调查发现现阶段农牧区全民健身的发展与科技发展的结合并不紧密。首先,农牧区受自身基础发展薄弱的影响,对科技与全民健身的结合仅仅局限于单一的宣传,而对自主研发更多拥有自主知识产权和科技含量的体育用品这一部分,与发达地区还有很大的差距。其次,由于个人对健康认知的差异性,以及农牧区经济发展薄弱,导致农牧区相关科技体育用品的配置存在一定问题。最后,自身发展存在局限性,农牧区无法将全民健身的发展向多领域延伸,没有形成群众体育与全民健身的融合发展、全民健身服务体系与体育产业的协调发展、城乡间体育的均衡发展、区域间体育有效的联动发展。这些问题影响到农牧区全民健身对外部技术资源的摄取。

（三）超高海拔农牧区全民健身信息传播较单一

"信息时代"的到来使得人类社会文明迈向了新的台阶，伴随着计算机与互联网的出现，信息资源在整个社会中的地位已呈几何级数的方式增长。无论是"互联网+时代"还是"大数据时代"，都可以体现信息资源对各行业发展的巨大价值，农牧区的全民健身发展也不例外。现阶段农牧区全民健身的发展对信息资源的需求非常大，由于自身基础建设的不完善，使得地区对信息资源的管理与应用产生了严重的乏力感，也导致发展所需的信息资源匮乏，同时也导致对全民健身信息传播单一化，从而影响了农牧区全民健身整体发展。

1. 全民健身信息管理不完善

（1）全民健身信息服务体系建设不完善

全民健身信息服务是加快全民健身服务体系构建的前提和基础保障。全民健身信息服务旨在将已有全民健身相关的信息资源进行合理的管理和供给，使已有全民健身相关的信息资源在区域间、城乡间、群体间呈现平衡态势，进而推动全民健身服务体系构建，国家对全民健身信息服务也制定了相应的标准和内容（参见表2-25）。

表2-25　　　　　全民健身信息服务内容及标准

序号	服务内容及标准
1	提供全民健身信息宣传平台，电视台、电台、报刊设有专门频道、栏目
2	提供全民健身网络信息服务，有全民健身网站、网络互动平台
3	提供全民健身日及相关大型健身活动信息服务，包括活动内容、形式及相关咨询
4	提供全民健身政策、法规信息服务，宣传政策法规、发布与解读配套政策措施
5	提供全民健身知识信息服务，县、乡镇（街道）、村（社区）免费提供科普性健身读物或活页，发布体育活动和场地设施使用信息

注：根据《关于构建更高水平的全民健身公共服务体系的意见》和《全民健身基本公共服务标准（2021年版）》整理。

结合表2-25对农牧区的全民健身信息服务现状进行分析，超高海拔地区利用"互联网+"搭建"一号、一群、一库、一平台"的全民健身信息服务系统，地级市、县级市的全民健身信息服务基础建设基本达到了全民健身信息服务的标准，有专门的宣传平台、相关的信息网站等。但是对全民健身信息服务的管理相对不足。首先，一些市、县全民健身平台覆盖面相对较窄，导致全民健身相关信息的传播具有局限性。其次，农牧区对全民健身信息服务的制度并未制定，导致农牧区全民健身信息服务管理没有相应的保障。上述原因直接导致农牧区全民健身信息传播出现问题。

（2）数据集合平台建立不完善，导致信息资源散乱

农牧区全民健身的发展离不开信息数据的参与，在全国《计划》中就提出了建设"全民健身管理资源库""服务资源库"等数据集合平台，通过这些平台的建立促使全民健身发展的服务更便捷、科学，受众面更广，实现真正的"全民化"。同时在超高海拔农牧区全民健身计划中特别提到了对"社会体育指导员网格化管理平台""全民健身专家库""智库"等平台建设。调查发现，农牧区全民健身发展的数据平台较为散乱，平台间的联系并不紧密，甚至一些平台还未构建完成。访谈了解到，首先，现阶段对"青少年体质测试的数据平台"的构建相对完善，其余的还处在构建中，如"社会体育指导网格化管理平台"覆盖面太窄，"全民健身管理资源库"还在构建中等。其次，由于农牧区多重环境因素影响，网络并未完全覆盖，使得农牧区全民健身信息传播不连续，信息资源散乱，这也对全民健身信息管理造成了影响，导致上级对部分县辖乡、村的全民健身信息不能很好地掌握和管理，乡、村中的全民健身数据也不能及时反馈。这些问题对当地全民健身工程建设造成了困扰。

2. 全民健身信息推广单一

农牧区全民健身发展离不开对全民健身信息的推广与传播，其

重要性不言而喻。在调研中发现，超高海拔农牧区对全民健身信息的推广形式简单，如宣传栏、新媒体、体育比赛等，并且这些形式间的融合性较差，相互间独立性明显，没有构成体系状的宣传网格推广形式。由于信息推广路径单一，使得全民健身活动在当地的推广与普及变得更差。

（1）信息推广路径单一

调研发现，超高海拔农牧区全民健身知识推广主要围绕学校体育、旅游业发展。学校在制定体育教学计划、安排教学内容时，因地制宜，突出地域性特点，在"健康第一"理念的指导下，开发特有的校本体育课程，将全民健身理念以知识普及的形式传播，但这样的传播形式受众面仅限于学生，对农牧区而言这样单一的传播形式显然不足。在农牧区学校以精品特色的校本课程传播全民健身理念，而对具有浓厚民族气息的农牧民全民健身理念不太容易被接受，容易产生文化断层，使得全民健身政策在落实中出现问题。从小接受教育的农牧民可以接受新知识，而从小少有接受学校教育的中年人对新知识就不太容易接受，这样的不平衡使得农牧区全民健身政策的落实变得很难。除此之外，超高海拔农牧区大力开展旅游业，让体育与文化、旅游等部门合作，将一些表演性、娱乐性强的体育项目与旅游业相结合形成地区独有的体育旅游品牌，从而达到宣传全民健身的目的。但这样的宣传形式效果也不是很好，农牧区基础设施建设薄弱，影响到外来投资。类似这样的问题不仅限制了当地体育旅游发展，也使得农牧区全民健身政策的落实变得更加困难。

（2）信息推广载体间的融合差

农牧区全民健身的推广，其载体的选择尤为重要。由于农牧区特殊的自然环境现状等多种因素影响，使得原本信息闭塞的农牧区信息推广更加困难，也使得现阶段农牧区出现全民健身信息推广载体相互间的融合性较差，全民健身信息的共享性不强等问题。

首先,农牧区全民健身的推广主要依托"互联网+"技术进行,在原有的基础上虽然增加了新媒体、网络等载体的推广,但由于农牧区现阶段的网络并未达到全覆盖,村子间居民的联系主要借助电话或口传。这些现实情况使得原本拥有手机的居民对全民健身信息的获取产生了困扰,也导致新媒体、网络等载体的推广与宣传、宣传栏等载体推广的融合性较差,全民健身信息共享性较差,导致农牧区全民健身的整体传播出现"掉链"现象,对农牧区全民健身发展的整体推动作用不明显,影响了全民健身工程建设。

第二节 超高海拔农牧区成年农牧民体质健康分析

一 成年农牧民体质检测结果

(一)身体形态及派生指标

身体形态主要通过身高、体重、BMI、胸围和腰臀比五项指标所体现。在成年男性农牧民中,B平均身高最高,为171.1cm,与H最低身高相差6.3cm;D平均体重最大,为66.7kg,与A最低体重相差8.6kg;D的BMI均值最大,为23.4kg/m^2,与A最小BMI值相差3.1kg/m^2;F平均胸围最大,为98.5cm,与A最小胸围相差9cm;D腰臀比均值最大,为0.922m,与A最小腰臀比相差0.05m。在成年女性农牧民中,B平均身高最高,为158.4cm,与H最低身高相差4.3cm;G平均体重最大,为57.2kg,与A最低体重相差9.1kg;G的BMI均值最大,为23.8kg/m^2,与A最小BMI值相差3.9kg/m^2;G胸围均值最大,为93.8cm,与A最小胸围相差7.7cm;H腰臀比均值最大,为0.863m,与A最小腰臀比相差0.05m。

农牧区成年农牧民的每个身体形态指标都可以反映其身体形态特征及成长特点。身高和体重能够横向反映人的某种生长变化特征，但在衡量人体肥胖程度时，仅凭身高和体重是不能够充分说明问题的，BMI则是反映人体肥胖程度的重要指标。WHO亚太区办事处、国际肥胖研究协会以及国际肥胖专家组于2002年2月联合发布《亚太地区肥胖的重新定义和处理》指导性手册，对肥胖标准定义为：BMI<18.5为体重偏轻；18.5≤BMI<24.0为体重正常；24.0≤BMI<28.0为体重超重；BMI≥28.0为肥胖。通过与肥胖标准范围对比发现各年龄段的农牧民BMI值均在正常体重范围内，然而BMI值仅能够反映人的整体肥胖程度，人体肥胖可分为整体性肥胖和向心性肥胖，向心性肥胖主要指人体内脂肪的沉积是以心脏、腹部为中心的一种肥胖，有异于一般肥胖，向心性肥胖的主要特征体现在人的面部或腹部均有明显的脂肪堆积，四肢肥胖程度并不明显[1]。目前，许多人对肥胖的认知仅注重全身整体性肥胖，往往会忽视向心性肥胖，但许多疾病的根源是由向心性肥胖所引发，向心性过度肥胖将是危及人们健康的重要因素，因此向心性肥胖问题应被重视。

评价向心性肥胖的重要指标为腰臀比，根据中国肥胖问题工作组推荐的标准，将腰臀比（WHR）标准进行等级分类，男性WHR≥0.9m，女性WHR≥0.8m即判定为向心性肥胖。其中男性WHR<0.9m为较低危险水平；0.9m≤WHR≤1m为较高危险水平；WHR>1m为高危水平[2]。农牧区D、E、F三个年龄段男性农牧民WHR≥0.9m，所有年龄段女性农牧民WHR≥0.8m，说明三个年龄段的男性农牧民和所有女性农牧民向心肥胖特征较为明显。与此同时研究发现男性农牧民BMI范围值为20.30≤BMI≤23.41，女性为19.86≤BMI≤23.78，均处于正常范围，说明成年农牧民整

---

[1] 姜勇、张梅、李晓燕等：《2010年我国正常体重成人中心型肥胖流行状况分析》，《中国预防医学杂志》2013年第6期。
[2] 中国肥胖问题工作组数据汇总分析协作组：《我国成人体重指数和腰围对相关疾病危险因素异常的预测价值：适宜体重指数和腰围切点的研究》，《中华流行病学杂志》2002年第1期。

体肥胖不明显。综上所述，农牧区成年农牧民向心肥胖特征较为突出，整体肥胖不明显，腹部脂肪堆积较多。

近年来，我国多项研究表明，向心性肥胖是影响人体健康的重要因素。周北凡等表明，西方中老年腰臀比值大于我国中老年，且北方高于南方，城市高于农村，同时发现向心性肥胖与引发心血管疾病间有密切关系①。向泽林等指出，腰臀比与高血糖间相关性较大，血糖的升高首先会提升人体患糖尿病的概率，糖尿病会加剧向心性肥胖的形成②。李丹丹等分析了超重和肥胖是影响中老年人患高血压的重要因素，同时向心性肥胖与人体患心血管病、糖尿病、高血脂有着密切的关系③。另外，还有研究表明居住在乡村地区的居民形成腹部肥胖的概率远高于城市居民，其原因可能为乡村居民受教育水平较低，对健康的认知水平较低，导致乡村居民容易忽视卫生保健问题，此外大多乡村居民接受信息途径单一，对正确的生活常识了解较少，一系列的问题导致乡村居民肥胖率大大增加④。不合理的生活方式也是导致向心性肥胖的重要原因，大多成人喜爱吸烟和饮酒，这是促使人们患高血压的危险因素之一。可见，不科学的生活方式、不合理的饮食习惯、居住环境的差异以及缺乏身体锻炼等因素都能够影响向心性肥胖的形成。

因此，针对农牧区农牧民身体肥胖的体态特征，应当选择培养农牧民养成健康的饮食习惯和科学的健身方式对其进行改善。例如，开展烟酒严重危害健康的教育会议，倡导农牧民经常参与体育活动等方式改善成年农牧民的身体形态。

---

① 周北凡、武阳丰、赵连成等：《我国中年人群向心性肥胖和心血管病危险因素及其聚集性》，《中华心血管病杂志》2001 年第 2 期。

② 向泽林、赵景波、许加亮等：《体质指数、腰围、腰臀比与高血压、高血糖的关系及三者对高血压、高血糖的预测价值》，《疾病控制杂志》2008 年第 3 期。

③ 李丹丹、梁学清、乔木等：《吉林省部分农村中老年人群人体肥胖指数、体重指数、腰围、腰臀比、腰围身高比与血压的关系》，《中国老年学杂志》2016 年第 20 期。

④ 周晶晶、曹乾、张晓：《中老年高血压患者腰臀比现状及其影响因素》，《中国老年学杂志》2016 年第 13 期。

(二) 身体机能及派生指标

身体机能是人的整体及其各组成系统、器官所表现的生命活动现象，其中肺活量、收缩压、舒张压、心率等指标作为衡量人体机能的主要依据来源。肺活量是检验人体肺功能最直观、最客观的指标，肺活量体重数是肺活量的派生指标，主要反映肺活量与体重之间的关系，针对不同年龄、不同体重的个体与群体进行客观定量分析。血压分为收缩压（高压）和舒张压（低压），是判断人体心脏功能和诊断是否患高血压疾病的重要依据。心率则是评价人体心血管功能及对运动负荷适应力的指标。

在农牧区成年男性农牧民中，B 年龄段的农牧民肺活量最高，与 H 年龄段最低肺活量相差 796ml，通过肺活量情况可以看出 B 年龄段的农牧民肺功能最好，但通过肺活量体重数的结果显示，A 年龄段的农牧民肺功能水平最高，比 B 年龄段的农牧民高 4.0ml/kg，比 H 年龄段的农牧民高 18.5ml/kg。在成年女性农牧民中，A 年龄段的农牧民肺活量最高，与 H 年龄段最低肺活量相差 593ml，结合肺活量和肺活量体重数可以看出 A 年龄段的农牧民肺功能最好。

医学中评价人体收缩压 90mmHg ≤ SBP ≤ 139mmHg 为正常范围，SBP ≥ 140mmHg 则判定为单纯性收缩压高血压，在成年男性农牧民中，A、B、C、D 四个年龄段中农牧民的 SBP 处于正常范围内，E、F、G 三个年龄段农牧民的 SBP 高出正常范围，H 年龄段农牧民的 SBP 为 142.3mmHg。在成年女性农牧民中，A-G 七个年龄段中农牧民的 SBP 处于正常范围内，H 年龄段中农牧民的 SBP 超出正常范围，SBP 为 141.0mmHg。

舒张压 60mmHg ≤ DBP ≤ 90mmHg 即为正常范围，DBP > 90mmHg 则判定为舒张压单纯性高血压，可见在成年男性农牧民中，E-H 年龄段农牧民的 DBP 均高于 90mmHg，且最高 DBP 为 98.8mmHg。在成年女性农牧民中，G、H 年龄段农牧民的 DBP 均高于 90mmHg，且最高 DBP 为 97.0mmHg。

结合收缩压和舒张压的检测结果以及参考高血压评价标准可知，男性农牧民中，H 年龄段农牧民有高血压特征。女性农牧民中，G 年龄段农牧民具有单纯性高血压特征，H 年龄段农牧民具有高血压特征。

通过血压单样本统计结果得知甲地区 74 名成年男性农牧民中共有 51 人血压指标超出正常范围，占总人数的 68.9%，其中有 34 人符合高血压评价标准，17 人符合单纯性高血压标准；51 名女性农牧民中共有 22 人血压异于正常指标，占总人数的 40.7%，其中有 15 人符合高血压评价标准，7 人符合单纯性高血压标准。乙地区 54 名成年男性农牧民中共有 22 人血压指标超出正常范围，占总人数 40.7%，其中有 8 人符合高血压评价标准，14 人符合单纯性高血压标准；50 名成年女性农牧民中共有 14 人的血压超出正常值，占总人数的 28%，其中有 5 人符合高血压评价标准，9 人符合单纯性高血压标准。综合被测者整体血压情况得知，甲地区 125 人中共有 73 人患高血压，占 58.4%，乙地区 104 人中共有 36 人患高血压，占 34.6%。

研究结果显示，甲地区成年农牧民患高血压比例高于乙地区，此外两地区成年农牧民舒张压普遍较高，患单纯性高血压情况较为突出。血压的升高多以舒张压升高为主，其原因可能是其血管弹性减弱和人体内分泌功能的改变引起血管紧张度提高，外周阻力增大，血压上升[1]。此外还高于《中国重要心血管病患病率调查及关键技术研究》的研究结果（23.2%）[2]，以及 2012 年全国高血压普查中全国 18 岁及以上居民高血压患病率（25.2%）[3]。可见农

---

[1] 张西洲、陈占诗编著：《人到高原》，军事医学科学出版社 1996 年版，第 66—69 页。
[2] Campbell NRC, Zhang XH, "Hypertension in China: Time to transition from knowing the problem to implementing the solution", *Circulation*, Vol. 137, No. 22, 2018, pp. 2357–2359.
[3] 国家卫生计生委：《图解：中国居民营养与慢性病状况报告（2015 年）》，http://www.nhc.gov.cn/jkj/s5879/201506/4505528e65f3460fb88685081ff158a2.shtml，2024 年 2 月 24 日。

牧区成年农牧民患高血压情况在该地区较为普遍。

心率是反映心脏功能最基本的指标,农牧区男性心率随着年龄的增加而逐渐减小,女性在34岁后具有相同的变化特征。在成年男性农牧民中,A年龄段农牧民的心率最大值为79.5bpm,与H年龄段最小心率相差11.1bpm。在成年女性农牧民中,C年龄段农牧民的心率最大值为78.3bpm,与H年龄段最小心率相差7.5bpm。正常人的心率大约为50—100bpm,可见农牧区成年农牧民心率均在正常范围内。

(三)身体素质及派生指标

根据《国民体质测试标准手册》,20—59岁成年人身体素质部分的检测主要包括台阶指数、握力、背力、坐位体前屈、纵跳、俯卧撑、仰卧起坐、闭眼单脚站立以及选择反应时。考虑农牧区地理环境的特殊性、场地配套设施实用性以及调研人员身体承受能力等因素,因此在身体素质检测中,则选取握力和握力体重数分别作为身体素质测量指标和派生指标。

握力既是反映人体上肢力量素质的重要指标之一,同时也是反映手功能正常发挥的重要标准,手功能与人们日常生活有着密切的联系[1]。农牧区成年农牧民的握力和握力体重指数均呈现随年龄增加而逐渐增加,直至峰值后开始下降的特征。在成年男性农牧民中,D年龄段农牧民的握力最大值为50.9kg,与H年龄段农牧民最小握力值相差5kg,A年龄段农牧民的握力体重数最大为79.6kg,与C年龄段农牧民最小握力体重数相差4.2kg。在成年女性农牧民中,E年龄段农牧民的握力和握力体重数最大值分别为31.6kg和51.8kg。与H年龄段农牧民的最小握力和最小握力体重数分别相差4.3kg和8.7kg。

---

[1] 张腾飞、张春华:《上海市老年人握力与身体形态的关系》,《中国老年学杂志》2016年第15期。

可见，仅凭握力值来评价人体上肢力量情况较为片面，体重的差异在一定程度上会影响握力值，体重与握力并不为绝对的正比关系，但在分析人体上肢力量情况时应充分考虑体重因素。例如D年龄段男性农牧民的握力值最大，但此年龄段农牧民的握力体重数并不是最高的，可见握力体重数能够更直接地反映出人体上肢力量与手功能的情况。

二 超高海拔农牧区成年农牧民与全国成年人体质健康状况对比分析

（一）身体形态及派生指标对比分析

农牧区成年农牧民平均身高均低于全国同年龄段成年人平均身高。其中在男性中，H年龄段农牧民平均身高与全国同龄人具有显著差异（P<0.05），其他年龄段均无显著差异（P>0.05）。在女性中，A年龄段农牧民平均身高与全国同龄人具有非常显著差异（p<0.01），H年龄段农牧民平均身高与全国同龄人具有显著差异（P<0.05），其他年龄段女性平均身高均无显著差异（p>0.05）。

农牧区所有成年农牧民平均体重均低于全国同年龄段成年人平均体重。在男性中，D年龄段农牧民体重与全国同龄人无显著差异（p>0.05），其他各年龄段农牧民的体重均有非常显著差异（p<0.01）。在女性中，G年龄段农牧民体重与全国同龄人无显著差异（p>0.05），C年龄段农牧民与全国同龄人具有显著差异（p<0.05），此外，其余各年龄段农牧民的体重均有非常显著差异（p<0.01）。

从整体来看农牧区成年农牧民BMI值均低于全国成年人。其中在男性中，D年龄段农牧民和全国同龄人无显著差异（p>0.05），A-C、E-H各年龄段农牧民与全国同龄人具有非常显著差异（p<0.01）。在女性中，A、G年龄段农牧民与全国同龄人无显著差异（P>0.05），C、F年龄段农牧民与全国同龄人具有显著差异（p<0.05），B、D、E、H 年龄段农牧民与全国同龄人具有非常显著差异（p<0.01）。

所有农牧区成年农牧民胸围均值均大于全国成年人胸围均值。其中在男性中，D、E 年龄段农牧民与全国同龄人具有显著差异（p<0.05），在女性中，A、D、E、F 年龄段农牧民与全国同龄人具有显著差异（p<0.05），其他各年龄段男女胸围比均无显著差异（p>0.05）。

在整个年龄分组中农牧区男性农牧民腰臀比均值低于全国同龄男性的占五组。其中在男性中，H 年龄段农牧民与全国同龄人具有非常显著差异（p<0.01），其余各年龄段与全国同龄人均无显著差异（P>0.05）。在女性中，各年龄段与全国同龄人均无显著差异（p>0.05）。

（二）身体机能及派生指标对比分析

在男性中，B、C、E 年龄段农牧区农牧民与全国同龄人具有显著差异（P<0.05），其他各年龄段与全国同龄人均无显著差异（p>0.05）。在女性中，C、D、F、G 年龄段农牧民与全国同龄人具有显著差异（P<0.05），A、B、E、H 年龄段农牧民与全国同龄人具有非常显著差异（p<0.01）。

所有农牧区成年农牧民肺活量体重数普遍高于全国成年人，且各年龄段农牧民与全国同年龄人具有非常显著差异（p<0.01）。

农牧区成年农牧民收缩压增幅较大。其中在男性中，B 年龄段农牧民与全国同龄人具有显著差异（p<0.05），A 年龄段与 E–H 各年龄段农牧民与全国同龄人具有非常显著差异（p<0.01），其他年龄段农牧民与全国同龄人均无显著差异（p>0.05）；在女性中，A、F 年龄段农牧民与全国同龄人具有显著差异（p<0.05），E、G、H 年龄段农牧民与全国同龄人具有非常显著差异（p<0.01），其他年龄段与全国同龄人均无显著差异（p>0.05）。由此可知多数中年农牧民收缩压较高，尤其是 H 年龄段的农牧民收缩压基本高于正常值。

农牧区大部分成年农牧民舒张压均高于全国成年人。其中在男性中，D年龄段农牧民与全国同龄人具有显著差异（P<0.05），其余各年龄段与全国同龄人具有非常显著差异（P<0.01）。在女性中，C、E、F年龄段农牧民与全国同龄人具有显著差异（p<0.05），其余各年龄段与全国同龄人具有非常显著差异（P<0.01）。可见，通过与全国成年人舒张压对比发现成年农牧民舒张压普遍较高，尤其是男性舒张压升高趋势较早于女性。

农牧区大部分成年农牧民心率均低于全国同龄成年人。在男性中，D-H各年龄段农牧民与全国同龄人具有非常显著差异（P<0.01）。在女性中，D年龄段农牧民与全国同龄人具有显著差异（P<0.05），H年龄段农牧民与全国同龄人具有非常显著差异（p<0.01），其他年龄段农牧民与全国同龄人无显著差异（p>0.05）。

（三）身体素质及派生指标对比分析

所有农牧区成年农牧民握力均大于全国成年人。其中在男性中，E年龄段农牧民与全国同龄人具有显著差异（P<0.05），F-H各年龄段农牧民与全国同龄人具有非常显著差异（p<0.01），其他年龄段农牧民握力与全国同龄人均无显著差异（p>0.05）。在女性中，C、G年龄段农牧民握力与全国同龄人具有显著差异（p<0.05），D、E年龄段农牧民与全国同龄人具有非常显著差异（p<0.01），其他年龄段农牧民与全国同龄人均无显著差异（p>0.05）。

所有农牧区成年农牧民握力体重数均大于全国成年人，且与全国成年人握力体重指数差异较大。其中在男性中，A年龄段农牧民与全国同龄人具有显著差异（p<0.05），其余各年龄段农牧民与全国同龄人均具有非常显著差异（p<0.01）。在女性中，F年龄段农牧民与全国同龄人具有显著差异（P<0.05），A、B年龄段农

牧民与全国同龄人无显著差异（p>0.05），其余各年龄段女性农牧民与全国同年龄人均具有非常显著差异（p<0.01）。

此外，对照"40—59岁各年龄段男女性握力水平级数表"可知，虽然成年农牧民握力与全国成年人握力具有明显差异，但二者的握力水平均处于中级水平。

三 超高海拔农牧区成年农牧民体质健康存在的主要问题

通过对229位20—59岁成年农牧民体质健康检测，经与全国成年人体测数据进行对比分析，并参照《国民体质测定标准手册》（成人部分）、《亚太地区肥胖的重新定义和处理》指导手册等资料作为成年农牧民体质健康评判依据，对农牧区成年农牧民的身体形态、身体机能以及身体素质所存在的问题进行探究。

（一）身体形态方面

综合农牧区成年农牧民和全国成年人身高、体重、BMI、胸围、腰围、臀围对比分析可知，农牧区成年农牧民与全国成年人身高、体重、BMI值、胸围变化趋势均随年龄的增加而增加，达到最高值后逐渐减小。成年农牧民的身高、体重以及BMI值整体水平低于全国成年人，此类身体形态形成的主要原因与当地农牧民生活方式具有一定关系。由于农牧民长时间生活在低氧低温环境中，机体为了适应这种特殊的自然生态环境，大部分农牧民选择通过物理方式提升机体适应力，尤其是在饮食结构中摄入大量含有高碳水、高脂肪的食物。同时由于地理环境的制约性，农牧民往往会忽略机体对维生素的需求，导致农牧民饮食结构不平衡、不科学；加之进行长期的体力劳动，体能的持续消耗，导致形成较为瘦小的体型特征。

成年农牧民胸围整体高于全国成年人，且与全国成年人胸围变化趋势相同。其中中年农牧民与全国同龄成年人胸围差异更为明显，儿童青少年在生长发育中胸深较为明显，且胸宽较宽，胸围较大。海拔与民族遗传均对胸部发育有一定关系，其中超高海拔地区青少年发育相对中低海拔地区青少年整体发育较为迟缓、胸深胸宽较为明显，特殊的胸部发育很可能是为了能够更好地适应低氧自然环境所形成的[①]。

腰臀比方面，根据中国肥胖工作组（WGOC）的标准，男性腰臀比 WHR≥0.9m、女性 WHR≥0.8m 即符合向心性肥胖，通过对农牧区成年农牧民体质检测结果的分析，判定多数成年农牧民具有向心性肥胖，但通过与全国成年人腰臀比对比发现，我国大部分成年人腰臀比高于农牧区成年人，并且我国成年男性出现向心性肥胖问题较早。此外，女性农牧民和全国女性腰臀比变化特征较为相似，均随着年龄的增加腰臀比值逐渐增大，且全国多数中年女性向心性肥胖特征更为明显，这不仅说明成年农牧民具有向心性肥胖问题，同时更能说明我国大部分成年女性也同样具有向心性肥胖问题。然而影响成年农牧民向心性肥胖的主要原因与其日常饮食和生活习惯息息相关，而影响全国成年人向心性肥胖的主要原因与成年人的生活方式、饮食卫生、社会压力等城市化因素密切相关。

（二）身体机能方面

通过农牧区成年农牧民与全国成年人各项身体机能指标对比分析，成年农牧民身体机能主要有以下几个方面的特点：第一，成年农牧民的呼吸功能和心肺功能好于全国成年人。从体质人类学角度分析，成年农牧民肺活量大小与其胸径、胸深、胸廓相关，先天遗传在一定程度上会影响农牧民胸径宽大，这不仅能为机体呼吸工作提供有利的场所，同时还能逐步提升肺功能水平。从生理学、医学角度分析，久居高海拔农牧区的成

---

① 席焕久、张海龙、李文慧等：《高原地区居民的体成分与形态学变化》，《解剖科学进展》2013 年第 2 期。

年人长期在低氧环境中生活，机体肺弥散能力逐渐增强，血红蛋白浓度适度增加，毛细血管密度增加及组织利用氧的能力逐渐增强，有助于机体肺通气功能的增强[1]。运动医学对久居超高海拔农牧区居民的肺活量高于中低海拔地区居民肺活量这一特征进行阐述，肺通气量既受低氧环境的影响，同时也会受到二氧化碳排出量的控制，及其通气水平应保持二氧化碳的产生量和排出量之间的平衡，这样才有可能使某一海拔高度人群的动脉血二氧化碳分压（$PaCO_2$）和肺泡二氧化碳浓度（$FACO_2$）相对稳定于某一水平[2]。从地理学角度分析，健康人肺活量的大小主要与地区海拔高度、日照时数、日照百分率、年平均气温、年平均湿度、年降水量、年平均风速因素有关，其中海拔高度对人体生理功能影响较大，随着海拔的逐渐增高，人体肺活量与通气量参考值逐渐增加[3]。

第二，成年农牧民血压普遍高于全国成年人。大量研究表明久居农牧区的人群高血压患病率远高于低海拔人群，并且男性高血压患病率高于女性，老年高血压患病率高于中青年。从体质人类学角度分析，人体血压与 BMI 关系较大，人体肥胖程度往往决定血压的高低，人体 BMI 值越高，说明体形越肥胖，导致血压越容易升高，然而在调研中发现，成年农牧民 BMI 值均处于正常范围值内，可见仅凭 BMI 值的高低不足以论证此观点，但检测结果发现成年农牧民向心性肥胖特征较为明显，由此推断向心性肥胖很可能成为导致农牧民血压逐渐升高的基础因素，这一观点仍需做

---

[1] 陈俊民：《高原训练对竞走运动员肺通气功能的影响》，《中国应用生理学杂志》1997 年第 3 期。

[2] 任中海、马小明：《高海拔地区大学生的肺活量及体能指标分析》，《青海大学学报（自然科学版）》2004 年第 2 期。

[3] 葛森、闫燕春、王欣等：《中年男性用力肺活量正常参考值的地理分布规律》，《地理研究》2009 年第 5 期；葛淼：《健康人医学参考值与地理因素关系的研究进展》，《国外医学（医学地理分册）》2009 年第 2 期。

进一步科学论证。从生理学、医学角度分析，机体内红细胞的增多可能是高血压患病的危险因素之一，由于农牧民长期定居在高原低氧环境中，这种特殊的生态地理环境促使体内红细胞发生代偿性增多，血液黏稠度增加，使小动脉管壁结构重建，管腔狭窄，从而增加外周血管阻力，导致高血压的形成[1]。此外，检测结果还发现成年农牧民舒张压增高最为明显，并且普遍高于全国成年人。舒张压的增高主要由于在高原低氧慢性的刺激下，机体内红细胞过度增生、血黏度增高，血循环能力下降，微循环障碍，使外周阻力增加，心脏负荷增加，交感神经兴奋，从而引起血压增高，且主要以舒张压增高较为多见[2]。从地理学角度分析，关于血压变化研究存在较多争鸣，有学者表示长期居住在高海拔地区居民血压高于低海拔地区居民，并且海拔每升高100m，高血压患病率增加2%[3]，同时低温高寒是导致患高血压的重要因素之一[4]。1986年有研究表明居住在海拔4000m以上的居民患有高血压疾病几率较低[5]。2015年印度相关研究表示居住在海拔2600—3700m居民高血压患病率高于居住在海拔4000—4900m居民[6]。可见，前者研究表明高血压与海拔呈正相关性，而后者研究则表明血压和海拔呈

---

[1] 冯兵、何作云、丁秋华等：《红细胞流变性异常在高血压病进程中的意义》，《中华内科杂志》1995年第7期。

[2] 青格乐图、张雪峰、包智章：《高原红细胞增多症动脉粥样硬化危险因素分析》，《中国动脉硬化杂志》2012年第7期

[3] Mingji C., Onakpoya I. J., Perera R., et al., "Relationship between altitude and the prevalence of hypertension in Tibet: A systematic review", *Heart*, Vol. 101, No. 13, 2015, pp. 1054 – 1060.

[4] Fiori G., Facchini F., Pettener D., et al., "Relationships between blood pressure, anthropometric characteristics and blood lipids in high-and low-altitude populations from Central Asia", *Ann Hum Biol*, Vol. 27, No. 1, 2000, pp. 19 – 28.

[5] Dasgupta DJ. "Study of blood pressure of a high altitude community at Spiti (4000m)", *Indian Heart*, Vol. 38, No. 2, 1986, pp. 134 – 137.

[6] Norboo T., Stobdan T., Tsering N., et al., "Prevalence of hypertension a thigh altitude: cross-sectional survey in Ladakh, Northern India 2007 – 2011", *BMJ Open*, Vol. 5, No. 4, 2015, pp. 7026 – 7027.

负相关性。目前，关于海拔对血压变化的影响研究仍存在较大争议。

第三，农牧区成年农牧民平均心率普遍低于全国成年人。心率所存在的问题主要通过生理学和医学视角进行分析，成年农牧民由于长期生活在低氧环境中，人体呼吸加速导致迷走神经张力增高，出现心率偏慢现象，久居高海拔地区人群对高原低氧环境有着较好的适应能力[1]。但有关学者在研究高原体力劳动者基础代谢和心率关系中表明久居于高原地区的体力劳动者因参与体力活动强度较大，其心率越快、耗氧量越多，能量基础代谢率越高[2]。因此，针对不同研究对象应分情况进行分类探究。

综之，农牧区成年农牧民身体机能较全国成年人有一定的差距，身体机能水平有待提升，其中成年农牧民血压情况不容乐观，高原高血压是威胁农牧民体质健康的常见疾病。在调研过程中发现农牧民十分关注自身健康问题，但对自身患病知晓率低，缺乏对高原疾病的防治知识，这也是导致农牧民患高原疾病的主要问题。因此，如何增强农牧民体质健康、如何预防各种疾病、如何应对疾病的发生是解决当前农牧民身体机能所存在问题的关键。

（三）身体素质方面

基于成年农牧民身体素质与全国成年人身体素质各项指标的比较，成年农牧民身体素质主要存在以下几个特点：首先，成年农牧民与全国同龄成年人握力及握力体重数变化趋势大致相同，均表现为随年龄的增长而增大至峰值后逐渐下降的变化趋势。其次，成年农牧民的握力及握力体重数均高于全国同龄成年人，高年龄

---

[1] 朱莎、丁宁炜、刘凌：《高原及低氧环境对心率变异性影响研究进展》，《中国运动医学杂志》2010年第3期。

[2] 李建国、张世杰、宋长平等：《高原体力劳动者基础代谢与心率关系的探讨》，《中国公共卫生学报》1992年第1期。

段农牧民与成年人间的握力及握力体重数的差异更为显著。再者，虽然成年农牧民的握力及握力体重数均高于全国同龄人，但多数成年农牧民握力水平均处于中等握力水平等级。

有研究表明农牧区农牧民上肢肌肉力量较好，特别是男性农牧民握力体重数远高于女性，说明性别是决定上肢力量的首要因素，这一现象的产生一方面由于不同性别体内激素水平的不同，男性体内睾酮水平远高于女性，而睾酮是肌肉生长最直接的刺激因子，主要通过促进肌肉蛋白质的合成，使肌肉肥大，从而提高肌肉力量[①]。另一方面，有关研究表示力量与先天遗传的相关性较小，决定力量大小主要取决于人体肌纤维含量和后天锻炼参与情况。由此推测成年农牧民较强的上肢力量主要与其体力活动的参与有关，由于男性农牧民参与的体力活动主要以放牧、种地、耕田等力量型体力劳动为主，多数女性农牧民则根据家庭需求参与轻小型的体力劳动，通过长时间进行不同强度的体力活动，长期对农牧民上肢肌肉进行不同程度的刺激，对农牧民上肢力量的变化具有重要影响。

通过身体素质检测结果可知，虽然成年农牧民的握力和握力体重数均值均高于全国成年人，但握力仅能够反映身体局部力量，即上肢肌肉群的绝对力量。因此，基于农牧区的现实环境，为促进成年农牧民整体身体素质的均衡发展，主要通过物理介入方式对其身体素质进行改善，首先需改变农牧民的饮食结构，增加体内蛋白质和维生素的摄入，蛋白质是促进人体肌肉增长的主要能量来源，适当增加蛋白质摄入是增强体质健康行之有效的方法。其次，通过参与身体锻炼增强整体身体素质，通过在当地开展具有针对性、科学性、趣味性的健身活动，一方面能够促进农牧民

---

① 黎鹰、罗晓芳、张安民等：《人体肌肉力量自然发展研究进展》，《体育科研》2003年第3期。

健康的改善，另一方面能够帮助农牧民在参与健身活动的同时学会有关健身和健康方面的知识，不仅有利于农牧民将身体锻炼与日常生活紧密结合，更重要的是有助于农牧民在日常体力活动中保证自身安全。

（本章主要执笔：刘于溪、黄聪）

第三章

超高海拔农牧区全民健身发展影响要素与发展策略

第一节 超高海拔农牧区全民健身发展影响要素

居民的体质健康和身体锻炼与生活环境息息相关,生活环境由自然环境和社会环境共同组成,自然环境是各种天然因素的总体,社会环境则主要包括社会政治环境、政策环境、经济环境、文化环境等,其中社会环境对人的健康发展更加具有重要影响[①]。因此,基于农牧区全民健身发展现状调查与成年农牧民体质健康分析,针对农牧区全民健身的影响要素,主要以农牧区自然地理环境和社会环境为切入点,同时鉴于大量研究表明,体育作为促进人们体质健康的有效途径,并且体育作为社会环境中的重要组成部分,本部分关于社会环境对超高海拔农牧区全民健身的影响主要以体育政策环境、体育经济环境以及体育文化环境视角出发,进一步探究超高海拔农牧区地理环境、体育政策环境、体育经济环境、体育文化环境对全民健身有何种影响。

一 地理环境是影响农牧民体质健康的先决要素

（一）地理环境对成年农牧民身体形态的影响

我国人口的身体形态主要表现为北高南低、北壮南弱的总体特

---

① 徐嘉岑、毕存箭:《生活环境和生活方式对哈萨克族牧民健康的影响》,《辽宁体育科技》2011 年第 5 期。

征，农牧地区有大量农牧民生活在海拔 3500m 以上的超高海拔地区，他们长期居住在高原低氧环境中，其身体形态受到一定影响。因此，有必要针对地理环境对久居超高海拔地区农牧民的身体形态特征所产生的相关影响展开研究。

其一，成年人身体形态的形成与儿童青少年时期的发育密切相关。儿童青少年身体形态特征是其发育过程中的具体表现，我国女性结束发育年龄在 17—18 岁间，男性在 18—20 岁间，人体的身体形态基本形成。其中，骨骼的生长发育决定人的身高，成人的身高取决于青少年时期的骨骼发育，在控制社会及其他因素对发育的影响，从地理环境视角分析，海拔高度和地区日照时间对青少年骨骼发育具有重要影响。有研究表明生活在海拔 3500 米 0—2 岁儿童的身高低于生活在海拔 3000 米同龄儿童的身高[1]；久居于青海高海拔地区 7—18 岁学生骨骼发育迟于平原地区同龄学生[2]。其二，身体形态是概述人体外在形态和身体充实度的重要内容，身体形态对评价儿童青少年生长发育状况具有一定的辅助作用。青少年在生长发育期，男性身体形态变化加速期为 11—15 岁间，在生长发育期间男性青少年的身高增长速度较快，其肌肉、脂肪以及内脏器官发育较为迟缓。然而女性在 16 岁左右身高基本停止增长，其肌肉、脂肪以及内脏器官发育速率逐渐加快，身体逐渐由纵向转为横向发展。可见男性青少年较女性具有在发育期身体形态较瘦小，机体脂肪含量较低的特点，同时女性青少年身高发育的结束期即为身体形态横向变化的开端。综之，大部分研究已证实了低氧、高寒、强辐射的地理环境是影响超高海拔地区儿童青少年身体发育迟缓的主要原因。

---

[1] S. Dang, H. Yan, S. Yamamoto, "High altitude and early childhood growth retardation: New evidence from Tibet", *European Journal of Clinical Nutrition*, Vol. 62, March 2007, pp. 342 - 348.

[2] 刘秉枢、贾勉、王逎哲等：《高原青少年骨龄与生长发育关系的研究》，《青海医学院学报》1988 年第 2 期。

其次,人体幼年的迟缓成长发育对其身体形态的形成有一定的影响。结合本研究对农牧区成年农牧民身体形态的检测结果可知,身高、体重、BMI 和胸围指标的变化特征均符合人体自然生长趋势,其中成年农牧民的身高、体重以及 BMI 值均低于全国同龄人,胸围、腰臀比略高于全国同龄人,地理环境对本研究成年农牧民身体形态形成的影响主要有以下两点。第一,人的身高、体重与地理位置所在的经纬度具有一定的相关性①。相关研究指出人体的身高与所在地区经度呈负相关性,大部分成年农牧民的平均身高低于全国成人身高。体重方面,由于农牧区属于高纬低经地区,高纬地区常年气温较低,寒冷的生活环境不利于加快机体新陈代谢速率,高热量、高蛋白食物的摄入为人体提供基础能量,同时有利于人体在低温环境中更好地生存,长期食用高蛋白、高热量食物容易造成人体肥胖,尤其是增加腹部肥胖率。因此,在所调查的成年农牧民中,其向心性肥胖特征更为明显。农牧区成年农牧民身高、体重变化特征除了与地理环境有关以外,还可能与农牧民早期生长发育迟缓、农牧区社会经济发展、医疗水平发展以及生活方式的改变有一定的关系。第二,成年农牧民的胸围较宽,与全国同龄成年人差异较明显,尤其是女性农牧民胸宽更加凸显,与高海拔地区人群胸围大于平原地区人群胸围的研究结论相似,同时与高海拔地区女性胸围分别大于中、低海拔地区女性胸围的研究结论相一致②。胸围的形成特点仍可能由于农牧民久居于高原低氧环境中,呼吸需要通过扩张胸部肌肉为供氧提供更有利条件,长时间深度呼吸对刺激胸部肌肉的增长产生效应,为胸径围度的增加提供有利条件。

综上所论,农牧民身体形态的形成与地理环境间存在一定的关

---

① 李纪江、蔡睿、何仲涛:《我国成年人体质综合水平与自然环境因素的关联分析》,《体育科学》2010 年第 12 期。

② 黄学诚、陆思瑾、吕磊:《云贵高原不同海拔地区成年女性体质状况比较研究》,《体育研究与教育》2012 年第 S2 期。

系，但地理环境并不是决定其身体形态形成的直接因素，主要由于地理环境的特殊性直接决定了农牧区的农耕条件、食品生产以及农牧民的生活生产方式，同时也正是由于特殊的生活生产方式对农牧民的身体形态产生一定的影响。如今国家十分重视农牧区的整体综合发展，但地理环境的限制仍是不可避免的问题，不仅对农牧区的整体发展造成了一定的阻碍，而且对成年农牧民的体质健康具有持续性的影响。

（二）地理环境对成年农牧民身体机能的影响

地理环境与人的身体机能间存在密切的关系，不同地域人群的身体机能表现各不相同。地理环境对身体机能影响的研究主要有两类，一类研究主要针对不同地理环境各人群的身体机能指标作出相应的地方参考值，另一类研究则通过对高原不同人群身体机能的各项指标进行检测。本研究是基于农牧区成年农牧民身体机能的检测结果，与全国成年人身体机能间的比较，综合并与前人相关研究结果进行讨论，分析出以下三点影响要素。

第一，人体的肺活量与呼吸密切相关，肺活量是评价人体肺功能、呼吸功能的重要指标。肺活量的大小与人的年龄、性别、呼吸肌强弱以及胸廓弹性均存在一定的关系，一般来说男性肺活量高于女性、青年人肺活量高于老年人。地理环境对肺活量影响的相关研究主要涉及"肺活量正常参考值"和"肺活量的地理环境分布规律"两方面，其中葛淼对我国不同地区人群肺活量正常参考值的研究较为全面。例如超高海拔地区男性青年肺活量的正常参考值为 4060 ± 660 ml，女性青年肺活量的正常参考值为 3027 ± 269 ml，且女性肺活量正常参考值会随海拔的升高而逐渐增加[①]；超高海拔地区中年男性肺活量的正常参考值为 4323 ± 379 ml，中年

---

① 葛淼、张亚平、张旭等：《青春期男性用力肺活量正常参考值的地理分布规律》，《第四军医大学学报》2009 年第 22 期；陈鹏、葛淼、何进伟：《青春期女性用力肺活量正常参考值与地理环境的关系》，《华中师范大学学报（自然科学版）》2012 年第 5 期。

女性肺活量的正常参考值为 2639±265ml，海拔高度分别与中年男性、女性肺活量参考值呈正、负相关性，此外地区年平均气温、气温温差和年平均风速均与肺活量相关度较高[1]；与此同时，许多研究通过实验法对不同海拔地区各类人群肺活量变化特征进行探讨。例如，久居于云贵高原中海拔（2300—2800m）地区的成年女性肺活量在被测人群中肺活量最低，高海拔（＞2800m）与低海拔（1800—2300m）地区的成年女性肺活量大致相同[2]；肺活量不仅与海拔高度有关，并且与地区所处经纬度相关，具体表现为海拔高度与肺活量呈负相关性，即海拔高度越高肺活量越低，与地区所在经纬度呈正相关性，即肺活量随经纬度的增加逐渐增大[3]；另有研究指出，久居四川不同海拔地区成年人肺活量随海拔的增加逐渐减小，具体表现为生活在海拔 2465m、2600m 和 3406m 成年人的肺活量均值分别为 3270ml、3122.6ml 以及 3130.3ml[4]；1982年青藏高原健康人呼吸循环生理数值的报告中，通过与低海拔地区男女肺活量均值比较，高海拔地区人群肺活量显然略低于低海拔人群，得出肺活量随海拔的升高逐渐下降的研究结论[5]。但同时也有研究表明，随着海拔高度的增加，成年人的肺活量也在逐渐增大[6]。例如：久居于低、中、高海拔地区的老年人长期生活在低

---

[1] 葛淼、闫燕春、王欣等：《中年男性用力肺活量正常参考值的地理分布规律》，《地理研究》2009 年第 5 期；葛淼、张亚平、张旭等：《老年前期女性用力肺活量正常参考值的地理分布规律》，《中国老年学杂志》2009 年第 14 期。

[2] 黄学诚、陆思瑾、吕磊：《云贵高原不同海拔地区成年女性体质状况比较研究》，《体育研究与教育》2012 年第 S2 期。

[3] 李纪江、蔡睿、何仲涛：《我国成年人体质综合水平与自然环境因素的关联分析》，《体育科学》2010 年第 12 期。

[4] 关北光：《四川省不同海拔六市（州）成年人体质研究》，《北京体育大学学报》2006 年第 11 期。

[5] 白若华：《青藏高原健康人呼吸循环等生理数值的报告》，《青海医学院学报》1982 年第 1 期。

[6] Shleifer A., Vishny R. W., "A survey of corporate governance", *Journal of finance*, Vol. 52, No. 2, 1997, pp. 737–783.

氧环境中，其肺活量随海拔的升高而增大①。进一步对海拔与肺活量呈正相关性的研究分析并进行阐述，由于农牧区成年人适应了低氧环境，其胸廓及肺部发育良好，成年人的胸深和胸宽十分明显，肺容量较大，为体内氧气含量储备和机体进行气体交换提供良好条件，有利于提高成年人的呼吸能力，能够使人体在高原环境中更好地生活。

本研究将农牧区成年农牧民肺活量与全国成年人肺活量进行对比发现，成年农牧民肺活量均高于全国成年人，且女性差异性更为明显。虽然本研究所选的检测地点均为农牧区，且乙地区平均海拔略高于甲地区，但在肺活量检测过程中明显发现，乙地区成年农牧民的肺活量高于甲地区成年农牧民，并且所测结果与前人对农牧区成人肺活量研究的正常参考值相近，因此本研究更倾向于肺活量与海拔高度间呈正相关性的研究结论。基于众多前人对地理环境和人体肺活量间的研究，为了更深一步探究两者间的关系，本研究推论与其他结论产生异议的原因主要由于：其一，本研究所选检测的地理位置均为海拔4000m以上的农牧区；其二，本研究检测对象的甄选主要以农牧区成年农牧民为主，农牧民与一般高原居民有一定的区别，其生产劳动、生活方式以及生活习惯差异较大，农牧民参与的体力活动较多，肺活量的高低可能与参与体力活动的频率或强度间存在一定关系。有关超高海拔地区人群肺活量与体力活动间的研究相对较少，因此仍需对此观点进行探究、论证。

第二，地区海拔高度、气温温度、气候湿度、太阳辐射以及年降水量对成年人的血压均会产生不同影响。葛淼等人对不同地区人群血压正常参考值进行研究，并表示我国青年人血压正常参考值与地理因素相关性非常显著。其中超高海拔地区青年男性和青

---

① 张世春：《青藏高原不同海拔地区老年人群体质状况的对比分析》，《体育文化导刊》2006年第6期；张彦博、汪源、刘学良等主编：《人与高原》，青海人民出版社1996年版，第26—31页。

年女性收缩压正常参考值在全国地区分布最低①。年平均气温和日照时数是影响青年男性收缩压正常参考值的重要地理指标,随着年平均气温和年日照时数的增加,青年男性收缩压正常参考值呈上升趋势,由于青藏高原年平均气温较低,该地区青年男性收缩压的正常参考值低于其他地区②。

除此之外,部分研究表明,人体的收缩压、舒张压与海拔高度呈正相关性,且久居超高海拔地区居民高血压患病率高于低海拔地区,超高海拔地区30—70岁人群高血压患病率为40.2%,其中男性的患病率为36.6%,女性为40.9%,且患病率随年龄的增高而增加③;另外超高海拔聚居地高血压的发病率高于低海拔地区,但海拔高度的变化与高血压患病率相关性较小,具体表现为海拔每增加100m,高血压的患病风险增加2%（$P > 0.05$）,且主要以舒张压明显增高的人数居多④。

有关超高海拔地区人群血压变化特征的相关研究对象大多集中于青年人,涉及成年人的相关研究较少。基于农牧区成年农牧民舒张压明显高于全国成年人舒张压的检测结果,并结合前人推测成年农牧民血压变化特征与地理环境、地理气候间关系较小的研究结论,本研究认为地理及气候环境的特殊性对农牧民的生活习

---

① 张明鑫、王学忠、张明慧:《中国青年人口血压健康状况的分布规律》,《中国老年学杂志》2016年第7期。

② 张明鑫、葛淼:《中国男性收缩压参考值的地理分布规律》,《中国老年学杂志》2012年第24期;张明鑫、葛淼:《区域地理环境对中国男性青年收缩压参考值影响分析》,《地理科学》2012年第11期。

③ Ge R. L., Helun G., "Current concept of chronic mountain sickness: pulmonary hypertension-related high-altitude heart disease", *Wilderness & environmental medicin*, Vol. 12, No. 3, 2001, p. 190; Deji, Dawapuchi, Danzeng, Zhuoma, Xiaoduoji. "Prevalence of hypertension among 30 to 70 years old citizens of Lhasa, Tibet China", *Zhonghua xin xue guan bing za zhi*, Vol. 38, No. 8, 2010, p. 755.

④ Aryal N., Weatherall M., Bhatta Y. K., et al., "Blood pressure and hypertension in adults permanently living at high altitude: A systematic review and meta-analysis", *High Alt Med Biol*, Vol. 17, No. 3, 2016, p. 185 - 193; Ruiz L., Penaloza D., "Altitude and hypertension", *Mayo Clinic Proc*, Vol. 52, No. 7, 1977, pp. 442 - 445.

惯和饮食习惯所产生的影响,是引发农牧民患高血压的重要因素。例如,成年农牧民的日常饮食中过多摄入含钠元素、高脂肪、高蛋白的食品,长期以来对其血管、肾脏和心脏造成一定的损伤,最终会导致人体血压升高,不利于人体的健康发展。

第三,心率是评价人体心脏功能最基本的指标,心率的正常参考值与地区地势、地理环境以及地理气候间存在一定的联系。其中地理环境中地区海拔高度、年日照时数、年平均气温、年平均相对湿度、年降水量与人体心率的相关性较高,农牧区其成年人心率正常参考值为 89.72 ± 31.91 次/min,超高海拔地区成年人心率普遍低于西南其他地区成年人心率的正常参考值[1]。另外,有研究表明,海拔高度是影响成年人心率的重要因素,农牧区成年人心率过快主要由于机体为适应高原低氧环境,体内血液的红细胞代偿性逐渐增加,降低了血液的含氧量,使动脉内膜缺氧,为心脏跳动提供能量,机体只能提高心脏跳动速度[2]。与此同时又有部分研究指出,世居于高海拔地区成人心率均低于中低海拔成人心率[3]。此类研究认为久居高原成年人心率过缓的原因主要由于机体受呼吸循环功能的影响,为增强机体对缺氧环境的长期适应能力,各器官携氧能力逐渐增强,对氧气的组织与利用更加有效,农牧民的心率偏慢不仅与组织适应性有关,更重要的是与降低心肌耗氧量相关。基于对农牧区成年农牧民心率的检测及与全国成年人心率间的对比,本研究更倾向于前人提出的高海拔地区成年人心率过缓的研究结论。

---

[1] 刘萍、葛淼、王欣等:《中国健康人心率正常参考值的地理分布规律》,《国外医学(医学地理分册)》2011 年第 1 期。
[2] 刘萍、葛淼、王欣等:《中国健康男性心率正常参考值的地理分布规律》,《山西医科大学学报》2010 年第 9 期;刘萍、葛淼、王欣等:《中国健康女性心率正常参考值的地理分布规律》,《国外医学(医学地理分册)》2012 年第 1 期。
[3] 朱莎、丁宁炜、刘凌:《高原及低氧环境对心率变异性影响研究进展》,《中国运动医学杂志》2010 年第 3 期。

(三) 地理环境对成年农牧民身体素质的影响

身体素质主要包括速度、力量、耐力、柔韧、灵敏、平衡、协调等方面,受调研环境的限制,对农牧区农牧民身体素质的检测主要以上肢力量为主,指标的选取以握力为主,并通过握力检测结果与全国成年人握力进行对比,进一步分析农牧民上肢力量情况。

基于农牧区成年农牧民握力均高于全国同龄成年人的对比结果,虽然农牧民与全国成人的握力变化趋势均以年龄的增长逐渐下降,但成年农牧民握力下降幅度较小,且随着年龄的增长成年农牧民与全国成年人握力差异逐渐显著。有研究表明,握力不仅是评价上肢力量的重要指标之一,还是在医学中预测和推断手部和上肢健康的重要依据,同时对儿童青少年的上肢发育和中老年人肌肉变化情况具有重要意义[1]。有关握力随年龄的增长而逐渐下降的变化特征,有研究对其进行分析并指出,人体随年龄的增长,机体内肌纤维的数量和体积逐渐减少、脂肪含量增多,代谢能力有所下降,会造成肌肉萎缩和肌肉疲劳,加快肌肉收缩速度的下降[2];成年男性农牧民和全国成年男性最大握力值均出现在(35—39岁)年龄段间,成年女性农牧民和全国成年女性最大握力值分别出现在(40—44岁)与(35—39岁)年龄段间,这与国外学者发现人体的握力最大值出现在(30—45岁)年龄段间的研究结论相符合[3]。

农牧区成年农牧民握力变化情况遵循身体素质变化规律,地理环境对成年农牧民上肢力量的影响,与对身体形态的影响方式较

---

[1] Bohannon R. W., "Hand-grip dynam om etry predicts future outcomes imaging adults", *J. Geriatric Physical Therapy*, Vol. 31, No. 1, 2008, pp. 3 – 10.

[2] Tietjen-Smith T., Smith S. W., Martin M., et al., "Grip strength in relation to overall strength and functional capacity in very old and oldest old females", *Phys. Occup Ther Geriatr*, Vol. 24, No. 3, 2006, pp. 63 – 78.

[3] Peolsson A., H edlund R., berg B., "Intra-and inter-tester reliability and reference values for hand strength", *J. Rehabil Med*, Vol. 33, No. 1, 2001, pp. 36 – 41.

为相似。由于成年农牧民经常参与体力劳动，体力劳动会对成年农牧民的身体素质产生一定影响。有研究表明，参与农牧业的体力劳动强度等级为一级强度，是我国19个行业中体力劳动强度较低的行业[1]。但是长期参与农牧业对刺激人体大肌群和小肌群的收缩产生一定的作用，并且已有研究证实了体力劳动有利于力量素质的提升[2]。此外强度等级较低的体力劳动对身体健康具有促进作用[3]。30—45岁年龄段的农牧民作为家庭劳动力的主力军，大多承担着家庭重要的农耕劳动，长此以往进行农牧工作对增强农牧民的上肢力量有一定的帮助。这可能是中年农牧民握力较全国中年人握力差异逐渐显著的主要原因。

综上讨论，农牧区地理环境对成年农牧民的身体形态、身体机能、身体素质均有一定的影响。首先，地理环境间接影响成年农牧民的身体形态和身体素质，特殊的地理环境是影响农牧民的生活方式与生活习惯形成的重要因素，然而生活方式与生活习惯往往是决定农牧民身体形态和身体素质的直接因素，两者间相互影响。其次，地理环境对农牧民的身体机能影响较大，主要表现在肺活量、血压与心率三方面，尤其是久居高海拔地区群众肺活量所表现的变化特征，部分研究表明海拔高度与肺活量成负相关性，且农牧区人体肺活量正常参考值低于我国内陆与沿海地区，但通过对高海拔地区成年农牧民肺活量的实际检测结果发现，大部分成年农牧民的肺活量均高于其他地区人体肺活量的正常参考值，

---

[1] 杨磊、王迅、马明等：《我国体力劳动强度分级标准使用状况分析——体力劳动负荷的评价》，《工业卫生与职业病》1995年第1期。

[2] 刘德林：《青少年身体成分、体力活动、身体素质之间的关系》，硕士学位论文，太原理工大学，2018年，第41—43页。

[3] Arngrimsson S. B., Richardsson E. B., Jonsson K., et al., "Body composition, aerobic fitness, physical activity and metabolic profile among, 18 year old Icelandic high-school students", *Laeknabladid*, Vol. 98, No. 5, 2012, pp. 277–282; Blair S. N., Church T. S., "The fitness, obesity, and health equation: Is physical activity the common denominator", *Jama*, Vol. 292, No. 10, 2004, p. 1232.

且肺活量随海拔高度的增加而增加。除此之外，血压与心率的检测结果与部分研究结论有差异，本书的检测结果表明成年农牧民的血压较高，尤其是成年农牧民的舒张压与全国成年人的舒张压差异性非常显著。心率方面，成年农牧民心率较缓，但在正常心率参考值范围内，部分男性成年农牧民与全国男性成年人心率差异较为显著。通过地理环境与人的身体机能相关研究的整理，并结合本研究对成年农牧民身体机能有关指标检测结果发现，海拔高度与人体血压的变化呈正相关性，与人体心率的变化呈负相关性。可见，有关农牧区成年农牧民身体机能部分指标检测结果与个别研究结论不一致。此类情况的存在原因可能有以下几点：第一，与研究对象的选定、检测地点的选择有关。本书的研究对象主要以农牧区成年农牧民为主，检测地点均为农牧区。第二，与检测样本的数量和质量有关，由于调研中的不可控因素较多，例如在时间方面会出现检测时间与农牧民农作时间发生冲突的情况，导致大多参与体质检测的中青年较少，检测对象集中在45—59岁的中年人，这对实验的结果产生一定的影响，需对其做进一步的完善。第三，调研人员与检测对象在语言交流方面具有一定的局限性，由于大部分成年农牧民的受教育程度较低，只有少部分农牧民能够理解，因此双方的沟通方式主要依靠当地理解的农牧民进行互译，这对翻译内容的准确理解可能造成一定的影响。总之，由于前人涉及此领域的研究较少，可借鉴的资料较少，有关农牧区成年农牧民体质健康方面的研究仍需做进一步研究。

二 体育政策环境是影响农牧区全民健身发展的基础要素

新中国成立以来，国家始终坚持在人力、物力、财力以及科学技术多方面支援超高海拔地区，在国家与人民的共同努力下，超高海拔地区在社会、经济、文化等各项事业上都取得了巨大的进步。体育作为满足超高海拔地区新时代社会需求与人民美好愿望需求的重要载体，良好的体育政策环境为实现人们需求与愿望提供基础。因此，为促进超高海拔地区整体文化的均衡发展、提高超高海拔地区农牧民生活幸福感、提升农牧民体质健康整体水平，超高海拔地区政府通过创造良好的体育政策环境，对农牧区群众体育事业的发展进行规划与实施。

政策环境的现实状况主要通过政策执行的过程体现，政策执行过程对政策环境影响十分重要，针对政策执行及其效果，学术界已经形成了很多成熟的观点，其中外国学者安德森提出了公共政策执行过程"议程设定、政策制定、政策决策、政策执行、政策评估"五阶段模型[1]。我国学者庄西真将政策执行过程分为"政策制定、政策执行、政策效果评估"三阶段[2]。张德军将体育政策执行过程分为"体育政策问题、体育政策制定、体育政策执行、体育政策评估以及体育政策终止"等五个阶段[3]。在政策执行过程中，政策的有效地执行比政策的确立更为重要。同样，在实施体育政策的过程中，体育政策执行是整体政策实施的重要环节，体育政策整体实施效果受体育政策问题、政策制定、政策执行、政策评估、政策终结等诸多因素影响。基于前人对体育政策执行效果的相关研究，针对农牧区体育政策环境的特性，本研究将从体育政策制定和体育政策执行两方面分析农牧区体育政策环境，进一步探究体育政策环境对农牧区全民健身发展的主要影响。

(一) 体育政策的制定是农牧区全民健身发展的前提

从诸多政策制定的范畴来看，政策是一系列谋略、法令、措

---

[1] [美] 保罗·A. 萨巴蒂尔编：《政策过程理论》，彭宗超、钟开斌等译，生活·读书·新知三联书店2004年版，第198—203页。
[2] 庄西真：《教育政策执行的社会学分析——嵌入性的视角》，《教育研究》2009年第12期。
[3] 张德军、杜少辉：《我国体育政策执行效果的影响因素探索》，《广州体育学院学报》2016年第5期。

施、方法、办法以及条例等的总称①。针对农牧区群众体育发展的现实考察，基于相关研究对竞技体育、社会体育以及学校政策的界定，本研究认为适用于农牧区群众体育发展的政策主要以全国《计划》与地方全民健身计划为主。

自新中国成立以来，全民健身政策作为群众体育政策的核心内容，它具有一定的普遍性与特殊性。全民健身政策的发展主要经历了探索、发展、提升3个阶段，1995年6月《全民健身计划纲要》的正式颁布标志着我国大众体育进入全面的发展时期，2009年8月《全民健身条例》的颁布进一步明确了我国群众体育的指导思想主要是为人民服务和以人为本，2011年2月《全民健身计划（2011—2015）》的颁布标志着全民健身已上升为国家战略，充分体现了国家对群众体育工作的高度重视，2016年6月全国《计划》的颁布强调必须坚持群众体育不断发展，树立新时期全民健身深化改革的旗帜。同年10月《"健康中国2030"规划纲要》由党中央、国务院正式颁布，主要以坚持健康优先原则，提高人民健康水平为核心，大力倡导全民健身与全民健康的深度融合。从相关政策的制定可以看出国家对全民健身事业的发展十分重视，同时，一直以来超高海拔地区群众体育事业建设与发展备受国家与人民的关注。为此，国家在超高海拔地区群众体育政策的制定方面给予一定的帮助支持，全民健身工程的建设作为超高海拔地区群众体育事业中的重要的旗帜，在制定与执行中都具有一定的针对性和特殊性。

全民健身计划的制定主要指全民健身计划文本的制定，全民健身计划的制定既是全民健身计划的文本载体，同时也是全民健身执行效果的重要因素。该文本在制定过程中的细化程度和约束性

---

① 冯火红：《我国地方政府社会体育政策内容研究——以沈阳市为例》，《体育文化导刊》2007年第7期。

是影响其执行效果的关键变量。因此本研究主要通过对地方全民健身计划文本颁布的时间以及文本内容的制定特点进行探究，进一步分析该政策的制定对农牧区全民健身发展的影响。

1. 颁布时间：超高海拔农牧区地方全民健身计划紧随全国《计划》颁布

党中央、国务院于 2016 年 6 月 23 日正式颁布全国《计划》，为响应国家全民健身号召，各地区以国家所颁布的全国《计划》为依据，根据各地实情和各地全民健身事业发展方向需求制定地区《全民健身计划》。

全国《计划》的颁布推动了各地区全民健身事业的发展进程，西部六省、五个自治区和重庆直辖市分别对全国《计划》均有所响应和反馈。超高海拔地区全民健身计划与全国《计划》的颁布用时相隔四个月，虽然地方全民健身计划颁布所用时长不是最久的，但相比在全国《计划》颁布 15 天后就颁布地方全民健身政策的陕西省具有一定差距。

在政策的颁布时间上，虽然超高海拔地区不是最早颁布地方全民健身政策的地区，但相比西部其他地区，超高海拔地区对当地全民健身事业的发展作出积极响应，侧面反映出超高海拔地区对国家体育事业发展的密切关注以及紧随国家总体规划与布局的坚定决心。同时可以看出超高海拔地区对当地全民健身事业发展的重视程度和对增强群众体质健康的迫切需求。

2. 超高海拔地区全民健身计划的内容制定具有特殊性

全民健身政策文本的制定结构属于逻辑文本结构，主要通过中心思想、主要内容、关键内容阐释文本中所要传递的精神与内涵。全国《计划》的主体框架包括"总体要求""主要任务""保障措施""组织实施"四部分，其诠释的本质在新时代发展中，将推进我国健康中国建设、推动全民健身事业发展、推广全民健身参与三者相融合的新型战略。为此，本部分通过对超高海拔地区全民健身计划与全国《计划》文本中各部分内容制定的差异进行分析，探究超高海拔地区全民健身计划的制定在哪些方面为增强超高海拔地区农牧民体质健康提供保障。

（1）超高海拔地区全民健身计划政策目标制定特点

政策目标是指政策主体根据客观实施所确立的政策活动达到的目标[①]。政策目标是政策执行的关键，确立正确的目标不仅有利于对政策整体内容的有效约束与规范，同时有助于管理员在执行与实施过程中进行有效监督和管理。

全国《计划》与超高海拔地区全民健身计划的政策目标包含在总体要求的指导思想与发展目标中，其中超高海拔地区全民健身计划的指导思想与全国《计划》保持高度一致，都是以增强人民体质、提高健康为根本目标，以全面建成小康社会、建设健康中国、实现中华民族伟大复兴为最终目标。不同的是超高海拔地区全民健身计划根据当地实际情况对政策的发展目标部分进行重新制定。超高海拔地区全民健身计划与全国《计划》的发展目标内容基本相似，但所提及顺序不同，全国《计划》首先提出直至2020年，我国的体育人口需达到4.35亿，体育消费总规模达到1.5亿，其次要求对全民健身公共服务体系进行完善，最后对全民健身事业的发展格局进一步明确。超高海拔地区全民健身计划发展目标的制定，首先明确要求加强对当地全民健身公共服务体系建设，其次提出2020年当地体育人口需达到100万的同时扩大体育消费规模，促进体育产业发展，最后提出超高海拔地区全民健身的发展格局是以政府为主导，多部门共同协同，全社会共同参与的组织模式。

通过两者政策目标制定的对比发现，超高海拔地区全民健身发展较为落后，虽然二者间的根本目标相同，但通过发展目标的提

---

① 曲晓云、林建华：《改革开放40年农业合作经济政策目标、原则及特征》，《现代经济探讨》2019年第4期。

及顺序以及实地调研考察,能够推论出超高海拔地区全民健身发展现状主要存在以下几个特点:第一,全民健身公共服务体系建设有待完善;第二,经常参与体育锻炼人数较少,全民健身普及率较低;第三,体育消费水平较低,与教育、旅游、医疗卫生等体系结合缺口较大;第四,全民健身组织仍以政府为主导,多部门、全社会共同参与度不高,并且尚未形成多元共同治理的发展格局。可见,虽然超高海拔地区全民健身政策总体要求是根据当地实情所定,但对目标中实施对象界定不够清晰,同时没有涉及农牧区全民健身的相关建设。有关超高海拔地区全民健身计划在政策发展目标的制定,应充分考虑农牧区全民健身事业发展,将全民健身发展作为重点,为实现增强农牧民体质健康、丰富农牧民文化生活提供有效政策指导。

(2)超高海拔地区全民健身计划政策任务制定特点

全民健身计划主要任务的制定是对总体要求制定的细化,同时也是执行与实施计划的依据和落脚点。全国《计划》中任务的制定主要由体育文化、全民健身活动、体育社会组织、健身场地设施、健身多元功能、体育交流,以及强化健身发展重点七部分组成。而超高海拔地区全民健身计划中有关任务的制定主要由深化全民健身领域改革、创新健身事业发展、提高健身公共服务,以及扩大健身消费规模四方面构成。

通过对全国《计划》与超高海拔地区全民健身计划中各项任务的比较与深层解读可知,在全国《计划》中,其首要任务是弘扬体育文化,任务的核心是普及群众健身知识,目的是促进群众全面发展,重点任务是全民健身发展的重心应逐渐向民族地区、边疆地区、革命老区以及贫困地区延展,将青少年作为重点发展人群,农民、老年人以及残疾人等社会弱势群体作为重点扶持对象,提高公共体育服务均等化的发展,保障全民享有公共体育服务的权利。在超高海拔地区全民健身计划中,首要任务是政府职能转变，其核心要求将政府直接干预转向间接引导，次重点任务与核心任务均根据当地实情所制定，在创新发展全民健身事业任务中明确要求，将地县级单位全民健身事业发展作为重点，为促进农牧民健康全面发展、保证农牧民积极参与全民健身活动、提高高原全民健身公共服务体系建设成为核心任务。同时，在重点任务中明确要求，农牧区全民健身设施的建设应遵循因地制宜原则，鼓励推广多功能、季节性、可拆卸、可移动、绿色环保的健身设施，实现农牧民体育健身工程的全覆盖。在核心任务中提出，有需求的可建立农牧民体育协会，以健身需求为导向吸纳更多体育人才，并指导农牧民进行科学健身。最后，地区体育消费规模的扩大作为关键任务，提高农牧民健身认识的普及率，推广全民健身的多元化发展，将农牧区民间民俗活动充分融入全民健身中，并构成体育与医疗、教育、旅游等多产业相结合发展模式。

通过全国《计划》与超高海拔地区全民健身计划中任务的制定不难看出，对全民健身的实施地区与执行对象均进行进一步明确。其中，全国《计划》与超高海拔地区全民健身计划中分别多次提到将民族地区、边疆地区、贫困地区以及农牧区作为全民健身重点建设地区，将农民、农牧民和社会弱势群体作为全民健身的重点执行对象。可见，国家对超高海拔地区全民健身事业的发展十分重视，超高海拔地区对农牧民体质健康状况非常关注，全民健身计划中各任务的制定不仅有助于促进农牧区全民健身事业的优化发展，同时对改善农牧民的体质健康状况提供理论指导。

（3）超高海拔地区全民健身计划政策措施制定特点

全国《计划》与超高海拔地区全民健身计划具体措施的制定分为组织实施与保障措施两部分。在组织实施部分，全国《计划》与超高海拔地区全民健身计划中所涉及的内容基本一致，都是通过"加强组织领导与协调""严格过程监管与绩效评估"两方面进行讨论，总体均以政府采取策略及实行法规管理制度方式所表现。保障措施部分中差别细微，其共同点都是为了能够支持全民健身计划更好地实施，保障措施的制定主要通过政策支持、资金支持、技术支持和人才支持等方面推行。全国《计划》中的保障措施还包含了"强化全民健身科技创新"和"完善法律政策"保障，而超高海拔地区全民健身计划中还包含"完善规划土地政策"保障。可见，全国《计划》的保障措施更注重全民健身的创新发展与全民健身的法制化发展，而超高海拔地区全民健身计划更注重对全民健身工作机制的完善，要求加强政府主导作用，侧重提到土地的使用与规划，并明确要求体育设施用地需纳入城乡发展规划中。

超高海拔地区全民健身计划中的保障措施与组织措施部分的制定缺少农牧区的针对性措施，一概而论情况较多。超高海拔地区全民健身计划作为地方最具影响力的群众体育政策，其内容的制定缺少突破点与创新点，且"随大流"现象较为突出，涉及农牧区全民健身建设内容相对较少，针对性和指向性不清晰。

（二）体育政策的有效执行是农牧区全民健身发展的基础保障

一直以来，国家对超高海拔地区群众体育事业的发展持续关注，近年来超高海拔地区全民健身计划等政策的颁布充分表明国家对超高海拔地区体育事业发展的关切与帮助。正是由于国家与社会各界对超高海拔地区不断提供援助，历经长期的社会变革与历史考验，如今超高海拔地区体育事业正逐渐发展起来，无论是竞技体育还是群众体育都取得了有目共睹的成绩。但不可忽视的是，有关超高海拔地区群众体育政策的执行方面依然存在不少问题，如超高海拔地区全民健身计划在农牧区的执行效果不尽如人意。体育政策执行效果主要通过政策执行本身所决定，体育政策执行本身由政策执行的主体、客体、工具以及环境所组成，其相互影响，互相制约①。因此，需要就超高海拔地区全民健身计划执行本身中所存在的问题进行深入探究与分析。

1. 超高海拔地区全民健身政策执行主体间缺乏协调配合

体育政策执行主体主要包括政策执行者与政策执行组织②。在农牧区全民健身政策的执行中，当地政府部门发挥主导作用，社会组织和个人力量给予政府一定的配合。通过对超高海拔地区不同农牧区和不同岗位级别体育管理人员问卷调查结果显示：所有居民都选择了农牧区体育活动的开展由政府组织，选择民间组织人数占比为42.86%，选择社会团体组织的仅占总人数的28.57%。可见，农牧区群众体育活动的组织主要由政府牵头，缺乏社会团体组织间的协同配合。

通过农牧区的实地调研、专家访谈以及当地政府部门人员访谈得知，现阶段农牧区全民健身的发展模式主要以教育与体育相结合的模式开展，各地县级单位均以"教体局"形式存在，在"教体局"中设"体育科"机构，体育科中的一部分管理人员认为，"教体结合"的机制应是维持现阶段群众体育发展的最佳模式，但同时另一部分管理人员反映这种合并共存的关系往往成为制约群众体育发展速度的关键因素。对此，管理人员解释，首先，教育局管理人员对体育行业了解不透彻，对有关体育问题的决策产生一定的影响；其次，在当地推广全民健身活动或举办大型竞技类体育活动时，所需工作人员都会依托教育局中的管理人员，由于尚未形成有效的问责机制，加之部门间对职业认识不清，难免在沟通配合中出现责任推卸和互相扯皮等现象。通过对各级管理人员的访谈得知，地市级单位开展群众体育效果较好，主要由于各

---

① 张德军、杜少辉：《我国体育政策执行效果的影响因素探索》，《广州体育学院学报》2016年第5期。

② 刘玉、隋红、田雨普：《转型期我国社会体育政策执行偏差的主体因素研究》，《山东体育学院学报》2010年第2期。

市级单位在执行相关体育政策时,其执行主体较为明确,能够较好地实现"以政府为主体,各部门或各组织间进行协调配合",而县级对体育政策的执行基本实施"教体结合"的模式,过于依赖当地政府这一政策的执行主体,各组织与各部门间的配合不能较好满足事业发展需要。由此可见,体育政策执行主体的明确化在很大程度上会影响农牧区群众体育的发展。

2. 农牧区全民健身政策执行客体效果欠佳

体育政策执行客体也称为体育政策执行的对象,是体育政策执行主体运用执行工具在实施过程中所产生影响的对象①。农牧区体育政策执行以全民健身计划的执行为主,其执行客体为农牧民,为实现对农牧民全民健身的普及,主要通过农牧民对全民健身相关政策的情况了解所体现。

通过表3-1和表3-2农牧民对"全民健身"政策和"健康中国"政策的了解情况可知,20.28%农牧民表示详细阅读过有关全民健身政策文件,28.67%农牧民表示了解全民健身政策中的部分内容,51.05%农牧民表示不了解全民健身政策;6.99%农牧民表示了解"健康中国"战略的实施,44.76%农牧民表示不太了解"健康中国"战略的实施,48.25%的农牧民不了解"健康中国"战略的实施。

表3-1　　居民对全民健身政策了解程度的调查 (N=289)

选项	人数	所占百分比(%)
详细阅读过相关文件	18	6.23
了解其中部分内容	130	44.98
不了解	141	48.79

---

① 陈晓峰:《我国现今体育产业政策分析:存在问题与发展趋势》,《北京体育大学学报》2017年第5期。

表3-2　　　居民对实施"健康中国"战略了解程度的调查（N=289）

选项	人数	所占百分比（%）
了解	61	21.11
不太了解	81	28.03
不了解	147	50.86

通过调查可知，农牧民对"全民健身"政策的了解较对"健康中国"的了解更好。同时，通过访谈得知，大部分农牧民表示只听说过该政策的名称，对其中具体内容的了解并不多。因此，通过农牧民对相关体育政策了解情况侧面反映出农牧区全民健身政策执行客体效果欠佳，这不仅对体育政策的认可程度、对政策执行效果发挥极为重要的影响，而且对农牧民体质健康的提升产生一定的制约。

3. 农牧区全民健身政策执行工具较为单一

体育政策执行工具是将体育政策内容中的目标任务转化为具体实施策略的方法或手段，体育政策执行工具是有效连接执行主体与客体间的桥梁[①]。农牧区全民健身政策执行工具是连接当地政府与农牧民间的重要途径，农牧区全民健身政策的宣传是该地区全民健身政策执行工具的主要方法。

如今，我国体育宣传工作力度不断加强，体育政策的宣传是体育又好又快发展的"助推器"。同样，农牧区全民健身宣传不仅有助于促进当地群众体育事业的发展，更有利于促使体育成为融入农牧民生活的独特载体。近年来全民健身在超高海拔地区的逐渐普及离不开政府和社会的支持。如每年超高海拔区政府组织并开展"体育宪法宣传周"，通过发放全民健身指南等资料来增强群众

---

① 周红妹、林向阳：《政策工具视角下地方政府对国家体育产业政策的再制定》，《上海体育学院学报》2017年第3期。

对全民健身和科学健身的认识，并在当地营造良好的全民健身社会氛围。但在农牧区，有关全民健身政策宣传工作的实施效果欠佳，主要存在以下几个特点：

第一，由表 3-3 可知，所有农牧民都接受过全民健身的宣传，显然，农牧区全民健身宣传工作一直存在。

表 3-3 农牧区是否对全民健身进行过宣传的调查（N=289）

选项	人数	所占百分比（%）
是	289	100.00
否	0	0.00

第二，表 3-4 显示，通过设立体育宣传栏方式了解全民健身人数最多，占总人数的 90.66%，通过发放体育宣传资料和体育活动了解全民健身的分别占 47.40% 和 79.58%。可见，农牧区有关全民健身的宣传方式主要依托体育宣传栏的设立、体育宣传资料的发放，以及通过体育活动，其宣传形式较为落后单一，宣传模式较为古板，缺乏新媒体宣传方式的介入。

表 3-4 农牧区全民健身宣传形式的调查（多选）（N=289）

选项	人数	所占百分比（%）
体育宣传栏	262	90.66
发放体育宣传材料	137	47.40
农牧区体育活动进行宣传	230	79.58
体育广播宣传	66	22.84
新媒体传播	89	30.80
其他	0	0

通过在农牧区实地考察发现，关于"大力开展全民健身活

动"的标语出现在很多农牧区村委会的宣传栏和张贴横幅中，能够感受到政府对农牧区开展全民健身的重视程度。但在农牧区之所以出现宣传效果不佳的状况，一是由于农牧区的交通闭塞、信息接受较迟缓、各村落分布零散，对全民健身宣传工作的开展具有一定难度，加之其宣传途径单一，未能做到将全民健身宣传进行全面覆盖；二是由于政策执行人员对农牧区全民健身发展重视度有待提高，部分执行人员对上级精神领会不到位，削弱了宣传效果；三是由于全民健身政策中宣传政策制度的不完善，没有根据农牧区当地实情制定相关宣传制度；四是由于政策执行主体单一，过于依赖政府和体育部门，尚未形成多元协同宣传合作机制。

4. 农牧区全民健身政策执行环境有待提高

政策执行环境由政策组织系统和政策资源系统组成①。体育政策执行环境与政策执行环境构成相似，由政策组织系统和政策资源系统组成，两子系统间相互影响，相互作用，共同构成整体的体育政策执行环境系统。

（1）全民健身活动组织有利于调动农牧民参与的积极性

基于全民健身政策宣传的调查结果发现，多数农牧民对全民健身的认知主要是通过当地体育活动的组织与开展，当然这也是满足农牧民增强体质的基本条件和丰富业余生活的必要需求。因此，仅凭全民健身政策的宣传不足以使农牧民意识到体育活动和全民健身的重要性，必须通过政府、社会和民间多种组织机制，以多种组织内容吸引农牧民参与其中，这样一方面能够促进农牧民参与健身活动，提高其健康水平，另一方面能够帮助农牧民养成科学健康的生活方式，为增强各农牧区间的友好交流，形成民族团

---

① 李孔珍：《我国公共教育政策执行：影响因素、问题和路径选择》，《中国行政管理》2010年第11期。

结友善的和谐社会氛围提供保障。

通过对农牧民和当地政策执行人员的访谈与调查发现,目前农牧区尚未设立专门的全民健身活动组织机构,当地全民健身活动的开展均以政府(教体局)引导方式进行组织。通过访谈得知,由于农牧民长期受生活方式、生产方式和传统文化的影响,农牧区开展体育活动主要借助庆祝当地节日为主题,进行体育活动的组织,并且活动内容均以民族传统体育为主,多数人对体育的理解范围较窄,他们所认为的体育等同于当地民族传统体育与民俗民间传统体育,对现代体育和全民健身的包容性较弱,接受度不高。通过表3-5可以看出,75.09%的农牧民表示参加过当地政府管理部门组织开展的体育活动,由表3-6可以看出,每年参加1—2次和3次以上当地政府管理部门组织开展的体育活动分别占44.64%和30.45%。通过统计结果一方面可以看出农牧民对民族传统体育的喜爱,只要有体育活动的举办,大多数农牧民都会积极参与;另一方面由于超高海拔地区民族传统体育大多源于当地群众的生活生产实践,农牧民积极参与体育活动不仅是对生活的热爱,更重要的是对民族具有强烈的认同感。可见,体育活动的组织与开展对农牧民具有重要意义,对政府是最好的实践反馈,对体育政策组织者来说是最重要的工作动力来源。

表3-5　农牧民参加当地政府和社会管理部门组织开展体育活动的调查(N=289)

选项	政府管理部门		社会管理部门	
	人数	所占百分比(%)	人数	所占百分比(%)
是	217	75.09	0	0
否	72	24.91	289	100

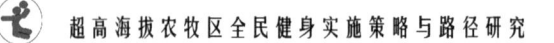

表 3-6　农牧民每年参加当地政府管理部门组织开展体育活动
次数的调查（N=289）

选项	人数	所占百分比（%）
参加过 1—2 次	129	44.64
参加过 3 次以上	88	30.45
一次都没参加过	72	24.91

基于农牧民能够积极参与体育活动现状，为促进农牧区体育活动更好发展，本研究认为可以通过以下三点进行改善。一是完善体育政策组织制度，凸显全民健身在其组织制度的重要社会地位；二是在农牧区建立民间协会型全民健身组织网络，鼓励农牧民自发组织全民健身活动，形成以提高农牧民体质健康、丰富农牧民文化生活的自治体育组织；三是将民族传统体育与现代体育相结合，创新丰富全民健身活动内容，增强农牧民对全民健身活动内容的好奇心，激发农牧民创新体育活动的潜能，鼓励农牧民逐渐接受现代体育。

（2）全民健身基础资源建设有利于营造农牧区浓厚的健身氛围

随着全民健身的广泛普及，农牧区全民健身发展地位逐步凸显。体育资源作为开展全民健身的重要保障条件，是增强群众体质，传授健身知识、技能，培养道德、意志，提高其社会适应能力过程中所运用的人力、物力、财力等各种要素基础[1]。但由于许多客观因素的制约，致使超高海拔地区城市和农牧区间体育资源未能实现协调发展。同样，这种现象普遍出现在我国城市与乡村中，有调查显示，我国农村人口占全国人口的 50% 以上，但城市集中

---

[1] 窦丹：《重庆市中小学民族传统体育课程资源现状与分析》，硕士学位论文，西南大学，2010 年，第 4 页。

了近91%的体育资源，农村仅占约9%[①]。因此，在农牧区体育政策执行环境中，有关人力、物力、财力等资源配置"不均衡、不充分"的现象，不仅制约了农牧区全民健身的发展，更是全国城乡体育资源亟须解决的主要问题。

第一，人力资源匮乏影响农牧民参与全民健身的积极性。农牧区全民健身发展的人力资源主要包括：全民健身政策执行人员、社会体育指导员、全民健身科研人员、文化传承者、全民健身文化传播者等。受农牧民自身主观条件和当地客观环境的影响，农牧区全民健身政策执行人员和社会体育指导员对农牧民参与全民健身积极性具有重要影响力。

第二，物力资源短缺影响农牧民参与全民健身的主动性。农牧区体育物力资源主要指全民健身路径的建设，全民健身路径是促进农牧民参与全民健身的基础保障[②]。通过在农牧区的实地调研发现，全民健身路径建设主要存在以下几个特点：一是几乎所有农牧区行政村均设有全民健身广场和全民健身路径，但其使用率非常低，通常都是当地青少年在使用，且使用方法不够科学；二是农牧区全民健身广场环境较差，场内杂物堆放现象较为严重；三是部分器材已被损坏或遗弃，质地较新的器材闲置情况普遍存在。这些现象直接反映出农牧区村干部和农牧民对参与体育锻炼的认知不足，缺少维护良好健身环境的意识。

近年来国家和超高海拔地区政府虽然对偏远农牧区给予一定的全民健身基础资源建设帮助，尤其是在全民健身路径方面的投建，但同时却忽视了群众对全民健身设施的针对性需求，以及对全民健身场地后续使用情况的关注。

[①] 吴明华、徐勤儿、沈纲：《一体三翼：城乡公共体育服务均等化的制度创新困境与出路》，《湖南行政学院学报》2017年第5期。

[②] 黄义军、翟东波：《全民健身公共服务体系研究现状及发展策略》，《西安体育学院学报》2017年第2期。

多数全民健身设施安置地点均以农牧区村委会附近为主,但大部分农牧民选择参与健身地基本以居住地附近为主,加之全民健身器材均有不同程度的损坏,存在一定的安全隐患,以及农牧民不能正确理解器材使用方法等,综合所存在的诸多问题,导致农牧区全民健身设施使用率偏低。

鉴于超高海拔地区自然环境和人文环境均具有一定的特殊性,因此,农牧区全民健身设施应遵循因地、因时、因人制宜原则进行建设,并且建设地的选择首先应考虑便于群众广泛交流的地点,其次关于器材的选择与投放应广集民意,根据群众所需,尽可能投放实用性较高、适用性较强的健身器材。

第三,财力资源贫乏影响农牧民参与全民健身的能动性。如今农牧区全民健身事业的不断发展离不开国家和地方政府的财政支持。全民健身事业的财政支出主要包括:全民健身活动经费、全民健身基础设施建设经费以及全民健身教育宣传经费。目前,超高海拔地区虽然文化体育传媒支出作为一般公共支出的重要部分,但用于体育行政机关管理经费、运动项目管理以及体育训练项目经费较多,群众体育和全民健身活动经费明显不足。

全民健身设施的建设状况不仅为全民健身活动组织提供基础保障,更能够体现一个地区全民健身事业的发展情况。超高海拔地区对全民健身的投入还远远不够,严重影响了地区全民健身发展,同时对农牧区全民健身工程建设存在一定的影响。众所周知,近年来超高海拔地区旅游业的蓬勃发展成为地方经济增长的新引擎,但大多数著名旅游景点位于地市级单位,虽然农牧区的旅游资源也很充足,但由于地理环境等要素的影响,在一定程度上不仅制约了农牧区旅游业和体育文化的发展,而且还制约了当地全民健身的发展。由于农牧区全民健身工程建设的资金来源主要依托政府单一供给,有限的投资致使全民健身在农牧区的发展严重受阻,这对农牧民体质健康的促进造成一定的障碍。

三 体育经济环境是影响农牧区全民健身发展的关键要素

(一)经济水平是农牧民追求体质健康的基础条件

个人收入和家庭年收入是反映经济水平的主要依据,随着社会经济的不断发展,经济水平与体质健康产生密切联系。20世纪70年代,有学者提出收入的提高有利于改善人们的健康状况[①]。近年来,随着国家综合实力的增强,国家经济的快速增长,人们的收入得到相应提高,通过寿命的延长验证了人们身体状况正逐步改善。虽然超高海拔地区居民的人均寿命正逐年增长,但相较国民寿命变化总体情况还具有一定差距,由此说明受个人经济等多因素影响,超高海拔地区居民体质健康与国民体质健康存在一定的差异。

1. 家庭收入水平较低致使农牧民在体育消费中投入不足

家庭经济水平与个人收入水平相互影响,其中家庭经济水平受家庭人口数、家庭人口年龄结构和人口受教育程度等多重因素影响。体育消费作为家庭消费中的重要组成部分,往往能够直接反映居民对体育锻炼的重视程度,同时能够间接反映居民生活的健康情况。

通过实地调查得知,农牧区家庭人口基数较大,规模大小不一,其中在被调查的农牧民家庭人口数量中最少为4人,最多家庭人口为12人。由表3-7得知农牧民家庭人口数基本情况,其中家庭人口数为4人的有82家,占总数的28.37%,家庭人口数为6人以上的有146家,占比为50.52%。

---

① Grossman, M., "On the Concept of Health Capital and the Demand for Health", *Journal of Political Economy*, Vol. 80, No. 2, 1972, pp. 23 – 25.

表3-7　　　　　　农牧民家庭人口数统计表（N=289）

选项	家庭数	所占百分比（%）
4人	82	28.37
5—6人	61	21.11
6人以上	146	50.52

农牧区家庭人口数量普遍较多，家庭规模较大，且大多家庭孩子人数较多，具有劳动能力的人数偏少，家庭人口较多、劳动力的短缺是造成人均收入低的重要因素，低收入制约了体育消费水平。农牧区人均年收入和体育消费水平均很有限，体育消费占农牧民年总消费的比例较少。家庭经济落后和体育消费的滞后间存在一定的联系，在一定程度上制约了农牧民追求个人健康发展和参与体育锻炼的机会。此种现象的产生，主要由于农牧民的经济收入来源以牧业为主，农业为辅，虽然农牧业的数量和质量能够反映家庭经济，但单方面仅通过农牧业数量和产值来评价其家庭经济状况缺乏科学性和全面性。因此，为促进农牧民家庭可支配经济水平的提升，加强体育消费在整体消费中的投入，应当通过改善当地体育经济环境为优化农牧民体质健康创造有利条件。

2. 城乡经济水平的差距制约农牧民对健康的追求

随着国家综合实力不断提高，国家对超高海拔地区长期坚持给予全方位的经济支持，在国家的扶持下，近年来超高海拔地区的经济发展取得了一定成就。随着超高海拔地区人民的生活质量逐渐提高，农牧民对其健康状况关注度日益上升，但城镇居民和农牧民间的经济状况仍存在一定差距。

城乡人均可支配收入与人均消费水平是衡量城乡经济水平的重要依据[1]。超高海拔地区城乡经济发展的不稳定、不均衡是影响农

---

[1] 曾国安、胡晶晶：《论20世纪70年代末以来中国城乡居民收入差距的变化及其对城乡居民消费水平的影响》，《经济评论》2008年第1期。

牧民追求健康的重要因素。农牧区经济水平情况与城镇、全国乡村经济水平间均存在一定联系，主要通过人均消费水平和人均可支配收入体现。

统计发现，2007—2016年全国城镇居民与超高海拔地区城镇居民人均消费分别为20608.3元和12694.5元，两者差异性非常显著（p<0.01）；全国乡村居民和超高海拔地区乡村居民的人均消费分别为：6704.3元和3440.5元，两者差异性非常显著（p<0.01）。2010—2017年超高海拔地区城镇居民与乡村居民家庭人均可支配收入分别为22057元和7035.6元，两者间差异性非常显著（P<0.01）；超高海拔地区居民家庭人均可支配收入为10570.9元，与乡村居民家庭可支配收入间差异性显著（p<0.05）；超高海拔地区与城镇居民家庭人均可支配收入间差异性非常显著（p<0.01）。通过全国城镇、全国乡村和超高海拔地区城镇、超高海拔地区乡村人均消费水平和家庭人均可支配收入水平对比与变化趋势发现，农牧区居民整体经济水平较为落后，与各地区经济水平差异十分明显。经济发展的不均衡是导致城乡居民生活质量不平等的重要原因，经济水平不均衡的累积发展对降低居民整体健康水平、削减居民获得健康权益均等化具有重要影响。个人经济水平的差异与地区经济发展的不平衡将会直接影响居民的生活水平，同时也会影响居民在体育中的消费投入。超高海拔地区农牧民因受地域、个人消费和家庭可支配收入水平不均衡的影响，在一定程度上制约了农牧民对追求健康生活的需求。

（二）经济支持是助推农牧区全民健身发展的重要动力

一直以来，为提高超高海拔地区农牧民的生活质量、转变农牧民生活方式、解决农牧民在参与全民健身中的各种需求，超高海拔地区政府高度重视、积极配合和全方面大力投入。为了超高海拔地区全民健身计划在农牧区能得到有效实施，在计划与整个实施的过程中需要大量资金支持。但在群众体育资金分配中，涉及农牧区全民健身方面的资金投入较少，有限的资金对农牧区全民健身的开展可谓是"杯水车薪"。

通过对超高海拔地区地县体育管理者的访谈得知，农牧区全民健身活动的开展几乎没有专款专项的经费给予支持，主要由各村委会将其他经费分拨用于当地小规模全民健身活动的举办，通常具有比赛性质的活动仅限部分农牧民进行娱乐和观赏，对小众参与者没有设立专门的奖励机制。这种现象普遍存在于各农牧区，该问题未能得到妥善处理与解决，长此以往不仅会滞后农牧区全民健身文化的发展，同时还会严重削减农牧民对身体锻炼的热情和参与全民健身活动的积极性，因此应在全民健身资金来源与资金投入这一根源问题中寻求解决途径。但农牧区在文化、环境等方面存在多维度的特殊性，当地整体经济发展方式较为单一，在一定程度上影响体育产业发展与体育消费水平。在内部资源供给有限的条件下，就本土企业不足以带动当地体育消费增长现状来看，为解决农牧区全民健身资金短缺问题，应当转变发展观念，依靠社会多方力量共同支持农牧区全民健身的发展。接受社会投资具有一定的实效性和可操作性，是农牧区全民健身发展不可或缺的推动力，是保证农牧区全民健身稳定发展的必然选择，为促进农牧区全民健身事业的发展具有重要意义。

四 体育文化环境是影响农牧区全民健身发展的核心要素

体育文化环境是人们通过学校体育、竞技体育和群众体育活动中创造和形成的体育认知、体育行为、体育风气以及体育氛围的总和[①]。农牧区体育文化受地域、环境、经济和社会发展程度等影响，同样体育文化环境也受到相应影响。体育文化与

---

① 年青、柴娇：《体育文化环境创新研究》，《体育文化导刊》2016年第11期。

体育文化环境二者间既存在普遍性，又具有特殊性，但无论是何种环境的形成原因都归因于"人化"的结果①。因此在"人化"的基础上，本研究将通过体育健身氛围、体育认知以及体育行为三方面探究农牧区体育文化环境对农牧民体质健康具有怎样的影响。

（一）浓厚的全民健身氛围有利于激发农牧民参与健身的热情

从1995年6月至2016年6月，无论是《全民健身计划纲要》还是全国《计划》的颁布，一直以来国家始终强调，坚持发展全民健身事业是推动体育强国建设的基础保障，而全民健身的广泛开展离不开良好的群众健身氛围。舒适的健身环境、浓厚的健身氛围作为影响居民积极参与健身的主要因素，基于全民健身氛围具有服务性、保障性以及自我适应性②。同样，在农牧区营造良好的全民健身环境，对激发农牧民参与全民健身活动的热情、提升农牧民体质健康水平具有重要作用。

实地调查发现，农牧区尚未形成浓厚的健身氛围，该现象主要受农牧民个人和家庭健身方式影响。通过表3-8可知，选择个人参与锻炼方式的占总人数的55.02%，选择与家人、朋友一起健身的占39.79%。

表3-8　　农牧民参与健身形式的调查（多选）（N=289）

选项	人数	所占百分比（%）
个人锻炼	159	55.02
与家人、朋友一起锻炼	115	39.79
生活区组织的体育活动	68	23.53
其他	19	6.57

---

① [美]克利福德·格尔茨：《文化的解释》，韩莉译，译林出版社1999年版，第424—460页。
② 裴立新：《论全面建设小康社会的全民健身体系》，《中国体育科技》2003年第6期。

说明农牧民大多以独自锻炼的方式参与健身，这种现象的产生不仅不利于当地健身氛围的形成，更重要的是未能充分发挥体育促进民族团结、增强群众情感和增进群众和谐共处的现实功能。

此外，家庭支持程度同样影响农牧区良好健身氛围的形成。通过表3-9可知，表示支持、比较支持和不支持参与锻炼的家庭占比分别为31.83%、58.48%、9.69%，其中持比较支持态度的家庭人数较多。

表3-9 农牧民对参与体育锻炼家庭支持情况的调查（N=289）

选项	人数	所占百分比（%）
支持	92	31.83
比较支持	169	58.48
不支持	28	9.69

有研究表明，家庭支持情况往往与良好健身氛围的形成密切相关，同时与家庭参与情况呈正相关性[1]。由此说明，通过家庭对健身的支持情况与关注态度，能够反映出农牧民参与健身的滞后性，以及对农牧区群众积极参与全民健身环境的形成产生消极影响。

（二）体育意识的转变有利于挖掘农牧民参与健身的潜能

农牧民作为推动超高海拔地区整体发展的主力军，其体质健康状况直接关系到民族素质与各民族间的团结与繁荣。基于前文研究，分析出超高海拔地区成年农牧民体质健康水平低于全国成人水平，而身体锻炼作为提高农牧民体质健康水平的重要措施，且

---

[1] 马江涛、吴广亮、李树旺等：《北京居民体育参与影响因素研究》，《成都体育学院学报》2016年第6期。

相关研究表明体育意识是影响体育行为的关键因素①。其中体育意识主要包括体育认知、体育情感以及体育意志三方面。

1. 农牧民对体育认知存在一定偏差

正确的体育认知对引导群众积极参与身体锻炼、减少对身体锻炼的负面认识和促进经常参与身体锻炼人数增长至关重要。如今，人们获取知识的途径更为广泛，对健康以及全民健身的认识具有一定的知识储备，但在农牧区，由于农牧民长期受主客观复杂环境的影响，导致农牧民对健康和健身的正确认识存在一定偏差。

前文调查68.17%的农牧民认为身体没有疾病代表身体健康，13.84%的农牧民认为身体没有疾病并不代表身体健康。增强体质和预防疾病是体育的基础功能，农牧民对健康认知的偏差极有可能影响其参与身体锻炼的积极性。早在1989年世界卫生组织将"健康"进行重新定义，真正的健康需同时满足"生理、心理、道德以及社会适应"四方面的健全。通过调查可知，多数农牧民认为身体没有疾病就代表身体健康，可见农牧民对健康概念的理解仍不全面、不透彻。间接说明农牧区有关健康和健身知识的宣传和指导普及尚存在一定缺陷，反之宣传和再教育对农牧民认知的转变具有重要意义。

由表3-10分析得知，71.63%的农牧民认为身体健康有必要进行身体锻炼，16.26%的农牧民认为无所谓，12.11%的农牧民认为没必要。从数据统计来看，认为身体健康仍有必要和没必要进行身体锻炼人数比例差值为59.52%，其差距较大，说明农牧民对身体健康仍需进行身体锻炼的认知两极分化情况较为突出。

---

① 向家俊：《论社会环境对大众体育意识形成和发展的影响》，《体育文化导刊》2007年第8期。

表3-10 农牧民认为身体健康有无必要进行身体锻炼的调查（N=289）

选项	人数	所占百分比（%）
有必要	207	71.63
无所谓	47	16.26
没必要	35	12.11

农牧民的生活方式具有一定的稳定性和传承性，他们的日常活动与体力劳动紧密联系。由于农牧区的生存环境有限、生产条件单一、生产力较为薄弱，几乎所有农牧民均以不同方式进行劳作，男性放牧、耕种，女性饲养动物、挤牛羊奶、制奶酪、纺织、做家务，老年人制造工具等，日常体力活动满足农牧民的基础身体消耗，有时甚至还存在过度消耗。因此农牧民对体力活动以外的运动需求认识较为模糊，很容易造成农牧民对体力活动与体育活动的认知偏差。由前文调查可知，67.13%的农牧民认为体力活动能够代替身体锻炼，19.72%的农牧民认为可部分代替，13.15%的农牧民认为不能代替。

通过调查明显看出大多数农牧民对体力活动与体育活动概念理解不清晰，甚至容易混淆。产生这种认知偏差的首要原因离不开农牧民的生活及生产方式，其次由于民间习俗文化节日的开展，其活动内容大部分都是由身体力量、速度、柔韧等方式进行展示[1]。民间体育活动的身体表现形式与部分体力活动表现形式较为接近，加之体育活动很难脱离生产劳动，这对农牧民分辨体力活动与体育活动产生一定阻碍。此外，通过对农牧区体育管理人员的访谈得知，许多管理人员同样认为体力活动能够取代体育活动，可见这种认知的混淆在农牧区普遍存在。

很多研究表明过度体力活动不仅不能给人们带来健康，还

---

[1] 徐忠：《体育近代化的几种基本模式》，《体育学刊》2001年第6期。

会对人体局部器官造成不利影响。有研究表明，体力活动能够增加肌肉弹性与肌肉力量，适量的家务劳动可提高身体灵活性及平衡力，但体力活动并不能提高人的身体机能，因此体力活动无法取代体育活动[1]。由于没能对体力活动与体育活动加以正确区分，导致农牧民通常认为体力活动能够代替体育活动，从而达到强身健体的效果，也正是由于人们过多关注身体锻炼对增强体质所产生的效果，往往容易忽视"体育"一词中"育"字的重要内涵，忽视了体育对促进群众间相互交流、营造农牧区和谐生活环境以及改善群众心理道德和社会适应全方面健康所能提供的帮助。

2. 农牧民体育情感的产生具有局限性

（1）体育情感对农牧民参与健身具有重要意义

人的情感是一种心理过程或心理状态，它是对主体和客体是否满足自身需求而产生的态度评价或主观体验[2]。体育情感不仅是个体丰富自我情感世界的一项重要内容，更是反映个体情感的自我表现，它是建立在体育认知基础之上，主要以体育需求为指向，以体育实践为载体，经过长期积累而逐渐形成的体育价值取向[3]。体育情感的产生与发展过程是个体对体育文化关注、思索、认同的过程，在个体需求中与体育功能产生共鸣，是个体自觉、主动、积极构建体育与生命、生活间的关系，不断激发个体对体育需求，为得到满足而逐渐形成体育生活习惯化、科学化以及文明化的过程[4]。当然，人的情感是通过认知与动机活动的"折射"而产生，

---

[1] 朱琳、谢红光、冯宁：《对广州市从事体力劳动和非体力劳动居民心肺机能的对比研究》，《广州体育学院学报》2006年第2期。

[2] 陆作生、滕占强：《对东北三省初中生体育情感的研究》，《体育学刊》1999年第5期。

[3] 徐京朝、高亮：《大学生体育情感的生成与发展研究》，《搏击（体育论坛）》2013年第11期。

[4] 那海波：《高校体育教学中情感教育渗透论析》，《教育与职业》2010年第14期。

它伴随着人对事物的认知与人对事物产生的动机所发生，并在一定程度上影响着事物发生的过程与结果，同时对认知和动机的形成过程起到破坏或建设作用①。超高海拔地区农牧民体育情感的产生和发展同样由他们对体育的认知和动机所引起，并以体育的认知与动机间接反映其体育情感，主要通过参与或感受当地民俗民间体育活动，在内心产生情感体验。

（2）农牧民体育情感的产生来源于体育动机

体育情感可通过主体直接情感表达和内在选择所表现，直接情感的表达方式主要通过人对事物所产生"喜欢"与"不喜欢"间的选择，而内在选择是通过人对事物的认知、动机以及行为所体现。

通过表3－11超高海拔地区农牧民喜欢参与体育活动的调查结果显示，6.23%的农牧民喜欢参加体育活动，12.11%的农牧民比较喜欢，81.66%的农牧民不喜欢。数据表明，多数农牧民不喜欢参加体育活动。

表3－11　　　农牧民对喜欢参加体育活动的调查（N=289）

选项	人数	所占百分比（%）
喜欢	18	6.23
比较喜欢	35	12.11
不喜欢	236	81.66

表3－12显示超高海拔地区农牧民对参与身体锻炼动机的调查结果，参与身体锻炼动机为"强身健体"和"治疗、预防疾病"的农牧民人数较多，分别占总人数的82.35%和32.87%，以"减

---

① 郝玉梅：《试论情感教育之功能》，《内蒙古师范大学学报（教育科学版）》2003年第5期。

肥、健美"和"消磨时间"为参与动机的人数最少，分别占总人数的 14.88% 和 5.88%。

表 3-12　农牧民对参与身体锻炼动机的调查（多选）（N=289）

选项	人数	所占百分比（%）
强身健体	238	82.35
休闲娱乐	43	14.88
人际交流	50	17.30
消磨时间	17	5.88
学习体育技能	68	23.53
预防、治疗疾病	95	32.87
参加比赛	61	21.11
减肥、健美	43	14.88
其他	0	0

通过农牧民对喜爱参与体育活动的选择可以看出，大多数农牧民的体育情感十分强烈。但通过对农牧民参与身体锻炼的现实考察发现，农牧民的体育行为与体育情感之间并不协调，"知而不行、爱而不做"的现象普遍存在。

结合农牧民体育动机的选择可以看出，农牧民选择参与身体锻炼的动机主要是"强身健体""预防治疗疾病"，这成为农牧民参与身体锻炼的重要内驱力。此外，能够侧面反映出农牧民对体育功能认识较为片面，仅了解体育功能的基本意义，对体育具有休闲娱乐、增强人际交流、愉悦心情等功能认识不到位，在一定程度上阻碍了农牧民良好体育情感的建立。在运动心理学中，情感具有动机功能，是动机系统的组成部分，其作用能够激励人的活动、提高人活动的效率①。可见，体育动机不仅是培养体育情感的有效途径，更是体育情感形成的"中心点"。因此，农牧民体育情感的产生与发展，不仅对体育认知有一定影响，同时对健康的正确认知也具有重要意义。

3. 农牧民的体育意志有待提高

体育意识是体育意志的能动表现，通过支配人的行为、思维、身体去克服困难，从而达到预定体育目标的一种心理过程，它具有自觉、勇敢和坚持等特点，同时在体育活动中表现出机智、顽强、不畏艰苦、勇于克服困难等特征②。对超高海拔地区农牧民体育意志的调查主要通过农牧民闲暇时间的行为、参与身体锻炼的持续性，以及在参与身体锻炼中心理变化来探究农牧民的体育意志。

通过前文调查可知，超高海拔地区农牧民在闲暇时间主要以看电视、听广播、聊天和手机上网为主，仅有30.81%的农牧民选择在闲暇时间进行身体锻炼，可见在闲暇时间选择参与身体锻炼的农牧民较少。与当地农牧民访谈得知，这种现象形成的首要原因是农牧民日常闲暇时间较少，几乎每天都要进行放牧或务农工作，形成了"日出而作、日落而息"惯有的生活方式，在偶尔的闲暇时间中，多数农牧民选择休息、睡觉等方式调整忙碌的生活节奏，缓解身体疲惫。

长期坚持身体锻炼是反映个人体育意志的重要指标。由表3-13可知，超高海拔地区农牧民能够长期坚持身体锻炼的占总人数（N=88）的12.50%，一般长期坚持的占23.86%，不能长期坚持的占63.64%。

---

① 毛志雄主编：《体育运动心理学简编》，北京体育大学出版社2011年版，第33—38页。
② 杜春杰：《体育意识的特征及培养研究》，《体育科技文献通报》2019年第10期。

表3-13　　农牧民能否长期坚持身体锻炼的调查（N=88）

选项	人数	所占百分比（%）
能	11	12.50
一般	21	23.86
不能	56	63.64

由此可见，大多数农牧民不能长期坚持身体锻炼。与农牧民访谈得知，长期坚持身体锻炼对他们来说几乎不可能实现。首先，地理环境决定了参与身体锻炼的时间和方式，农牧区所处超高海拔地区，冬长夏短的季节特点对农牧民长期坚持身体锻炼具有一定困难。其次，由于农牧区体育设施主要设在室外空地，其高频使用率集中于夏季，冬季严寒几乎没有人使用，导致许多体育设施器材闲置。再次，多数农牧民表示，生活经济主要来源于农牧业的生产，由于每天都要进行放牧、务农等体力劳动，长期以来"劳动即锻炼"的思想在农牧民的认知中根深蒂固，偏差意识与认知的形成直接影响到农牧民的体育意志。

克服困难与意志的形成和发生密切相关，需要通过长期忍耐、坚持以达到目标[1]。任何有意识、有目的的行为总会遇到相应的困难，由于所遇到困难程度的不同，意志复杂性就有了差别。在竞技体育中往往所要面对的困难较多，其困难的种类也较为复杂，而就群众体育而言，人们在参与身体锻炼时所遇到的生理困难较多[2]。由于受自身主体和客观环境影响，超高海拔地区农牧民长期参与身体锻炼所需克服的困难，主要表现为个体生理的不适应性和外部环境的局限性。

---

[1] 李佑发、王婷婷：《意志品质的质性分析及模型建构》，《北京体育大学学报》2011年第3期。

[2] 苗志刚、李俊杰、田晓春：《中年人群体育行为及体育心理研究——赤峰市红山区中年人体育健身现状的调查与分析》，《赤峰学院学报（自然科学版）》2012年第7期。

通过表3-14分析得知，5.68%的农牧民能够在身体锻炼时主动克服困难，7.96%的农牧民一般主动克服困难，86.36%的农牧民不能主动克服困难。

表3-14　　　农牧民在参与身体锻炼时能够主动克服锻炼中
所遇到的困难的调查（N=88）

选项	人数	所占百分比（%）
能	5	5.68
一般	7	7.96
不能	76	86.36

可见，大多数农牧民在参加身体锻炼时不能主动克服困难。通过进一步与农牧民的访谈得知，他们表示民族舞蹈、跑步和快走是他们最喜爱、最容易接受的项目，这类运动项目的强度适中，能够充分放松身体，缓解身体疲劳。而运动强度较大的项目，农牧民表示不能接受。农牧民还表示，由于跑步和舞蹈等运动基本在室外进行，高海拔地区天气变化莫测，如果在运动中遇到天气突变，农牧民将不会选择继续坚持运动。但是当调研人员继续追问"如果有条件将体育活动改为室内进行时，再遇到天气变化，能否选择继续参加活动"的问题时，小部分表示会选择坚持完成身体锻炼，但大多数农牧民表示会停止参与锻炼。

通过问卷和访谈调查结果可知，农牧民克服参与体育活动困难意志较弱，尚未形成良好的体育意志品质。本研究推断，造成此结果的首要原因在于农牧民受教育程度过低，对体育重要性的认知水平较低，片面认为参与身体锻炼仅能强身健体，忽视了参与身体锻炼对个人坚强意志品质的形成起到重要作用。

（三）体育行为的选择有利于促进农牧民全面健康的发展

体育行为是人类为了增强体质健康、预防疾病、促进健康全面发展而进行所有有益于身心健康的体育行为的总称①。主要包括运动方式、运动时长和运动强度三个方面②。为提高体质健康水平、促进全面健康发展，超高海拔地区农牧民应当有目标地选择身体锻炼行为。

1. 农牧区体育活动实践多以民族传统体育为主

农牧民对运动方式的选择主要由农牧区体育活动实践所决定。超高海拔地区民族传统体育作为当地体育文化的历史结晶，是群众在长期生活、生产和社会实践中所创造的文化产物。超高海拔地区民族传统体育具有坚实的群众基础，群众重视民族传统体育的继承与发展，同时也能主动参与其中，两者间形成稳定的发展格局。

通过文献收集、实地调查和群众访谈得知，超高海拔地区民族传统体育表现形式多样且内容丰富。调查分析可知，喜爱民族传统体育的农牧民较多，说明超高海拔地区民族传统体育项目在当地群众体育和全民健身中占据了重要地位。民族传统体育开展其场地和器材基本不受限制，较为便捷，农牧民可进行较少投入或不投入就能进行健身活动，充分体现民族传统体育实用性和实效性的优势。现代大众体育在农牧区同样开展，但参与人群主要以青少年为主，然而农牧区人口结构以中老年人为主，这部分人群更容易接受民族传统体育。除此之外，部分农牧区设有篮球场，但使用率不高。由此说明，直接在农牧区开展或普及现代大众体育有一定难度，但不能放弃农牧区现代大众体育活动的组织与发展，在开展前需深入农牧区进行现代大众体育的宣传与指导，逐步将现代大众体育与民族传统体育相融合，创新发展积极健康且形式多样的新兴体育项目。

2. 农牧民参与身体锻炼积极性有待提高

群众体育参与积极性是体育认知与体育行为重要的综合表现，

---

① 王翠：《培养我国青少年良好体育行为的研究》，《青少年体育》2019年第11期。
② 迟荣国、贺业志：《体育行为与体质健康》，《山东体育学院学报》2008年第12期。

群众参与身体锻炼的积极性主要通过时长、参与频率和参与强度体现。满足每周参加身体锻炼3次以上，每次锻炼持续30分钟以上，且锻炼强度达到中等及以上的群众被称为"经常参加体育锻炼的人"，统称为"体育人口"。体育人口既能够反映群众对参与身体锻炼的重视度，同时也是衡量群众体育和全民健身发展的重要指标。

（1）农牧民参与身体锻炼时长较短

由前文统计可知，每次参加身体锻炼时长在30分钟以下的农牧民占总人数（N=289）的19.03%，每次参加身体锻炼在30—60分钟之间的占8.65%，每次参加身体锻炼在60分钟以上的占9.09%。通过统计得知，每次参加身体锻炼时长为30分钟及以上共有33人，占总人数的11.42%。由此可见，多数农牧民参加身体锻炼时长较短。

（2）农牧民参与身体锻炼频率较低

由前文统计可知，每周参加身体锻炼次数为1—2次的农牧民占总人数的20.76%，每周参加身体锻炼次数为3—4次的农牧民占8.30%，每周参加身体锻炼5次及5次以上的农牧民占1.39%。通过统计得知，每周参加身体锻炼3次及以上共有28人，占总人数的9.69%，可见农牧民参与身体锻炼频率较低。

（3）农牧民参与身体锻炼强度不足

由于调研环境、条件及时间受限，无法对每个农牧民参与身体锻炼时的运动强度进行检测。因此通过RPE等级（Rating of Perceived Exertion主观强度感觉）对农牧民参与身体锻炼强度进行评测。

RPE是指人在运动时，机体对运动强度等级感受的整体性疲劳情况所作出的主观评价[1]。人体在进行各类运动时，其心率、

---

[1] 杨锡让、傅浩坚主编：《人体运动科学经典研究方法的发展与应用》，人民教育出版社2007年版，第197—200页。

呼吸及肌肉等指标都会产生不同的生理变化，随着运动强度的增强，机体反应也随之增强。为保护机体机能系统的完整性，人体便会出现疲劳现象。RPE 就是根据人体心理疲劳程度的表现来反映生理机能变化的指标，即体力感知。RPE 可作为日常运动健身负荷强度判定的简易有效指标之一[1]。通过 RPE 等级（参见表 3-15）可判定人体运动心率与运动强度，6—20 等级量度与心率 60—200 次/分的运动强度相一致[2]。有研究表明，中等运动强度的心率大概在 100—140 次/分间，且中等运动强度的 REP 等级范围为 12—15 次/分间[3]。运动强度为中等以上水平即满足体育人口条件之一，即有点困难至筋疲力尽间的主观运动感都满足中等及以上的运动强度。

表 3-15　　　　　　　RPE 运动强度与运动自觉量表

RPE	主观运动感觉	对应参考心率
6	安静，不费力	静息心率
7	极其轻松	70
8		
9	很轻松	90
10	轻松	
11		110
12	有点吃力	
13		130
14		

---

[1] 何志金、彭莉、易东平等：《基于 RPE 值判定运动健身强度的实证研究》，《中国体育科技》2016 年第 4 期。

[2] 张立：《一种简易监测运动强度和评定运动能力的方法——RPE 等级值》，《武汉体育学院学报》1995 年第 1 期。

[3] 张勇、魏明涓：《中等强度主观感觉等级与心率预测最大耗氧量研究》，《体育科学》2013 年第 12 期。

续表

RPE	主观运动感觉	对应参考心率
15	吃力	150
16		
17	非常吃力	170
18		
19	极其吃力	195
20	精疲力尽	最大心率

通过表3-16可知，除去不参与身体锻炼的201人，共有60位农牧民在参与身体锻炼中的主观感觉在"毫不费力"与"轻松"间，28位农牧民在参与身体锻炼中的主观感觉在"有点困难"和"筋疲力尽"间。由此说明大部分农牧民参与身体锻炼时的运动强度不足，未能达到中等运动强度水平。

表3-16　　　　农牧民在体育锻炼中的主观感觉情况

（除去每周不参加锻炼的201人，N=88）

选项	人数	所占百分比（%）
毫不费力	6	6.82
极其轻松	7	7.95
很轻松	6	6.82
轻松	41	46.59
有点困难	11	12.50
困难	5	5.68
非常困难	3	3.41
极其困难	1	1.14
筋疲力尽	8	9.09

通过前文统计及表 3-16 综合统计农牧民在参与身体锻炼中的运动时长、运动频率与运动强度发现，满足每周锻炼 3 次及以上，每次锻炼时长 30 分钟及以上、锻炼强度为中等强度及以上的农牧民共有 28 人，占总人数（N = 289）的 9.69%。可见，在调查范围内农牧区的体育人口为 9.69%，该农牧区体育人口比例不仅低于 2019 年全国 34% 的体育人口，而且低于 2015 年超高海拔地区 27.5% 的体育人口[①]。相关研究表明，每周参与 3 次及以上，持续 30 分钟及以上且中等运动强度的身体锻炼，不仅能够对改善心肺功能、加快新陈代谢、增强肌肉力量、提高骨骼弹性等方面提供一定帮助，同时对增强自身免疫力，起到预防或治疗疾病效果[②]。

3. 农牧民参与体育活动频率较低

体育活动是指群体参与的集体活动或运动，而身体锻炼则更加强调个人行为，两者间存在一定的差异。据对农牧民的调查发现，多数农牧民更偏爱参与具有群体性的体育活动或集体运动。由前文可知，20.76% 的农牧民每年参加体育活动的次数为 1—2 次，参加过 3 次以上的农牧民占总人数的 9.69%，另有 69.55% 的农牧民从未参加过体育活动。可见，超高海拔地区农牧民参加体育活动的频率集中在每年 1—2 次。但通过对农牧区体育活动开展情况的实地调查，并结合对当地管理人员的访谈结果得知，多数体育活动的开展主要依托民族节日的庆祝。如在每年的一月一日和六月中旬，农牧民以庆祝节日为目的，将体育活动涵盖在节日活动中，其中主要包括：歌舞、博力、角力、跑马、走马、马上打靶射击等活动。用以纪念传统祭祀节日包括的体育活动有歌舞等，用以庆祝农事劳作节日包括的体育活动有拔河、歌舞、抱石头等。超高

[①] 马德浩：《改革开放 40 年我国体育人口研究综述与展望》，《山东体育学院报》2019 年第 4 期。

[②] 《体育与健康理论教程》编委会：《体育与健康理论教程》，高等教育出版社 2001 年版，第 112—113 页。

海拔地区体育活动的开展依附于每年传统节日进行的大约占70%。可见，丰富的体育活动作为庆祝或祭奠节日中的重要部分，结合农牧民参与体育活动频率来看，活动开展频率与参与频率不均衡，可见农牧民参与体育活动情况不太乐观。

近年来虽然政府或民间组织积极开展体育活动，但农牧民参与度并不高，在激发农牧民参与兴趣方面仍存在一定问题。究其原因，一方面可能由于农牧民受教育程度较低，个人缺乏对体育活动的正确认知，另一方面可能与当地基础管理人员在开展体育活动时对其管理方式或执行路径中所存在的问题未能得到有效解决有关。

第二节　超高海拔农牧区全民健身发展策略

基于上述提出地理环境、体育政策环境、体育经济环境和体育文化环境对农牧民体质健康及农牧区全民健身发展有着不同程度的影响，因此在促进农牧区全民健身发展策略中应重点根据影响要素给予针对性考虑。由于地理环境作为一种自然环境难以人为改变，因此在本研究中不作策略讨论。为弥补超高海拔地区地理环境对农牧民体质健康所产生的消极影响，在促进农牧民体质健康中地理环境的改善策略主要通过当地政府对国家政策的积极响应，加快落实十九大报告中提出"要坚持在发展中保障和改善民生，期盼更好的教育、更稳定的工作、更满意的收入、更可靠的社会保障、更高水平的医疗卫生服务、更舒适的居住条件、更丰富的精神文化生活"的要求。超高海拔地方政府通过集中对农牧民居住环境进行改善，主要围绕提升村容村貌、推进村庄清洁行动，对农牧区生活垃圾和生活污水进行处理，对农牧民的饮食卫生进行管理，坚决执行"四清两改"，实实在在地通过生活居住环境的改善促进农牧民体质健康。

一 改善体育政策环境，为农牧区全民健身发展提供保障

（一）超高海拔地区群众体育政策制定阻滞的防治策略

基于调研小组对农牧区群众体育与全民健身开展的现实考察，对当地群众体育政策的制定与执行有一定的了解，针对农牧区群众体育政策在制定与执行方面所存在的问题给予对策，目的为解决农牧民健康中所出现的问题、丰富农牧民的文化生活、为加快农牧区群众体育与全民健身的有效发展提供帮助。

在超高海拔地区群众体育政策制定中所存在的问题主要通过政策问题的认定、政策内容的制定、政策效果的评估三方面予以解决。

1. 厘清超高海拔地区群众体育政策所存在的问题

超高海拔地区群众体育的相关政策主要以全民健身计划为主。基于现实考察，超高海拔地区城市和农牧区间的二元结构影响的预估值不充分是当前该地群众体育政策问题认知所产生偏差的主要表现，即对城市与农牧区二元结构影响的预估值不足。在该地区群众体育政策中，城乡间群众体育的发展不平衡已经成为焦点。因此，将农牧区群众体育发展作为统筹城乡体育发展的重点，具体通过以下几点解决。

第一，转变群众体育发展政策中将城乡分割、各自为战的发展思路。强调城市反哺农牧区的方针，坚持走"以城带乡、城乡互动、协调发展"的道路。

第二，积极发挥地方政府的主导作用，加强对城市与农牧区群众体育关系二者间的宏观调控。在国家扶持与帮助下，地方政府在介入城乡群众体育的统筹发展中，应以发展的视角制定符合当地城乡群众体育发展的一体化规划。同时，当地政府应消除惯有的行政管理模式与思维方式，坚持把农牧区群众体育放在与城市群众体育发展同等重要的位置，甚至在必要时刻，要将农牧区群

众体育的发展放在优先位置。为此，各级政府需要建立城乡群众体育统筹发展的促进机制，切实把农牧区群众体育发展或全民健身发展纳入地区体育发展的整体规划中，统筹布局，促进城市与农牧区群众体育和全民健身的协调发展。

第三，突出超高海拔地区制度特色，加快制度创新，建立城市与农牧区群众体育发展间的互动机制。在摒弃、废止或修正不合理的政策制度的基础上，应以公平的角度出发，建立以城带乡、城乡互动的群众体育统筹发展的长效机制，有利于农牧民在公平的政策或制度中行使其自身权益。

第四，优化农牧区体育资源配置，整合各类有效资源。体育基础资源的配置在一定程度上决定着群众体育发展的进程与成效，首先要明确发挥城市体育资源的带头和示范作用，其次对农牧区进行有效的体育资源援助。如在对县级体育场馆建设前进行规划与布局，将农牧民的健身需求加入体育设施的建设规划中去，在满足地县群众健身需求的基础上能够充分考虑到农牧民。此外，遵循反哺原则，城市可分阶段对农牧区体育设施进行援建，鼓励城市的体育人才积极主动地担当农牧区体育文化知识的传播者与传授者，辅助农牧民科学参与身体锻炼。

综之，只有厘清相关政策及制度所存在的问题，对问题进行认定的同时应进行科学统筹规划，才能够加快农牧区群众体育及全民健身的发展步伐。

2. 科学优化超高海拔地区群众体育政策的制定

政策的制定是完整政策形成过程的初始阶段，是科学政策的核心主题[①]。无论是群众体育、学校体育，或是竞技体育政策的制定，都是为政策的执行和评估奠定基础，同时也是决定政策实施

---

① 陈振明主编：《政策科学——公共政策分析导论》，中国人民大学出版社2005年版，第86—89页。

成败的重要环节。

地方体育政策的制定对当地体育开展现状和发展趋势具有重要意义，尤其是对当地群众体育事业的发展和全民健身工程的建设具有一定价值。因此，超高海拔地区体育政策的制定与执行方面享有相应的主动权，这不仅为体育政策的制定提供有利条件，更重要的是为体育政策在当地的执行提供一定保障。

（1）加强群众体育政策制定的民主参与

新政策的制定主要是对相关利益进行调整与变动，将打破过去陈旧格局，为新兴格局的形成提供理论支撑①。同样，体育政策的制定过程与体育利益分配是同步的、动态的过程。在群众体育政策制定的过程中，相关利益群众在参与过程中，强烈地表达自身体育需求，并希望自身利益能够在体育政策制定中有所体现。

超高海拔地区全民健身计划是群众体育最有代表性政策之一。其政策最终实施目标群体以全民为主，政策目标群体对政策制定的认同和支持主要通过政策执行的效果和影响力体现。通过调查发现，农牧民具有一般目标群体的普遍特色，同时也具有其自身特点，具体表现为以下三点：第一，农牧民本身的自利性，由于政策的制定本身属于利益的调控器，当农牧民的利益受损时说明政策的制定存在一定的弊端；第二，农牧民受教育环境有限，文化障碍致使农牧民接受新思想、新观念和新理论有一定难度，自身价值观对政策的制定产生一定的阻碍；第三，农牧民对政策的认同感十分强烈。长期以来，由于党和国家在政策制定方面给予超高海拔地区不断扶持与帮助，党和国家在超高海拔地区执政拥有了坚实的群众基础，群众明确表示他们将时刻紧跟党的步伐。

鉴于农牧民自身特点，对群众体育政策的理解程度与参与特

---

① 汤法远、夏鲲：《民族自治地方政策制定过程中的突出问题分析》，《黑龙江民族丛刊》2010 年第 2 期。

点，在群众体育政策制定中，应从以下几点实施。

第一，相关部门应该考虑如何建立和完善群众体育相关利益群体的利益表达机制。在不断提高农牧民参与政策制定积极性的同时，拓宽利益表达与参与渠道，允许不同地区农牧民通过多种渠道充分表达健身或健康需求。

第二，政府应专门建立与农牧民的互动机制，扩大互动平台。由于接收或发送信息的不对称，导致农牧民无法及时获得有关体育政策的内容、目标和任务等方面的信息，因此可以尝试通过平台发布参与政策制定过程所需信息，为农牧民参与政策制定选择更好的方式与途径。

第三，政策制定主体在制定群众体育政策时要充分考虑政策环境。其中包括社会、政治、经济、文化、卫生、科教环境等。主要了解农牧区在不同时期、不同地域间的差异，面对这些差异在群众体育政策的内容制定中做出相应调整。

（2）遵循群众体育政策制定的因地制宜

超高海拔地区特殊的自然地理环境、生态气候环境是影响群众体育政策执行的关键因素，尤其是群众体育在农牧区的开展更加具有难度。近年来，由于国家对全民健身发展和人民健康问题的持续高度关注，超高海拔地方政府为积极响应"全民健身计划"和"健康中国战略"的实施，短时间内颁布了本地区全民健身计划，该计划特别强调将农牧民作为重点实施对象，但对农牧区全民健身的建设仅浅述了有关健身场地及设施的建设。因此，为全面发展农牧民区全民健身事业，在群众体育政策制定过程中必须与农牧区的现实环境紧密联系，多方面考虑农牧区自然环境和人文环境的特殊性，具体实施措施应从以下两点着手。

第一，针对农牧区地理气候环境的复杂性，应优先利用农牧区空旷地建造多功能型科技健身场馆，尽可能地包含全民健身路径，实现室内健身的可能性，这不仅能够减缓高寒气候对农牧民参与健身的制约性，而且还增加了农牧民参与健身活动种类的多样性，同时为现代体育活动文化的注入提供有利条件。

第二，针对农牧区妇女、老人和儿童比例偏大的人群聚集特点，为促进老少妇幼群体积极参与体育活动，在政策制定中应有所特殊体现。如为农牧区妇女制定健身方案，包括健身时间与内容，为改变妇女生活方式，增添生活乐趣给予帮助。对老人的健身活动主要以养生、娱乐和预防疾病为主，对儿童的健身活动主要以强身健体、促进生长发育和掌握运动技能等为主。

不同地区的不同群体对健身需求有所差异，在群众体育政策制定中应有所体现。这不仅体现出超高海拔地方政府对农牧区全民健身事业发展的高度关注，同时也体现出对农牧民健康的关怀。合适的群众体育政策不仅对农牧民健康发展有帮助，同时能对农牧区健身活动的有效组织与实施提供基础保障。因此，超高海拔地方政府对群众体育政策的制定应杜绝对其他地区政策的简单照搬，在借鉴国家或相似地区群众体育政策的同时，应与超高海拔地区实际情况紧密结合，满足当地群众体育政策制定遵循因地制宜原则。

3. 正确建立超高海拔地区群众体育政策评估机制

群众体育政策评估是以一定的标准和程序，对执行过程中和执行后的效果作价值判断，为群众体育政策的执行改进和其内容的修订提供依据。首先，群众体育政策在农牧区实施后必须进行组织评估，没有评估的群众体育政策的实施便没有章法可循，同时也就没有了约束性，容易导致政策执行逐渐偏离正轨。其次，群众体育政策的评估须具备科学性，应借鉴成熟的具有科学标准和程序进行评估，保证其评价结果的真实性和可靠性。其三，群众体育政策评估主体的组成应满足多元化结构，组成人员不能仅来源于政府官员，避免在政策执行过程中出现只对上级负责，对下级不管不顾的现象。最后，群众体育政策的评估结果需及时对相关部门进行反馈，并实施相应的奖惩措施。

针对农牧区与全民健身计划评估中所出现的现实问题，为改善其现状，有关农牧区群众体育政策的评估制定应从以下几方面着手。

第一，要从当前农牧区群众体育所显示政绩式的评估向发现式的评估转变。农牧区群众体育政策执行的评估不能只是划分一个等级或评定一个标准，更重要的是发现影响农牧区群众体育政策执行力的因素所在，只有发现问题，才能更好地解决问题，进而提高农牧区群众体育政策的绩效，提升农牧民的体质。

第二，群众体育政策评估机制中除了建立详细的奖励机制外，还应建立惩罚制度，使群众体育政策在农牧区的执行效果与执行主体间的利益直接相关。

第三，设立第三方评估系统，通过第三方评估实现农牧区群众体育政策执行主体与评估主体分离，避免评估主体与执行主体的同一性。

第四，在农牧区建立合理的群众体育政策执行评估标准体系。有了科学的评估标准，更有利于评估群众体育工作开展的成效，为农牧区群众体育政策的执行指明方向。

（二）加大农牧区群众体育政策的执行力度

1. 扩大群众体育政策执行主体，实现从政府管理走向多元共治

在农牧区群众体育政策执行主体方面，主要应从优化群众体育政策执行组织机构入手。通过建立多元化群众体育政策执行模式，加强各主体间的协调沟通，提高各主体间的配合能力，实现农牧区群众体育与全民健身的共同发展。因此，具体措施包括以下几点。

第一，目前超高海拔地区农牧区群众体育执行主体较为单一，应将各级政府及有关部门、社会团体组织、民间组织，以及农牧民都纳入群众体育政策的执行主体范畴。

第二，各主体间应通过当地体育文化建立伙伴关系，形成网式

结构便于互动讨论，改善群众体育政策在农牧区的执行效果。

第三，鼓励社会各界组织和农牧民积极参与群众体育政策的执行，在执行过程中形成竞争机制，避免在政策执行中由于缺乏自由竞争而出现政府独舞的现象发生。

第四，加强各主体间的沟通与交流，减少农牧区群众体育政策的执行阻力，实现政策执行社会共治，多元主体共同参与的有效治理。

2. 提高当地体育政策执行者的综合水平

提高当地群众体育政策执行者的综合水平是农牧区群众体育和全民健身顺利开展的重要前提，多层次、多渠道是提升政策执行者综合水平的关键。主要通过以下几点改进。

第一，自上而下对有关当地群众体育政策执行者的综合水平进行提升。提升地方政府层面、市县级层面和乡镇层面不同层次政策执行者的理论教育工作，使其具有正确的人生观和价值观，通过提高综合素质，端正工作态度，形成追求公共利益为目标的正确价值取向。如加强各级体育政策执行者的法律法规意识，对体育政策内容进行正确解读，形成规范政策执行行为，确保政策在执行过程中能够完整和有效地执行。

第二，定期开展有关体育政策的学习与培训。组织不同层次政策执行者进行交流沟通，对各农牧区群众体育工作开展情况进行汇总，对各农牧区群众体育工作开展中所出现的问题进行探讨，并听取各级执行者的意见与建议，通过协商对各农牧区群众体育和全民健身的开展进行整改。

第三，多渠道培训各级群众体育政策执行者的业务技能。定期进行法律法规、政治社会学、管理学等方面的业务知识培训，为拓宽执行者知识面提供帮助，学习政策执行技巧，强化群众体育执行者的组织、领导、协调和决策能力，为提升综合业务能力奠定坚实基础。

3. 结合地区特色，跨界整合多种资源，确保多途径获取体育政策信息

针对农牧区的政策宣传环境较为复杂的情况，在农牧区进行群众体育政策的宣传应主要从以下几个方面入手。

第一，加强农牧区群众体育政策人力宣传力度。充分发挥党组织在农牧区所奠定的坚实基础作用。在党的领导下，农牧民的生存和生活现状得到了极大改善，这与相关政策在农牧区的有效实行密切相关。由于基层组织与农牧民朝夕相处，对农牧民家庭与个人基本情况较为熟悉，可通过宣讲、解释、答疑将群众体育政策与农牧民实际情况相结合，充分改善农牧民对群众体育政策的认识，这对农牧区群众体育政策的宣传具有重要意义。

第二，拓宽群众体育宣传途径。近年来，大众传播是信息传播的主要媒介，其中包括网络传播、电视广播传播，以及书刊报纸传播等方式。但由于部分农牧区网络接受信息闭塞，文字语言交流的差异性，网络传播未能在各农牧区得到普及。因此，电视广播、报纸画册、村委宣传栏以及墙体标语是农牧区群众体育政策宣传的主要方式。针对这种情况，在实施宣传时应对宣传途径进行筛选，如增加当地电视台有关体育知识讲座或体育活动开展新闻的播放率；报纸、书刊等文本传播需多以图片为主，有助于农牧民对其内容的理解；广播宣传主要以解读体育政策中的内容盲点，解答群众对体育政策不解的问题为主；及时更新农牧区宣传栏有关群众体育政策的实时信息，将"看得见、摸得着、用得上"的知识与信息进行公开，一方面有助于农牧民感受群众体育政策中的切身利益，另一方面有利于提升群众体育政策在农牧区的整体传播效果。

第三，组织整合传播资源，加大宣传队伍建设。通过组织教育、卫生、医疗、体育等部门的工作人员进行培训，加强各部门间相关政策的再学习。由于农牧民对群众体育政策的认识较为陌

生,因此有必要借助农牧民较为熟悉的教育、卫生、医疗系统的工作人员,在群众体育政策方面为农牧民进行正确引导。如定期组织教师和医生在农牧区开展健康知识宣讲,结合学校体育、社会体育和健康中国发展趋势,解读各系统间有关政策的联系,并利用各行业大数据进行实证宣传,以普及农牧民理解群众体育政策为宣传目标,以推动农牧民积极参与全民健身,增强其体质健康发展为最终宣传目的。

第四,创新宣传模式,寻求有利于农牧民接受的宣传方式。大众传播与组织传播模式均属于单向模式,其传播渠道较长、损耗机会较多、信息失真和扭曲概率较大。应当充分发挥名人力量对群众体育政策进行人际模式宣传,这样能够及时收集农牧民的反馈意见,减少中间传递环节,有效地对问题进行处理与解决。

4. 丰富当地群众体育公共服务资源,扩大有效供给

充足的群众体育公共政策资源是农牧区体育政策执行的基础。基于农牧区体育政策中的人力、物力以及财力资源的紧缺,在应对策略中应从以下几个方面入手。

第一,应加大群众体育公共服务的资金供给,充足的资金有利于服务资源的再分配。充足的资金为解决基层群众体育政策执行人员不足问题提供保障,并且能够提升执行人员的工作积极性。充分考虑到农牧区的特殊性,社会体育指导员仅能解决农牧民的健身需求,鉴于农牧民对自身健康状况关注度更高的情况,在丰富农牧区人力资源的同时,还需考虑拓宽非体育人力资源渠道。如鼓励医护人员的加入,加快实现农牧区"体医结合、以体为主、体医融合"的健身模式。以倡导志愿服务人员加入为前提,阶段性地对志愿服务人员给予政策鼓励或提高待遇,加大各行业人力资源加入农牧区全民健身服务的积极性。

第二,需加强农牧区对群众体育公共服务场地设施的建设,确保其设施及配套资源的实用性和完整性。通过重点关注体育器材

后期的保养与维修，同时应遵循因地制宜原则为农牧区健身设施进行改建，尤其是关于器材使用方法说明，提升农牧区体育场地及器材的普及率与使用率。

第三，各地区关于体育经费来源主要以国家、政府拨款为主。"十三五"以来，超高海拔地区投入资金很有限，成为农牧区全民健身事业发展的重要阻碍，且部分资金分配用于各农牧区全民健身基础设施建设，几乎没有结余资金可用于组织农牧区全民健身活动的开展。因此，农牧区全民健身活动的主要经费来源，一方面应以社会赞助、彩票、当地单位出资为主，加大当地市场作用的同时，把农牧区群众体育事业的建设归还于社会；另一方面政府应鼓励外来企业投资农牧区，包括农牧区全民健身工程的建设，并在税收及其他方面对企业给予一定优惠政策，切实保障农牧民参与全民健身活动的基本权益。

二 优化经济环境，推动体育经济发展，为农牧民参与全民健身提供基础

超高海拔地区群众体育作为当地群众的一种社会实践活动，它的发展不仅与当地社会的发展有着同步的基本节奏，同时与地区群众的经济发展有着最根本的联系。为此，本部分研究将从经济学视角出发，通过对农牧区体育经济环境的改善，努力实现缩小农牧区与城市群众体育间的发展差距，为促进农牧区群众体育的全面发展，推动农牧区全民健身与全面健康的深度融合提供理论论述。

（一）缩小农牧区与城镇差距，推动城乡经济一体化发展

基于对农牧区近十年来经济发展的调查，发现农牧区经济水平与地区城镇、全国乡村均存在一定差距。由于城镇与农牧区社会一体化发展的效果不明显，致使农牧民与城镇居民所享受的社会公共服务差异较大。因此，通过提升农牧区经济水平，缩小城乡间经济发展差距，使农牧民在全民健身中能够充分实现自身权益。

主要通过两方面实施，一方面调整农牧区经济产业结构，为推动农牧区体育经济产业的发展提供基础；另一方面，提高地区社会一体化的公平发展，缩小城乡经济发展差距，提高农牧民经济增长速率，为从根本上解决农牧民的健康问题创造条件。

1. 合理调整农牧区经济布局

合理调整地区整体经济产业布局，实现各产业间的均衡发展。旅游业作为超高海拔地区经济的主导产业，主要经济来源建立在自然资源利用基础上。但由于超高海拔地区丰富的旅游资源主要分布在城市，地区主导产业的发展与经济布局对农牧民收入影响较小，主要对城镇居民收入影响较大。鉴于此，为合理调整产业布局，主要将通过以下几点实施。

第一，应整改交通枢纽建设，寻求优化产业契机，为调整农牧区产业结构作铺垫。

第二，以政府为主导，多方参与协同发力，加快发展农牧区优势资源产业。农牧区的物产资源较为丰富，其中主要包括：农牧资源、矿物资源、能源资源和药物资源。在政府与社会的引导与帮助下，扩大社会对农牧区物产资源的需求量，拓宽物产资源的出产路径，增强农牧区整体经济实力，提高农牧民个人与家庭收入，为转变农牧区整体经济环境提供新路径。

第三，围绕中心城镇，合理布局产业结构。适当引导现代化、科技化资源配置向农牧区转移，为农牧区经济发展创造有利条件。

第四，将农牧区整体经济的发展需求，与国家经济发展趋势、国家施政紧密结合。加大政府和社会对农牧区在政策、经济、科技和资源中的投入，缩小城乡建设差距，提高农牧区现代化水平，有效实现农牧民收入的增长，提高农牧民可支配收入水平。

2. 加大农牧区社会保障事业的资金投入

保障农牧民享有公平的社会公共服务，在全民健身与健康中国中实现自身权益均等化。加大农牧区社会保障事业的投入主要有以下几方面的举措。

第一,逐步实现农牧区基本公共服务均等化。调整更多资金投向农牧区公共服务领域,加大农牧区在教育、体育、医疗、卫生、文化等公共基础建设方面的资金投入。

第二,由于农牧民的体质健康存在较多问题,导致农牧民在医疗卫生方面的资金投入较大,这也是致使超高海拔地区城乡居民经济收入水平差距较大的重要原因[①]。因此,加强农牧民的基础教育,加大农牧区医疗卫生的财政投入十分重要。如相关医疗机构免费为农牧民进行体检服务,针对体检结果所出现的问题,给予物理干预与医疗介入方式进行治疗。物理干预主要是通过身体锻炼得以实现健康,通过身体锻炼减少有关医疗费用的支出,以有形投入所产生的无形利益来体现社会保障资金投入的价值。

第三,以多渠道、多层次、多形式的方式对农牧民进行技能培训,帮助农牧民掌握一种或多种技能,促进劳动力的全面发展,扩大就业空间,为增加农牧民的收入提供帮助。

(二) 推动体育产业与农牧区经济深度融合,促进农牧区体育产业快速发展

超高海拔地区的特色产业主要有农牧业、旅游业、体育产业等,体育产业是超高海拔地区最主要的特色产业之一。基于农牧区体育产业较为落后的发展现状,在此将对如何推动农牧区体育产业发展给予相应策略,以加快农牧区整体经济发展,提升农牧民体育消费水平和全民健身快速发展为最终目的。

1. 整体规划,明确农牧区体育产业发展方向,寻求有章可循的发展路线

农牧区有较为丰富的体育产业资源,不同的体育产业资源都应

---

① 宋生瑛:《公共支出结构对收入不均等影响研究——基于公共服务均等化视角分析》,《技术经济与管理研究》2012年第12期。

得到当地政府部门的规划与指导。

第一，政府应针对农牧区各类体育资源的实际情况，对资源的利用寻求发展方向，并进行整体规划。如提高农牧区各类体育资源的有效使用率，寻求特色突出的体育项目资源，为体育资源进一步的开发提供可借鉴的科学依据。通过全面考虑和整体规划，一方面为避免体育资源的盲目开发，体育工程的重复建设等问题出现；另一方面为在遇到突发问题时能够对其进行有效控制。

第二，树立正确的农牧区体育产业开发观念。以"西部大开发""一带一路"为契机，对农牧区体育产业进行开发与利用，通过第三产业的发展实现农牧区全民健身的突破发展。

第三，遵循经济体育一体化的必然要求，将体育旅游作为农牧区体育产业发展的重要内容。由于体育旅游属于服务产业，因此，在农牧区体育旅游发展前，要尽可能地实现旅游服务资源供给，同时还要对消费者和体验者提供相应配套旅游设施。如农牧区酒店饭店的建设、道路的修建和特色产品销售市场的建设等。显然，体育旅游的开发对基础设施不完备的农牧区来说具有一定的难度，但在政府的帮助下，在各部门的合理规划与企业的支持下，一定能够实现体育产业在农牧区的可持续发展。

2. 发挥地域与民族特色优势，实现农牧区体育旅游业"滚雪球"式发展

"滚雪球"式发展作为非常规产业发展方式，有异于全面、渐进、铺张的稳步常规发展方式，其具体实施举措有以下几点。

第一，"滚雪球"发展方式以点到面，主要围绕一个地区开展"样板间"式的体育旅游规划进行局部发展，在较短时间内完成由较低级生产形态向高级生产形态转变，形成较成熟的生产经营模式和经营发展模式后，再供其他农牧区学习、借鉴。

第二，民族地区的地域特色和民族特色具有双重性，不仅构成了民族地区体育文化与资源的多样性与广泛性，同时也是农牧区

体育旅游资源开发的金钥匙。农牧区在社会文化中具有特殊的历史文化、宗教文化和传统习俗，在体育文化中也有独特的民族传统体育文化和体育资源，这些都为当地体育旅游业的开发提供有利基础。因此，农牧区体育旅游业的发展，首要考虑农牧区经济发展的实际水平与自身投资能力，避免盲目攀比或模仿其他地区体育旅游的开发策略。

第三，优先选择投资少、见效快、效益高、群众参与性强的健身娱乐项目。如开发赛马、射箭和摔跤等具有竞技性和观赏性的民族体育活动，发展登山、攀岩等具有户外运动特色的民族体育活动，普及民族舞等表演性和娱乐性的民族体育活动。对这些民族特色十分突出的活动资源进行集中开发与重新配置，形成真正具有超高海拔地区地域特色和民族特色的体育产业资源。

3. 加强区域合作，促进体育旅游相关产业间的协调发展

为发挥农牧区体育旅游产业的经济效益，需从以下两个方面实施。

第一，加强区域合作，增加农牧区与市县级单位的合作机会。提倡实行区域联合的体育旅游发展道路，提高农牧区体育旅游业的质量，成立农牧区体育旅游产业组织，深入发掘农牧区具有创新和特色的体育旅游资源，对所选定的项目和活动进行讨论、设计、评价及完善。集中社会力量，为制定具体实施方案和政策法规献计献策，在实施过程中不断完善，为尽快发挥其经济效益提供保障。

第二，加快其他产业与体育旅游产业的深度融合。通过旅游者在"吃、住、行、游、购、娱"各方面的需求，利用体育旅游业中所需的商业基础配套设施，通过文化、商业、科技等相关产业的资源共享，增加其间的协调配合，实现多方共同协调发展。

第三，以体育旅游为经济发展纽带，增加社会基础劳动岗位，为农牧民提供更多的就业机会，实现劳动力由城市向农牧区的移

动式反向转移，为提升农牧民家庭经济收入水平提供帮助。

三 改善体育文化环境，提高农牧民参与健身的积极性

（一）营造浓厚的全民健身氛围，实现农牧民参与健身的生活化

针对农牧区全民健身开展情况、农牧民选择参与健身方式、农牧民家庭对参与健身支持情况中所存在重点问题，在此提出"营造农牧区浓厚全民健身氛围，实现农牧民参与健身生活化"观点，为推进农牧区全民健身工作的稳固发展提供思路。

营造农牧区浓厚的全民健身氛围，将作为实现农牧民参与健身生活化的作用核心。一方面有利于提高农牧民参与全民健身的积极性和主动性，对全民健身活动在农牧区的开展具有积极的推动作用；另一方面，营造浓厚的全民健身氛围是农牧区实施全民健身计划的重要途径之一，对丰富农牧民的业余文化生活，形成科学、健康的文明生活方式，增强其体质，缩小与国民体质健康差距，提高生活水平等方面均具有重要的现实意义。因此，为进一步营造农牧区浓厚的全民健身氛围，需从以下几个方面着手。

1. 加大农牧区体育基础设施投入，加强体育基础设施建设和管理，夯实全民健身发展基础

良好的健身氛围是促进农牧民参与健身活动的基础，同时也是营造全民健身氛围的基础保障。体育基础设施的投入与使用更有利于农牧区良好健身氛围的形成，在农牧区体育基础设施投入方面，应主要从以下几点实施。

第一，基于农牧民参与健身活动场所，主要以房屋周边空地的调查结果来看，农牧区体育场地及设施的建设应注重体育用地与居住地的协调整合，应充分发挥农牧区房屋周边空地的健身价值。

第二，农牧区群众体育场地的设计和布局要根据农牧民健身需求制定。考虑不同年龄人群的生理及心理特点，在体育器材款式、组合搭配、功能实用性等方面进行针对性选择，主要通过了解农

牧民的健身需求，在器材投入与布局时，可适当增加器材的种类、数量，减少投放利用率较低的器械，对体育场地及设施的使用发挥更大的作用。

第三，为实现农牧区群众体育场地及设施的重新规划与投入使用，当前最需要解决的是资金问题。农牧区群众体育基础设施的建设资金主要来源于国家投资和当地彩票的赞助，资金来源途径的单一化是致使农牧区体育基础设施不足的主要原因。因此，拓宽资金来源渠道，是解决农牧区体育设施建设问题的重要路径。主要通过在农牧区开展具有趣味性民族活动，吸引更多的第三方或企业挖掘其中商业价值，以独特文化作为开发基础，以文化魅力为契机，开展小规模、大效益的商业活动，吸引更多参与者与体验者，扩大农牧区体育消费结构，将部分收益投入当地体育基础设施建设，部分收益用于稳固商业发展的资金运转，以便获取更多的赞助资金和商业收益。

第四，加强农牧区体育设施的管理与维护。与器材供应商签订维护合约，加大维修力度，保证售后服务有效性的同时，充分发挥农牧民在其中的监督作用。在器材有损坏后能够得到及时解决，保证器材及设施的安全性，以便为农牧民提供安全的健身环境，提升参与健身的积极性。

2. 加大农牧区全民健身的宣传力度，提高全民健身服务质量，正确引导农牧民参与健身

全民健身与全民健康宣传对促进农牧民全面健康发展具有积极意义。选择合理和实效性强的健身与健康宣传方式，转变农牧民对健康和健身片面的认知具有重要意义，具体从以下几点实施。

第一，应对农牧民进行全民健身与全面健康的知识普及，推广健康中国与全民健身建设的价值与意义。通过宣传栏、宣传标语、书刊、广播讲解有关健康中国与全民健身政策、内容、价值及意义等问题。在宣传过程中，由于农牧民文化水平较低，可能出现

宣传效果不佳情况。因此，针对农牧民自身的特殊性，应提供更多的宣传方式选择。如在农牧区举办中小型健康知识问答、体育比赛、趣味体育等活动，这种宣传方式使农牧民更容易理解与接受，是引导农牧民参与健身的好路径。

第二，在宣传全民健身或开展宣传活动的同时，应组织体育基层工作人员引导农牧民正确参与全民健身。帮助农牧民了解全民健身路径建设的意义，对各类器械的功能和使用方法进行解释说明，教会农牧民练什么、怎么练，解决农牧民在健身中所遇到的问题。

第三，提高农牧区全民健身服务质量。推广全民健身志愿服务，扩大全民健身志愿服务队伍，培养全民健身志愿服务领导者，广泛协调全社会参与农牧区全民健身宣传的积极性。充分利用农牧区党员、教师、医护人员等人力资源，他们不仅要为农牧民的健身行为进行引导，同时在参与健身中要坚持以身作则，利用榜样力量，提升农牧民参与全民健身的积极性，提高农牧民体质健康水平。

综上所述，为更好地营造农牧区全民健身氛围，促进农牧民全面健康发展，应加大农牧区全民健身的宣传力度，充分利用农牧区人力资源，对农牧民参与全民健身活动进行科学指导，加强农牧区人力资源志愿服务的培训与管理，健全全民健身志愿服务工作机制，提高农牧区全民健身志愿服务质量。

（二）增强农牧民全民健身意识

1. 开展健康主题教育，引导农牧民正确认识健康，增强健身意识

健康作为一个复杂、多维的生物学和社会学概念，同时满足生理、心理、道德和社会适应能力四方面的共同健康。由于农牧民受教育水平较低，多数农牧民对健康的认知仍处于生理层面，自我主观感与健康水平间存在较大的差异。因此，为引导农牧民正

确理解健康内涵，主要通过以下几点具体实施。

第一，应紧抓学校健康教育，建立适合中小学健康需求的课程体系。在课程内容中充分体现医学、社会学、生命科学、伦理道德和心理学等方面的知识，并通过多种教学方式使中小学生掌握有关的健康知识，培养他们从小树立健康信念、掌握健康技能。紧抓基础健康教育，目的是中小学生在掌握了正确的健康知识的基础上，能够作为知识的传播者，进行社会和家庭的健康教育者，在农牧民间进行健康知识的正确普及。

第二，举办农牧区的健康知识讲座，开展有关健康主题的教育活动，搭建健康咨询平台。如邀请医学、体育学、心理学和社会学专家在农牧区进行健康讲座，主要针对何为健康、如何提升健康水平、如何预防疾病、如何调整心态等方面举办讲座。对农牧民进行健康答疑，并提供建议，帮助农牧民建立正确健康认知，更好地促进其身体、心理、道德和良好社会适应力的全面健康发展。

2. 开设民间体育课堂，明确体育功能，正确认识全民健身，促进农牧民全面健康发展

全民健身与教育、文化和医疗卫生之间产生连带关系，尤其是在农牧区，不仅关系到农牧民的身心健康，同时还会影响农牧区青少年的成长问题。基于前文对农牧民的调查和访谈结果得知，多数农牧民对体育功能的认识不全面，日常体力劳动可代替体育活动的观点普遍存在，在一定程度上导致农牧民的身体锻炼缺失。因此，为使农牧民更深入了解体育功能与价值，主要从以下几点实施。

第一，在农牧区开设民间体育课堂，通过教学方式吸引农牧民参与其中。此外，开设体育课堂的条件首先应与学校进行沟通与配合，为民间体育课堂投入体育教师资源，完善教师队伍建设。

第二，逐步完善体育课堂的硬件设施资源配置，尽可能地开展

互联网科技化教学，充分利用线上线下的交叉教学方式，提升农牧民的学习兴趣。

第三，在体育教学内容方面，主要以普及体育功能、辨析体力活动与体育活动间的差异和明确体育活动价值为主。

第四，在教学中，体育管理者与组织者应主动寻求更多促进农牧民健康发展的契机，逐渐引导农牧民积极参与体育活动中，从所谓的"说教"转变为"身体力行"，避免"纸上谈兵"。

体育活动既能促进农牧区民族间团结稳定的发展，同时在参与中，农牧民能够进行自我规范，养成良好的健康生活习惯，为助力农牧民的全面健康发展起到积极作用。

（三）革新农牧区群众体育发展方式，提高农牧民参与健身的积极性

目前，农牧区群众体育的发展内容主要以民族传统体育为主。超高海拔地区民族传统体育是当地群众在长期社会实践中所创造和累积发展起来的，主要以健身、娱乐、祭祀为主，能够充分反映其生活习俗、道德风尚等多个方面。基于农牧民参与体育活动积极性不高，并且参与内容以民族传统项目为主的现实考察，为改善其现状，提出以下几点策略。

1. 建立多元立体宣传渠道，加强各农牧区间交流联谊，搭建民族文化沟通桥梁

在信息化快速发展的时代，媒体的宣传功能对推广事物的发展有着重大作用，对农牧区互联网信息技术较为落后的地区来说，建立多元立体宣传渠道更为有效。然而通过现实考察发现，农牧区的体育宣传主要以宣传栏、墙体标语和广播宣传等传统宣传方式为主，这种方式不仅局限了信息传播的范围，同时消减了各农牧区群众间交流的积极性。因此，为便于各农牧区群众间的密切交流，首先应将单一平面化的宣传转变为多样立体化的宣传方式。如以节庆为依托开展体育活动，选择在农牧民的主要聚集区搭建

体育活动展演平台，组织各农牧区群众参加联谊活动，增强农牧民间的广泛交流，充分利用民族文化传统的凝聚力吸引广大农牧民积极参与。

2. 注重民族传统体育的家庭传承，积极推进民族传统体育与教育相结合

人的意识决定行为，意识主要包括认知、动机以及意志，而人对事物的认知和动机往往直接影响人的行为，意志则是影响行为持续性的关键要素。

第一，注重农牧民的家庭教育。通过调查影响农牧民体育意识正确建立因素的结果发现：首先，多数农牧民参与体育锻炼的形式以个人、家人和朋友一起为主；其次，赛马非常受农牧民青睐，参加比赛的人群以青年人为主，其赛马技术大多通过父辈培养、训练。可见，家庭教育不仅有利于民族传统体育文化的传承，而且对促进农牧民体质健康，以及肩负着对下一代履行社会生产和生活技能培养的重要责任，建立良好的家庭教育环境对农牧民全面健康发展有着重要影响。

第二，积极推进学校体育与民族传统体育结合。通过调查得知，农牧区许多青少年对民族传统体育认知逐渐淡化，并且表示没有过多参与过民族传统体育项目。这一现象的产生应得到重视，农牧区学校作为民族传统体育传承的重要场所，应充分利用教育平台，提升学生参与体育活动的意识，担负起传承和弘扬民族传统体育文化的责任。

第三，加大农牧区学校领导和教师对民族传统体育的相关培训和学习。例如，通过观摩课、公开课或集中授课的培训方式，提高教师对民族传统体育的认知，学习民族传统体育的授课方法，并开设校本课程。举办家庭学习交流开放日，通过学生带动家庭参与，真正做到将学校教育和民族传统体育深度融合。

以"以小见大"和"相互促进"的民族传统体育发展方式，

能够有效提高农牧民参与体育活动的行动力,将民族传统体育充分融入学校教育,有助于推动民族传统体育的大众化发展。

3. 建设民族传统体育新文化,拓宽民族传统体育创新之路,注重与全民健身的互动发展

农牧区所开展的体育活动主要以民族传统体育为主,但其发展速率依旧缓慢。这种情况的出现,主要由于农牧区民族传统体育文化与现代体育文化的脱节。因此,顺应时代发展,以实事求是的态度发展农牧区民族传统体育,具体应从以下几点实施。

第一,建设农牧区民族传统体育新文化。民族传统体育新文化的建立既不是全然否定西化,也不是全盘接受西化,"和而不同"是建立民族传统体育新文化的基础理论,摒弃以往的陈旧体育观念,以积极乐观的态度接受外来体育新文化。

第二,民族传统体育新文化的建设主要以创新本民族体育项目为基础。创新是一个民族进步的灵魂和标志,只有坚持创新,它的发展才是可持续的[1]。民族传统体育项目的创新,首先要充分融入时代因素,赋予其新的内涵,做到"与时俱进,推陈出新",但不能照搬现代体育项目内容。民族传统体育项目在农牧区能够得到长久发展,主要由于它源于生产生活,项目内容中的动作简单易学,且基本不受场地和器材的影响。而现代体育在农牧区开展相对困难,主要由于现代体育项目都具有自身特点、优势和所适应的生存环境,导致许多现代体育项目并不适合在农牧区进行开展。然而考虑到民族传统体育在农牧区的可持续发展、增强农牧民体质健康、提高农牧民参与体育活动的兴趣,就必须打破传统思想观念,适应高原自然环境的多变性。

第三,拓宽民族传统体育的创新之路是其长久稳定发展的必然

---

[1] 王林、虞定海:《传统武术非物质文化遗产传承的困境与对策》,《上海体育学院学报》2009年第4期。

要求。在拓宽民族传统体育创新道路上，应广泛征集民意，在现有的民族传统体育项目基础上作一些合理创造，添加或创编含有现代体育特色元素。如将锅庄舞与现代广场文化相结合，不仅能够合理利用锅庄舞的民族技术特色，又能够为广场舞提供新素材；再比如，类似赛马、射箭等竞技性强的传统体育项目，其展现方式基本以比赛方式向群众展现，具有鲜明的民族特色，不适合与现代体育相结合，但可以将现代体育竞技规则与之融合，这样不仅有利于传统体育项目科学化和标准化的发展，同时有助于民族体育场地设施、器材的统一，以及规范体育赛事的制定与举办。

第四，注重民族传统体育与全民健身的互动发展，将全民健身活动进行更好的划分与规整。针对农牧民不同的健身需求，提供相应的健身条件，实现其参与频率与参与强度的提升。首先，民族传统体育具有鲜明的传统性、娱乐性、群众性和灵活性等特点，这不仅符合全民健身计划中对活动内容的基本要求，并且在全民健身中有着不可替代的优势。其次，近年来，虽然超高海拔地区民族传统体育逐渐引入全民健身中，但农牧区对其的普及程度依旧较低，部分农牧民表示经常参与身体锻炼，也经常参加体育活动，但参与体育活动频率较低，参与身体锻炼强度也未能满足体育人口要求，这说明超高海拔地区民族传统体育与全民健身的融合发展在农牧区的实施有待改进。最后，基于满足超高海拔地区民族传统体育与全民健身相融合的实用性，注重二者间的互动发展，应将全民健身活动内容划分为两部分，一部分主要以简单易行，自娱性、审美性较强，喜闻乐见的大众体育项目为主，另一部分则主要以竞技性、难度性可参赛的项目为主，提高超高海拔地区民族传统体育与全民健身在农牧区互动发展的实用性。

(本章主要执笔：刘于溪、黄聪)

第四章

超高海拔农牧区全民健身宣传路径选择与政策执行路径优化

第一节 超高海拔农牧区全民健身宣传路径选择

一 超高海拔农牧区全民健身宣传路径现状分析

（一）超高海拔农牧区全民健身宣传路径分析

根据对超高海拔地区宣传工作及超高海拔地区实情的了解，在分析农牧区全民健身宣传路径时，主要从宣传体制机制构成、现有宣传路径入手，分析影响农牧区全民健身宣传路径的主要因素，为后续提升宣传工作的实效性和影响力奠定基础。

1. 农牧区全民健身现有宣传体制机制

超高海拔地区现行的宣传主体主要由党委和各级行政部门四个层面构成。第一，地区党委宣传部及各级政府部门，主要负责宣传工作政策方针的制定；第二，地区人民政府新闻办公室，以政府新闻发言人制度为中心，主要负责新闻的发布与审批；第三，地区新闻出版广播局及市级新闻出版广播局，是相应级别媒体的行政主管部门；第四，各级媒体，如地区新闻网等。各个部门机构职能不同，所属管辖范围有异，由于超高海拔地区的特殊性，现阶段宣传工作仍以第一层面为主，市级以下的行政单位没有正式的宣传部门，宣传工作由多部门合力完成。

我国体育宣传的主体是国家体育总局，宣传司负责了大部分的宣传工作，主要由体育文化处、宣传处、新闻处组成。但全民健身的宣传则有所不同，最开始是由国家体育总局群体司主导进行，群体司由综合协调处、锻炼标准处、公共服务处、赛事活动处组成。自2002年起，国家体育总局群体司与宣传司共同联合成立全民健身新闻委员会，设立全民健身采访小分队，带领各地方媒体在基层采访，遴选全民健身发展突出的地区，报道相关新闻。现阶段，我国全民健身宣传工作已逐渐形成了国家体育总局群体司与宣传司相互配合，联合各省政府协同负责，共同推进全民健身事业。如2010年群体司与中央新闻媒体组联合四川凉山彝族自治州政府对彝族聚居区进行全民健身工作专访，向当地居民推广和宣传带有民族特色、全民健身特色的"踢踏广场舞""村寨体育"等。

农牧区全民健身宣传体制仍不完善，现阶段主要依靠各级政府，自上而下从地方政府到市县政府再到乡镇及行政村一级，由政府主导，下设机构从旁协助，体教局几乎总揽当地宣传工作。除此之外，各级媒体会对全民健身相关活动进行报道，以增加农牧民对全民健身的知晓度。

2. 农牧区全民健身现有宣传路径

超高海拔地区全民健身的现有宣传路径总体来说较少，主要以传统宣传路径为主，有文本路径、教育宣传路径、设立宣传栏、发放宣传材料、借助大型节日活动宣传全民健身、农牧民间的口口相传等。

（1）文本路径

从20世纪50年代开始，国家先后启动了"富民兴边"行动和扶持超高海拔体育发展的"雪炭工程"，对超高海拔地区经济社会与体育事业的快速发展产生了积极重大的影响与作用。自1988年起，国家体育总局开始承担体育援助工作，加大体育宣传工作的力度，普及体育科学知识，倡导健康科学的锻炼方式和生活方式。

2010年国家体育总局颁布了一系列文件,详细规划了援助超高海拔体育事业发展的各项措施。随着社会经济的进一步发展,为促进国民身体素质全面提高,由"以治病为中心"转变为"以健康为中心",2015年,党的十八届五中全会将建设"健康中国"上升为国家战略,并颁布了《"健康中国2030"规划纲要》《2030年可持续发展议程》等政策文本。在此引领下,2016年10月,超高海拔地区也出台了全民健身计划。

(2) 教育宣传路径

第一,干部宣传。在全民健身的宣传工作中,干部作为政府的代表,是宣传路径的引导者,只有干部积极参与其中,才能带动农牧民积极参与。超高海拔地区的宣传引导者主要由各级政府宣传部门、社会管理部门的领导干部、乡镇干部、村委会干部、驻村干部等组成。超高海拔地区努力推动干部积极参与全民健身,借此带动群众。除此之外,由于地理环境特殊,政府在选择宣传时也必须实地调查农牧民身体素质,提升与农牧民的交流能力。

第二,学校宣传。文化教育影响着体育人口的发展,在提高受教育者对科学、文明、健康生活方式认识的同时,可以帮助其树立正确的体育健身观念,掌握体育健身的知识和技能,养成体育健身习惯。截至2015年,超高海拔地区在全国率先实现学前教育、城乡义务教育和高中阶段教育15年免费教育,小学学龄儿童入学率达99.59%,初中毛入学率达到98.75%,高中毛入学率达到72.23%。借此以学校为载体进行推广,以教育为路径进行宣传,形成积极的全民健身氛围,不断扩大全民健身宣传半径,由学校向农牧区拓展,由学生向农牧民普及。

第三,社会宣传。当前,超高海拔地区社会参与的宣传主要是利用媒体宣传,与旅游业结合,以体育旅游的形式进行推广。另外,社会各界也提供支援,以促进超高海拔地区宣传事业的发展。自1980年起,中共中央明确在国家统一调配的基础上,各部门、各省市对口援建超高海拔地区各市县，以促进超高海拔地区发展。同时，根据超高海拔地区发展状况，制定专项政策，加强经济援助、技术援助、干部援助等，形成综合对口支援模式。超高海拔地方政府网站特设旅游、社会援助等单元，充分利用社会各界力量开展宣传工作，借此推动全民健身发展。

（3）设立宣传栏、发放宣传材料

随着超高海拔地区全民健身计划颁布实施，开展了一系列的群众体育健身活动，如8月8日全民健身日开展系列活动，举办直属机关全民健身运动会，举行"6·26"国际禁毒日全民健身万人城市乐跑活动，开展"体育下基层，活动暖民心"系列活动，举办讲座对全民健身政策进行解读，开放部分大型体育场馆以供居民身体锻炼。在开展活动的同时，各级政府向参与群众发放全民健身相关资料，并设立宣传栏，普及全民健身基本知识。但是，在调研的过程中发现，农牧区设立的宣传栏非常少，农牧民也很少能够接收到宣传材料，这方面有待改善。

（4）借助大型节日活动宣传全民健身

国务院印发的《国务院关于实施健康中国行动的意见》中明确提到，鼓励个人至少有一项运动爱好或掌握一项传统运动项目[①]。在宣传全民健身的过程中，超高海拔地区始终坚持将传统体育项目融入其中，在提高农牧民身体健康素质的同时，弘扬优秀少数民族传统文化。课题组在超高海拔地区实地调研途中，有幸参与了赛马节，接触到许多传统民族体育项目，这些都是超高海拔地区人民的宝贵财富。县、村在开展全民健身活动时大多伴随着传统节日的庆祝，借此宣传推广。此外，超高海拔地区还可以通过举办篮、足、自行车、赛马等单项竞技比赛宣传推广全民健

---

① 国务院：《国务院关于实施健康中国行动的意见》，发文号：国发〔2019〕13号，2019年7月15日。

身，增加农牧民身体锻炼的积极性。

（5）农牧民间的口口相传

受高原条件制约，农牧区人口密度差异显著，以畜牧业为主的地区仅0.8人/平方千米，特高海拔地区低到0.2人/平方千米。超高海拔地区农牧民人口比例大，一年中除放牧外，闲暇时间较多，人际交流多以口口相传的方式进行，但受地广人稀的制约，宣传力度弱、知晓度也低。

3. 影响农牧区全民健身宣传路径的主要因素

（1）特殊的地理环境和语言特色

如前文所述，农牧区地理环境特殊，宣传人员工作的环境恶劣，宣传难度较大。各地群众方言差异大，语言共通性较弱，地区间农牧民的交流十分困难。课题组在调研过程中发现大多数农牧民只会说当地方言。因此，宣传人员在宣传的过程中，不仅要学习普通话，也要尝试学习各地区的方言，否则难以进行宣传工作。

（2）文化环境的特殊性

超高海拔地区由于经济文化生活与内地存在一定差距，使得当地文化与内地文化交流时需要一个过程，在借鉴内地宣传工作经验时也需要一个过程。此外，目前超高海拔地区的新闻舆论媒体工作开展起步晚且水平较低，与内地水平还存在一定的差距。

（3）群众思想状况较为统一

在全面建设小康社会的历史进程中，农牧区群众的思想始终是积极的、健康的、向上的。课题组在农牧区调研发现，大多数农牧民的家中都张贴历任国家主席像，与他们交谈的时候也能发现广大农牧民始终维护中国共产党的领导，拥护社会主义制度，拥护民族区域自治制度。广大农牧民对"团结稳定是福、分裂动乱是祸"的认识和体会深刻，在维护社会稳定和国家和平统一、促进各民族团结、反对分裂等政治问题上形成了广泛共识，这为宣传工作奠定了群众基础和思想基础。

（二）超高海拔农牧区全民健身宣传路径的现实困境

1. 宣传主体的单一化不能满足农牧民健身的多元化需求

宣传主体"单一化"主要指全民健身宣传工作中仅仅依靠政府。在我国体育公共服务供给过程中，由于政府对公共服务垄断配置存在高成本缺陷，所以政府、市场、非营利组织多元主体的形成已经成为趋势。当前农牧区全民健身宣传工作主要依靠县级及县级以上的政府单一主体驱动，与其他宣传主体如社会组织、学校等相互联系的紧密度偏低。而农牧区全民健身事业在发展过程中所出现的问题涉面广泛，不是现有体育系统、教育系统或任何一个单一的系统所能独立解决的。当农牧民对身体健康或健身运动的认知或需求发生变化时，便需要调整宣传主体的构建，选择更为适宜的全民健身宣传路径。由前文可知，除了乙地区教体局体育科正式编制的人数约占总人数的24%以外，其余的各市县体育科正式编制的人数占总人数都没有超过10%。各地级市、县"教体局"没有专门的宣传部门或体育组织发展全民健身，且部门之间沟通甚少，未能形成部门间的协同合作。超高海拔地区的全民健身宣传工作任务重、压力大，宣传主体的单一化已不能满足农牧民日益增长的健身需求。

2. 宣传方式的固化不能满足宣传内容的多样化

超高海拔地区现有宣传模式仍然是以科层制为依托的层级推进模式，多数公共政策是以文件、电话、会议等形式自上而下逐级传达。在宣传全民健身政策时，政府以文件载体，经过省级政府—市政府—县政府—乡镇政府—村民委员会等环节最终向农牧民传达，宣传主体与客体之间缺乏互动。全民健身的内容繁多，不同的宣传内容所对应的宣传方式各不相同，而超高海拔地区现有全民健身宣传路径较少，仍以传统方式为主，农牧民接收的内容单一且趣味性低，难以激起积极性。通过前文对农牧区全民健身宣传形式的调查可知，在农牧区进行宣传工作时，仍以设置宣传栏、发放体育宣传材料、宣传体育活动等传统方式为主，宣传方式单一，对新媒体的利用不足，没有形成完整的信息宣传网络，全民健身宣传内容只能在纵向、垂直的宣传体系内通过单一、狭长的传播渠道进行。

3. 宣传工作难以做到及时性与长远性

宣传工作的"及时性"主要是指在全民健身宣传工作中要及时跟进全民健身相关信息，引导农牧民形成正确的科学健身观念；宣传工作的"长远性"则是要立足于农牧区全民健身的长远发展，使宣传工作日常化、经常化，形成持续效应。结合农牧区全民健身宣传工作现状来看，宣传工作正面临着"及时性"与"长远性"难以平衡的困惑，主要表现在宣传目标的设置上缺乏科学性与长远性。首先，虽然指出了总体目标，但并未将其明确划分，缺乏科学的分解与评估。虽然提出了全民健身发展目标，但并未精确到县、乡、镇和农牧区，导致各级相关部门责任不明确，具体宣传流程和宣传效果也受到影响，宣传工作缺乏"及时性"。其次，全民健身计划中提及要大力开展农牧民体育健身活动，鼓励各地举办形式多样的农牧民运动会，项目设置更多体现趣味性、生活性和民族特色，借此在农牧民之间对全民健身进行宣传推广。对于举办农牧民运动会，却并没有设置明确的宣传目标，这也影响了宣传工作的"长远性"。此外，一些地区或部门只注重宣传工作的短期效应，而忽视了宣传工作的长期效果。如各市在举办大型全民健身活动期间，无论是政府还是媒体会加大力度宣传全民健身相关内容和信息，而当活动结束，各种宣传活动又归为平静，这种应时而作、应急而为的宣传方式对农牧区发展全民健身效果不佳。

4. 地域特殊性给宣传工作增添了很大难度

超高海拔地区地理环境特殊，具有两大地域特点，一是面积广阔而人烟稀少，宣传服务半径大；二是海拔高，空气稀薄，氧气含量低，形成了高寒低氧气候，宣传工作困难大。此外，根据课题组在农牧区的调研结果，农牧民语言交流等问题复杂多变，在一定程度上增加了政府的"宣传成本"。政府宣传的媒介基础相对落后，一些老少边穷地区，由于通信、广播影视、交通等基础设施较为落后，"到达率"有限，制约了地方政府宣传工作的有效性。超高海拔地区地理环境较为复杂，农牧区、林区所占面积较大，无论是居民还是宣传人员，居住地及工作地距离较远，宣传半径大，且道路通行条件差，宣传环境条件差，尤其是在海拔高及靠近边境地区，宣传管理难度更大①。地域特殊性给农牧区开展全民健身宣传工作增添很大难度，直接导致了超高海拔地区在选择全民健身宣传路径时的局限性。

（三）超高海拔农牧区全民健身宣传路径现实困境的原因分析

1. 农牧区全民健身宣传体制机制不完善

现阶段，农牧区全民健身宣传主要以各级政府为中心，且各部门之间沟通较少，各地对全民健身发展重视程度不一样，宣传资源及经验很难交流共享。由于地方政府各个部门单位性质、行政级别等各不相同，导致在农牧区选择全民健身宣传路径时，难以制定适宜的宣传目标、宣传方式等，也难以保障宣传效果。具体原因表现在以下几个方面：

（1）政策的可行性与合理性存在偏差。全民健身政策执行得成功与否，与其要解决的社会问题本身密不可分，在农牧区推广宣传全民健身政策与健康中国战略，目的是让更多农牧民知晓并积极参与其中，以提高自身身体素质，形成终身锻炼的习惯。据课题组调研，大多数农牧民并不了解这两个政策，也间接说明地

---

① 高波：《政府传播论：社会核心信息体系与改革开放新路径》，中国传媒大学出版社2008年版，第34页。

方在制定相关政策时对农牧区的关注度不高,对农牧民的实际情况考虑不周,导致所制定实施政策的可行性与合理性存在偏差。

由前文可知,只有6.23%的农牧民详细阅读过全民健身政策,93.77%的农牧民了解其中部分内容或不了解,78.89%的农牧民不太了解或不了解"健康中国"战略。全民健身与健康中国在农牧区的普及率很低,而地方政府针对这一状况未能及时出台相应政策,已有政策也未能够因地制宜制定推行方案。此外,对在农牧区如何开展宣传工作,各级政府相关文件也没有明确提出。如在超高海拔地区全民健身计划提及了要通过开设知识专栏、设置宣传橱窗、印发宣传手册、举办知识讲座等方式,把科学健身理念传播给更多人,营造全民健身浓厚氛围,但如何针对农牧区进行宣传却未提及,农牧民如何参与和接受全民健身相关信息也未明确指出。

(2) 相关责任制度不完善。在开展全民健身宣传工作时,必须有相关领导小组以及具体的实施方案及责任制度,以保证政策贯彻落实的具体效果。超高海拔地区市级以下对全民健身的宣传工作没有具体的负责部门,需要多部门共同合力完成。当前,各级部门应当充分认识到全民健身在农牧区宣传的必要性和紧迫性,将全民健身作为一项重要的具体工作对待。此外,没有落实层层责任制,直到村委责任制,也没有将全民健身理论宣传工作纳入正轨,未将宣传效果作为工作的一种评价标准,这一境况需要改变。

(3) 社会力量参与度低。超高海拔地区地处边疆,经济结构较为单一,自身发展能力较弱,全民健身工作的开展大多依靠政府财政、物资等支持,社会力量利用率相对较低。宣传工作中宣传主体的单一化已不能满足需求,必须将社会力量纳入牧区全民健身宣传体制机制中,才能更好地促进农牧区全民健身发展。

由前文可知,农牧民所参加的体育活动几乎全部由政府举办,没有参加过社会其他部门组织的全民健身相关活动。而在农牧区进行全民健身宣传工作时，适当增加社会力量的参与度对全民健身的发展十分有利。在全国援助的大背景下，也可吸收其他省份较为先进的宣传方式，结合地区特色，发展具有超高海拔地区特色的全民健身宣传模式。

2. 农牧区全民健身宣传资源难以保障

农牧区全民健身宣传资源指的是在农牧区进行全民健身宣传工作中所需要的物力、财力、人力等各种物质要素。

（1）农牧区全民健身宣传物力资源难以有效保障

自2006年起，超高海拔地区政府为改善广大农牧民生活条件、推动新农村建设，实施农牧民安家工程。随着一系列政策的颁布及贯彻落实，农牧民的生活条件得到极大改善，但对农牧区各种基础设施的投资安放力度仍然较小。

①宣传设施不全面。农牧区自改革开放以来，宣传设施已有了较多更新，在传统宣传设施基础上加入了新的元素，如网络、电脑、手机、"两微一博"等，但所选宣传媒介仍停留在表面，没有充分利用新媒体，不能满足全民健身宣传工作进一步开展的需求。如网络普及率仍然较低，宣传设施仍然停留岩宣、宣传栏、横幅等传统宣传媒介上。

②道路和电力基础设施不完善。当地虽在抓紧新农村建设，但在调研过程中却发现基础设施建设仍然不能达到宣传的基本标准。目前新农村建设还没有普及到每一个行政村，虽然家家已经通电，但电力并不稳定，经常会停电、断电，其不稳定性也增加了全民健身宣传的难度。

（2）农牧区全民健身宣传财力资源难以保障

宣传经费是开展农牧区全民健身宣传工作的基本保障，政府对农牧区全民健身发展的重视程度不够，农牧区基层干部对全民健身的认识不足，导致农牧区宣传经费投入没有保障。

第四章 超高海拔农牧区全民健身宣传路径选择与政策执行路径优化

(3) 农牧区全民健身宣传人力资源难以保障

农牧区全民健身工作主要由地方政府承接，农牧区没有配备专门的宣传员，县乡镇政府会将任务分配给农牧区基层干部，即行政村干部、驻村干部等。现有宣传路径的主要执行者是农牧区基层干部，但基层干部仍欠缺全民健身的基础理论，且学习兴趣不足，在执行各级政府宣传政策时具有延迟性、滞后性。如基层干部只会将全民健身相关内容做成宣传栏，并没有根据宣传对象制定适宜的宣传方案。一部分基层干部进行全民健身宣传时，只是在大型民族传统节日提及，难以落到实处。

3. 农牧民对全民健身接受能力较低

在调研中发现，大多数农牧民对新事物的接受能力较低，这与农牧民受教育水平有很大关系，这也直接影响了他们对全民健身宣传路径的选择。近年来，基础教育虽然逐渐好转，但是农牧民的文化程度仍然非常有限，农牧民日渐增长的健康需求与其现有对于科学健身的认知度已经不能相匹配。根据前文可知农牧民受教育程度不同，对全民健身的认知观念影响较大，大部分农牧民认为体力活动能够代替身体锻炼，多数农牧民认为身体没有疾病就代表身体健康。由此也可以推断出农牧民对全民健身和健康中国所带来的健康效益并不知晓，因此对科学锻炼的接受能力仍然较低，需要进一步宣传引导农牧民形成科学的健身理念。此外，农牧区发展较慢，与外界交流较少，以老人和儿童为主的弱势群体偏多，而老一代农牧民受教育水平普遍不高，随着新农村的进一步发展，更多年轻人选择外出打工或在城镇安家立业，农牧区弱势境况还会增大。如何将全民健身向留守的老人与儿童普及，对宣传人员来说也是一个难题。

4. 农牧区全民健身宣传反馈机制不完善

全民健身宣传工作是农牧区建设发展的一个短板，现有宣传路径只是上级对下级进行单一的宣传路径，权责不对等。没有相应的反馈机制,对宣传的结果或效果关注不够,即使农牧民在接受全民健身过程中有建议,却不知哪里可以咨询、可以反映,导致全民健身宣传路径难以走向规范化、科学化。

二 超高海拔地区农牧区全民健身宣传的路径选择

随着政府职能转变,我国公共体育服务供给模式已由政府单一供给模式逐渐转变为政府与市场相结合供给模式,这意味着对农牧区的全民健身宣传工作不当是单一的政府支持,而应是政府、非政府组织、社会各界力量共同致力,最终实现政府、社会、媒体与农牧民之间的良性互动。

全民健身宣传路径主体是农牧区宣传行为的"第一发起人",是宣传工作的源头和起始。《"健康中国2030"规划纲要》中提及多元主体协同治理,要在社会多元主体的愿景下,运用公共权力、合理规制、科学方法,以集体合作的治理模式,管理公共事务,最终增进公共福祉的过程[①]。这也表明,在农牧区全民健身宣传路径选择时,各级政府部门将不再是宣传工作的唯一主体,而是要以政府为主导、各部门协同、动员社会力量和多方媒体力量,促使超高海拔地区农牧区牧民积极参与其中。

(一)强化政府主导、各部门协同治理

时任国家体育总局群体司刘国永表示,在进行全民健身工作时,要不断完善"政府主导、部门协同、全社会共同参与"的"大群体"工作格局。根据超高海拔地区的现实情况,政府是宣传的"主力军",以政府为主导进行宣传,既有利于降低农牧区宣传成本,也有利于全民健身政策的落实。因此,以政府为主导推动农牧区全民健身宣传路径建设,具有战略意义和实践意义,借此

---

① 冯振伟、张瑞林、韩磊磊:《体医融合协同治理:美国经验及其启示》,《武汉体育学院学报》2018年第5期。

第四章 超高海拔农牧区全民健身宣传路径选择与政策执行路径优化

可将农牧区全民健身宣传工作常态化，从宣传目标的设置、宣传内容的选用、宣传渠道的创新、宣传人员的整合与优化等方面不断拓宽全民健身宣传的服务半径和范围。

1. 注重对目标群体的科学分析，分阶段设置宣传目标

1995年，国务院发布的《全民健身计划纲要》将全民健身工作整体规划分为两期工程，其中，宣传目标随着战略布局的变化也在不断转变。全民健身第一期工程伊始，宣传目标是让群众了解国家政策与方向，借典型事例和先进人物，营造良好的全民健身氛围。第二期工程则是引导国民自主选择科学健康的饮食习惯、生活方式等，号召更多国民加入全民健身，以推动全民健身政策在全国范围内贯彻落实。

农牧区由于其特殊的地理位置以及人力、物力、财力的条件制约，在规划全民健身宣传目标时，要考虑多方因素、多项条件，从现实出发，着眼于未来的发展方向。根据现实情况及发展需求，既要有长期规划，也要分阶段落实，从初级、中级、高级三个阶段设置宣传目标，统筹规划、前后衔接、逐步落实，制定适宜的宣传目标。

首先，在初级阶段，宣传目标的设立主要通过多种多样的宣传方式让农牧民初步了解全民健身，普及健身知识，宣传健身效果，弘扬健康新理念；其次，在中级阶段，要逐步促使农牧民积极主动地学习与全民健身相关的知识与科学的饮食习惯与健身方式等，把生理健康与心理健康共同作为个人在社会全面发展中的首要能力，树立以积极参加科学锻炼、拥有强健体魄为荣的"新发展"理念，并借此营造良好的全民健身舆论氛围；最后，在高级阶段，要通过宣传科学化、常态化，让农牧民养成"终身锻炼"的好习惯。

超高海拔地区地广人稀，各地区发展差异较大，在设立宣传目标时，应视具体情况不同，所设立目标也应当有所差异。因

此，必须加强全民健身政策主体协同，促进各部门之间的深入合作，增进市、县、乡镇、农牧区之间的有效沟通，实现精准分众宣传。广西来宾市在落实全民健身政策，建设全民健身示范市时，结合当地发展状况实行联创制，即市、县、乡、村、四级联创，市领导联系到县，县领导包乡，乡领导包村，村责任到人的四级工作责任制和部门联系到村的帮扶制度。超高海拔地区在进行宣传工作时也可以借鉴这一经验，各级在联系承包时因地制宜设置不同的宣传目标，层层推进。除各级政府外，也要充分发挥各部门各单位工会、共青团、妇联等组织的作用，根据所在地区不同积极响应，设置合理的宣传目标，并调动社区居委会、村委会、农牧区基层干部的积极性，做好各地区农牧民身体素质的实地考察，根据海拔的高低、农牧民的接受能力等设立适宜的宣传目标。

2. 以政策为基本宣传内容，不断融合传统体育文化与现代体育文化

在选择全民健身宣传内容时，应当根据不同的类别细分，除传统的政策法规、健身方式、活动报道外，要将更多的关注度放在农牧民的需求上，结合《"健康中国2030"规划纲要》提及的"体医结合"，不断融合传统体育与现代体育，创新农牧区全民健身宣传内容，实现农牧区全民健身宣传路径的个性化、特色化。

（1）以全民健身政策的解读为基本宣传内容

政策文本是宣传内容的基本，中共中央、国务院和其他有关部门在发布文件过程中以向各省市自治区政府传达为主；而地方政府所发布的政策文件以贯彻落实、深入学习及向群众普及为主。在农牧区宣传全民健身政策，有利于农牧民了解国家对国民健康的关注方向及发展理念。

由于政策文本本身的专业性与难易程度不一，当地政府在发布官方文件后，应对全民健身政策进行解读，以方便农牧民能够更

为直观地学习政策文本。在全民健身政策的解读与宣传时，可以利用几种方式：一是召开新闻发布会，政府通过官方新闻发布会的形式向民众介绍全民健身的基本概念与主要内容；二是发布政府（新闻）公告，以更为直接的语言将全民健身条例推广普及至农牧区；三是以白皮书形式，将全民健身的文件与内容发放给农牧区基层干部，由基层干部转述给农牧民；四是以政府直办媒体的途径，通过官方系列报纸、新闻传媒创办关于全民健身的专栏，在政策发布时进行解读与宣传；五是以政府公告栏（牌）的方式，包括各种橱窗、板报张贴、公布的文告、宣传品等。

（2）以传统民族体育文化为宣传内容的依托

针对高原运动特点，超高海拔地区已开发了民族健身操、民族广场舞、民族广播体操等特色健身项目，推广了太极拳、健身气功、排舞等十几个重点健身项目。此外，各地（市）也积极响应政府号召，结合民族传统体育资源优势，因地制宜开展"一地一品牌"创建活动，形成了一大批特色品牌，深受农牧民喜爱。

在超高海拔地区全民健身相关文件中明确指出，农牧区体育要以乡（镇）、村为重点，以乡（镇）政府为主导，因势利导，就地取材，积极开展农牧区传统体育文化活动和各种风俗活动，将地区旅游业、当地特产销售、增加农牧民收入、促进新农村健身相结合。2017年5月24日，超高海拔地区召开了全民健身工作现场推进会议，提出在创建全民健身示范区时，要借鉴经验充足的地区，同时加入自身发展的独特元素，在准备期间便开始宣传工作，借此推广做到试点探索和示范推广有序推进，充分利用民族传统文化的招牌效应。将传统民族体育文化加入全民健身宣传内容中，是继承与创新的结合，政府的宣传与民族文化相适应，是农牧民对政府宣传方案的适应和认同。农牧民在传承民族体育文化时，学习到全民健身，更容易被群众接受，为后期强化宣传效果做出铺垫。

（3）重视"体医结合""体医融合"，积极探索全民健身与全民健康的深度融合

"体医结合""体医融合"是全民健身发展的重要特征。随着全民健身体系逐步完善，体育服务与卫生服务在进一步融合，无论是人员知识还是技术设备已实现了部分资源共享。现代发展已经逐步由"以治病为中心"转变为"以健康为中心"，顺应时代趋势，发展"体医结合""体医融合"，积极探索全民健身与全民健康的深度融合已成为农牧区全民健身宣传工作必不可少的内容之一。

以上海为例，在"健康中国"背景下，上海通过加强体医融合、非医疗健康干预、促进重点人群体育活动等方式提高全民身体素质。2018年，全市共有9个区开展"体医结合"项目，就高血脂、糖尿病、肥胖症等慢性病进行运动干预。2019年，上海市体育局为推动健康服务体系建设，促进跨界融合与资源整合，与卫生健康委共同合作，建设了80个"智慧健康小屋"，以更好地贯彻落实"健康中国"战略。健康中国与全民健身共同发展已成为趋势，将"体医结合""体医融合"融入全民健身的宣传内容也是农牧区全民健身宣传的重点。

大多数农牧民十分重视当地医疗条件与自身身体状况，因此在农牧区更要大力宣传"体医结合""体医融合"，通过科学的健身锻炼干预农牧民身体向好发展，在健康服务体系建设的前提下进行健康科学知识的普及宣传。如在宣传全民健身过程中，定期向农牧民宣传运动健身及注意事项、饮食搭配、科学预防、中医养生、中医保健等方面的知识。在有条件的情况下，聘请专家或医生现场解答农牧民在健康管理过程中遇到的问题，不断增强农牧民健身意识，带动更多农牧民参与到全民健身中。此外，利用医疗器械监测农牧民体质健康水平，反馈相关数据，不断改进宣传方案，选择最有利于农牧区发展全民健身的宣传

路径①。

3. 发挥传统宣传媒介优势，创新宣传方式，实现立体化宣传

随着超高海拔地区经济社会的进一步发展，只依靠传统的宣传媒介已不能满足农牧区全民健身宣传路径建设的需求，贯彻落实全民健身政策，必须在借助传统宣传媒介优势的基础上，不断开发新媒体宣传，创新宣传方式，实现全民健身宣传工作的立体化。

（1）继续发挥传统媒介的优势

我国政府对全民健身的宣传主要有两种方式。一是政府部门及其宣传人员直接向宣传客体进行普及宣传，即在宣传全民健身及相关政策时，宣传人员直接向农牧民普及科学健身的理念及方法，这种宣传方式容易受到场地设施的影响，且宣传成本大、效率较低；二是政府部门及其宣传人员通过一定的媒介进行间接宣传，如政府发布的政策文本、政府公告、"两微一博"关于全民健身的推送等。超高海拔地区受地理环境的限制，地广人稀，居住分散，相对而言，上述第一种宣传方式较难实现，因此，主要以第二种宣传方式为主。现阶段，在大多数偏远地区，如甲地区，传统宣传媒介仍占主要地位，如岩宣、壁宣、石宣，此外，农牧区的宣传栏、宣传展板、标识牌等十分常见。随着城镇化的推进，越来越多的年轻人向城市发展，留守农牧区的主要是文化程度较低的中老年人，对手机电脑网络的运用不够熟练，且对新事物接受能力较低。因此，在向中老年农牧民群体宣传时，应围绕地区之间的差异和农牧民的实际情况，结合上述两种宣传方式，以传统媒介为依托，贴近农牧区、贴近农牧民、贴近生活，用简单通俗的语言宣传全民健身理念，以便农牧民能较为容易接受宣传内容。

---

① 袁玉鹏：《"全民健身"在"健康中国"建设中的地位和作用研究》，《淮北师范大学学报（自然科学版）》2018年第3期。

（2）不断开发新媒体宣传方式

做好农牧区全民健身的宣传工作，既要继续发挥传统媒介的优势，又要充分利用起现有宣传资源，开发新媒体宣传方式，不断整合新旧媒体资源，努力形成政府、媒体与农牧民之间的良性互动。2018年，习近平总书记在全国宣传思想工作会议上强调，要切实抓好县级融媒体中心建设，要求2020年底基本实现全覆盖，2018年启动600个县级融媒体中心建设，更好引导群众、服务群众。随着超高海拔地区信息网络技术的发展，宣传路径已经发生了很大的改变，以党报党刊、广播、电视、门户网站等为主的媒体仍在不断完善，一些传统媒体纷纷探索与新媒体相融合的路径，以微博、微信为代表的新兴媒体的涌现也在改变超高海拔地区的宣传格局。截至2018年6月，超高海拔地区已开通政务微博306个，及时向社会发布信息，也为广大农牧民获得官方权威信息提供了便利的条件。随着各种新宣传方式与宣传平台的不断涌现，选择上网获取信息的农牧民会越来越多，农牧区全民健身宣传引导载体的拓展空间会越来越大，为地区全民健身宣传路径的选择提供了更多机遇。在此背景下，超高海拔地区可利用新媒体的发展，创新宣传方式，具体措施如下。第一，依托传统媒体形成宣传路径。全民健身政策作为地方政府"正面宣传"的主要内容之一，各级政府部门及宣传人员要积极响应，及时借助传统媒体发布全民健身信息，引导媒体舆论，形成良好的舆论氛围。第二，借助新闻网站建立的宣传渠道，既可为政府宣传正面议题提供平台，也可为农牧民了解信息、反馈意见和建议提供渠道。第三，借助"两微一博"引导宣传方向。政府在宣传过程中借助新媒体把握宣传大方向，掌握宣传舆论，围绕全民健身信息进行意见交流讨论，在宣传过程中积极引导农牧民与政府进行平等交流互动，得以巩固或改变农牧民的态度向好发展。

（二）促进社会力量多元主体参与宣传路径

全民健身作为建设公共文化服务体系的重要内容之一，其

第四章 超高海拔农牧区全民健身宣传路径选择与政策执行路径优化

宣传工作的非竞争性特点决定了政府必然处于主导地位,但实践证明,仅仅以政府为宣传主体,宣传工作难以向更高层次发展。因此,在保障各级政府为主导的前提下,应当坚持引导和鼓励社会力量多元主体共同参与农牧区全民健身宣传路径建设。近年来,参与到全民健身工作的社会力量越来越多,如体育社会组织、企业及机构、热心体育事业的个体等[①]。根据超高海拔地区实况,在农牧区全民健身的宣传路径选择中,可参与的社会力量很多,本研究主要阐述以下四种,即社会组织、学校、企业机构和新媒体。

1. 以社会组织为中介,激发农牧区全民健身宣传路径的活力

现有大部分社会组织都是在国家的倡导下建立的,一些非营利组织甚至脱胎于政府机构,其生存和发展也同样需要依靠政府的大力扶持,因此它的存在主要是为了实现社会公共利益,而资源的获得主要依靠民间力量。由于超高海拔地区经济发展尚未达到"自给自足"阶段,因此参与到农牧区全民健身宣传工作中的社会组织主要是非营利性社会组织,具有非营利性、合理性、中介性、半民间性等特征。

全国《计划》中提及体育社会组织要充分发挥其示范作用,为全国开展全民健身活动提供专业的知识理念与指导服务,另外,以各省市体育总会或体育单项协会为枢纽,动员广大群众积极参与到全民健身中[②]。据统计,超高海拔地区现有登记注册社会组织599家,包括社会团体549家,占全地区社会组织总数的90%以上,社会服务类和第一产业发展类占到社会团体总数的45%左右,民办非企业单位37家,基金会13家,每万人

[①] 郭修金、陈德旭:《治理视域下社会力量参与全民健身研究》,《南京体育学院学报(社会科学版)》2016年第4期。
[②] 国务院:《国务院关于印发〈全民健身计划(2016—2020)〉的通知》,发文号:国发〔2016〕37号,2016年6月15日。

社会组织拥有量1.99个。总的来说，该地区各领域社会组织发展较为迅速，而社会组织的积极参与可为农牧区全民健身宣传路径选择提供更有力的物力、财力、人力资源。当然，参与到超高海拔地区全民健身服务的不局限于本地社会组织。近年来，超高海拔地区在大力加强全民健身公共服务体系建设的同时，成立了包括羽毛球协会、马术协会、篮球协会等地区单项（人群）体育协会17家。超高海拔地区全民健身计划中提及，要推进全民健身组织体系建设"再升级"，按照"1＋3＋X"的模式，在各地（市）普遍成立体育总会和老年人体育协会、农牧民体育协会、社会体育指导员协会，将各级体育总会作为承接体育社会组织和群众体育部门的枢纽，带动各领域、各阶层、各行业的群众共同参与到全民健身中。各类体育协会的迅速发展也给农牧区全民健身事业带来了新契机，促使喜欢各类体育项目的农牧民有处可去、有地可练，宣传过程中与农牧民的交流更为便利，互动性更强。

参与到农牧区全民健身宣传路径选择中的社会组织，要因地制宜，根据各地区经济发展状况，其宣传工作方式也可以有区别。在经济欠发达的地区，政府可将部分宣传任务承包给当地社会组织，在经济较为发达的地区，政府与社会组织可以携手合作，互补所长，共同参与到农牧区的宣传工作中去。具体来说，参与到农牧区全民健身宣传路径选择中的社会组织，可对农牧民进行全民健身及"健康中国"知识理论普及、体育健身技术指导、传统体育项目演练、各项志愿服务等宣传活动，提升农牧民的参与度，加强互动。在选择宣传方式时，体育社会组织可以以新媒体为平台，以地区政府发布的全民健身政策为导向，利用移动客户端，加强全民健身线上服务，促进农牧民体育消费，以全民健身推动当地相关体育产业发展，并建立农牧区全民健身发展数据库，增加农牧民日常身体锻炼方式，使参与的可行性和便利性惠及到广大农牧民。在此过程中，要注重与农牧民的互动，做好宣传反馈工作，调整宣传方案，实现社会组织参与宣传工作公共利益的最大化。

2. 发挥学校基础作用，实现与农牧区宣传的互动联动

科学的健身手段、健身方法需要多层次体育人才的带动与指导，这便要求学校不断创新体育教育人才培养模式与培养理念，以学校的力量、教师的科学理念和学生的带动参与农牧区全民健身宣传。

超高海拔地区自2018年起开始积极推行实施全民健身志愿服务"六进""三送"活动，借此推动全民健身事业向纵深发展，利用中小学生志愿者服务活动，让更多的农牧民了解全民健身，学习全民健身。随着城镇化推进，农牧区的青壮年越来越少，留守的大多数是中老年人与儿童，学校在宣传全民健身政策与健康中国时，可以通过学生将宣传内容传播给生活在农牧区的家人，以口口相传的方式宣传全民健身。自2013年以来，超高海拔地区小学课间操已全面推广具有特色的民族舞，已将本地区部分有代表性的体育非物质文化遗产引入各级各类学校课堂。2019年，陆续有17所中小学的体育场馆在周末、寒暑假及节假日等非上课时间对外免费开放，以满足广大人民群众日益增长的体育健身需求。在对外开放时，可以充分发挥校园环境对农牧民文化素养的潜在影响，利用宣传栏、体育馆、操场的挂图以及校园活动向农牧民宣传全民健身，并定期更新全民健身的相关信息。此外，通过宣传提高学校体育设施向农牧区开放的政策知晓度，向农牧民普及体育器材设施的使用方法与日常维护。根据农牧民与学校的实际交流互动情况，将有偿服务与公益服务相结合，鼓励体育老师下农牧区帮助农牧民掌握正确的身体锻炼方法。结合农牧民生活方式将全民健身中关于卫生健康、科学健身等要素开设田间讲座，举办全民健身相关活动，增加农牧民的锻炼时间与机会，扩大农

牧区全民健身宣传服务半径。

3. 与企业机构合作，打造宣传公私整合模式

超高海拔地区现有经济发展模式很大程度上依赖国家与社会各界的大力扶持，因此，单位企业在参与农牧区全民健身宣传时，不能只是单纯的市场运作，要与政府联手，形成公私整合模式。在农牧区全民健身宣传工作中，政府与企业之间可以签订协议，明确双方权责与利益关系，形成合作伙伴关系，并借此积极构建政府主导、企业主体、民众需求导向的宣传推进体系。制定与之相关的政策文件鼓励与引导，带动更多的企业参与到全民健身中，促使企业投资全民健身相关公益性广告，借此向农牧民普及科学健身知识教育和健身技能，最终实现全民健身宣传效果的最大化[1]。

企业在增加自身品牌效应时所选择的全民健身宣传信息，应考虑到信息的广度与深度。信息在宣传时的广度决定了全民健身信息服务提供者的影响范围和用户基数，而这正是企业在宣传全民健身时的核心动力环节。随着超高海拔地区经济的迅猛发展，无论是国企还是私企都呈上升趋势，相对应的全民健身信息服务提供者的数量也在快速增长，如果不能及时扩大自身信息宣传的广度，将难以实现持续有效的发展。因此，企业在协助政府进行全民健身宣传时，需不断提升信息覆盖广度，赢得更多农牧民的关注，间接实现企业自身的发展。此外，由于互联网的快速发展和多种网络信息服务宣传载体的涌现，全民健身信息在宣传过程中可能会出现一些虚假夸大的信息，会影响农牧民对宣传信息的可信度识别。因此，企业在选择宣传信息时，要将虚假信息筛除，为农牧民提供真正有价值的全民健身信息，借此不断增加宣传工作的深度。

---

[1] 杨云生：《全民健身宣传机制研究》，《体育文化导刊》2016年第12期。

4. 借力新媒体，促进农牧区宣传路径走向现代化

超高海拔地区的传播工作从无到有，尤其是对外传播，以"两微一博"、电子公告板等为基础的网络传播平台，融合了多种传播方式，以政府为传播主体，以群众传播为主要力量，向更迅速精准的方向发展，不断增强超高海拔地区对外传播的力量。现阶段，超高海拔地区新媒体的发展势如破竹，借助新媒体的力量，不仅能够最大程度帮助贯彻落实全民健身政策，让更多农牧民了解全民健身及健康中国，而且可以促使农牧区的宣传路径实现新突破，走向现代化。在国家的大力支持下，已初步构建融报纸、杂志、电台、电视台、网站、户外屏幕、手机报、微信、微博、客户端为一体的主流媒体立体传播格局，为农牧区全民健身宣传路径走向现代化打下了坚实的基础。

在超高海拔地区全民健身计划中明确指出，实施"互联网+"行动计划，搭建以"一号、一群、一库、一平台"为主要内容的全民健身信息系统，即开通全民健身微信公众号，实现公布全民健身信息、查询体育场馆、宣传健身知识等功能，打造全民健身移动服务平台。在社会力量多元主体参与宣传路径选择时，要注意新媒体、互联网与生俱来的商业性和整合性对农牧区全民健身的价值塑造，通过新媒体与互联网打造农牧区全民健身移动服务平台，不仅可以方便农牧民查询全民健身相关信息，也可借此打造农牧区品牌效应。

（三）提升农牧民在宣传路径中的个体参与度

农牧区全民健身宣传工作的效果，需要从农牧民的身体素质及对全民健身态度的转变体现出来，外在动机难以维持参加身体锻炼的持久性，只有增加农牧民对全民健身的内在动机，提升农牧民在宣传路径选择时的个体参与度，选择更为适宜农牧民发展的宣传路径，才能更好地促进全民健身政策的贯彻落实。

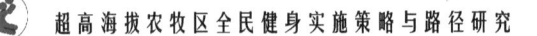

1. 做好农牧民个体参与的角色定位与参与方式

农牧民作为宣传客体，在农牧区选择全民健身的宣传路径时，需不断加强主动性，提高接受能力、参与能力与表达能力。作为宣传工作的对象，他们不是简单地接受信息，而是有目的、有选择地接受，因此，要更好地把握农牧民的个体参与度，需要先了解农牧民在参与宣传路径时的角色定位与参与方式。

由前文可知，71.63%的农牧民在身体健康的条件下，仍然认为有必要进行身体锻炼，对于健康的态度在逐渐转变中，健康意识不断提升，而随着农牧民观念的转变，其角色也逐渐从"旁观者"转变为"参与者"。在转变的基础上，参与方式也越来越多样化，主要有人际交流、社交途径、新媒体等。人际交流作为宣传方式之一，是指"在两人或更多的个体之间进行的面对面的信息交流与对话，也指借助简单媒介如固定电话、手机、书信等非大众传播媒介所进行的一对一的信息交流活动"[1]，具有双向交流、反馈及时、随意性较强、高频度互动等特点。在农牧区全民健身的宣传活动中，农牧民彼此之间的人际交流必不可少。社交途径主要有两种，分别是社交途径与社群途径。全民健身与农牧民的生活息息相关，应当成为农牧民社交过程中的话题之一，因此，通过社交途径宣传科学的身体锻炼方式或理念，是有效的，也是必要的。农牧民可以通过自发性转发、分享相关信息等方式将优质内容的全民健身信息二次宣传，产生链式效应，逐步吸引更多农牧民参与到宣传工作中来。宣传过程中，要充分利用社群中精英的领头作用，不断提升宣传内容的精准度，带动更多的农牧民参与到全民健身中，促进农牧区全民健身的持续高效宣传[2]。

农牧民参与到政府全民健身宣传工作中主要有三种方式。

---

[1] 虞定海、王林：《新编健身气功推广策略研究》，《武汉体育学院学报》2009年第1期。
[2] 曲升刚：《新媒体背景下政府舆论传播研究》，东北师范大学出版社2018年版，第67页。

第四章 超高海拔农牧区全民健身宣传路径选择与政策执行路径优化

第一，政府作为公共体育服务决策的主导者，根据各个农牧区的发展状况与农牧民接受能力的不同，将全民健身相关信息公布在宣传栏、官方网站中，并向农牧民征求意见，农牧民可以在政府征求意见和建议时，提出自己的想法和需求。第二，各级政府作为政策的决策主体，要鼓励农牧民参与政策调研，通过决策参与方案的制定与实施，为广大农牧民建构其参与全民健身宣传工作决策、表达个人意见的渠道，农牧民可积极主动参与其中，以保证宣传方案的贴合性与实际性。第三，农牧民可主动与政府部门形成积极的沟通对话，使其宣传工作产生实质性影响。

全民健身宣传属于正面宣传，关乎农牧民的切身利益，农牧民在接收或反馈信息时，可借助网络积极与政府进行意见交流互动，借此以"自我案例"推广宣传全民健身，或网络搜索并参考相关名人大咖的言论。在与"网络大咖"交流中，表达自己的观点，使其成为政府与农牧民之间的重要联系中介。此外，还可利用自媒体，为更多的农牧民参与全民健身宣传提供一个"发言机会"，让农牧区宣传路径更加生活化。

2. 不断提升农牧民作为宣传客体的能力

农牧民作为全民健身宣传客体，在宣传路径选择中占有主体地位，因此，必须不断提升农牧民的个人接受能力、参与能力与表达能力，实现宣传主体与宣传客体之间的互联互动。

（1）接受能力的提升

在宣传过程中，宣传内容是否能够顺利到达农牧民那里，会受到多种因素影响，因此，必须关注农牧民对全民健身信息的接受能力，特别是在新媒体发展时代要不断提高农牧民的"主动"接受能力。首先，提升农牧民对宣传引导信息的识别能力。随着超高海拔地区信息时代的到来，各种宣传媒介、传播平台的信息数不胜数，"信息超载"的问题也开始凸显出来，个别网站、公众号为了增加阅读量、获取收益，打着全民健身的旗号，发布一些缺少科学依据的信息。在解决上述问题时，需要提升农牧民在万千信息中识别引导信息的能力。其次，提升农牧民对宣传引导信息的收集能力。全民健身的信息种类繁多，且有时会隐藏在各种议题之中，相关信息的发布或宣传也不会一次性完成，而是根据活动或发展状况不间断地发布信息。农牧民要对全民健身相关信息作出合理判断，需要有较为全面的信息作为支撑，因此，提升农牧民对宣传引导信息的收集能力不容忽视。最后，提升农牧民对宣传媒介的运用能力。在农牧区进行全民健身宣传工作时所用到的宣传媒介，一般指传统媒介和新兴媒介。报刊、广播、互联网及各种自媒体的普及，大大提高了农牧民获取信息水平和能力，但农牧民彼此之间仍存在着差距。因此，宣传主体要使所选择的宣传内容能够对农牧民产生影响，必须提升农牧民对宣传媒介特别是新媒体的运用能力。

（2）参与能力的提升

宣传工作需要宣传主体与客体共同参与其中。宣传主体在确定好全民健身宣传方案后，需要农牧民积极参与其中，从而建立起双方平等的意见交流互动关系。随着《全民健身条例》《"健康中国2030"规划纲要》《健康中国行动》的相继颁布，我国体育健康公共事业已经发展到一个新阶段，农牧区全民健身的宣传工作也将围绕国家所颁布的计划纲要展开。因此，政府要引导农牧民逐渐形成"自觉"参与全民健身宣传的公共意识。农牧民日常关注全民健身信息时，会或多或少地产生公共意识，但此时形成的公共意识往往带有自发性，这时候便需要宣传主体积极引导，正确处理好农牧民个人利益与社会利益的关系，帮助农牧民的公共意识由"自发"上升到"自觉"。

（3）表达能力的提升

农牧民在接受科学健身理念，参与全民健身活动后，还必须注重其表达能力的提升,将自己的意见态度、利益诉求等反馈给有关宣传部门,以此推动宣传方案的改进。对此,可以从两个方面来提升表达能力。第一,提升农牧民的自主表达能力。农牧民能够自如表达自己的意见是其能否真正成为宣传客体的关键,也是宣传反馈工作的前提。有学者提出过,作为舆论主体的公众,对特定问题的情绪表现也许较为朦胧、观点表达较为简单,或正确或荒谬,但是应当能够自主地表现和表达,具有自主意识。这是能够视为舆论主体的必要条件,否则,公众意见也许并不是真正来自公众[1]。因此,宣传主体在宣传过程中,不能因为农牧民受教育程度较低或处在宣传初期阶段就忽视其所提出的意见和建议,而是要不断鼓励其积极自主地表达对全民健身宣传的意见,提升其自主表达能力。第二,提升农牧民对信息的理性表达能力。在全民健身信息的宣传过程中,农牧民对信息的接收和表达往往会夹杂着各种社会情绪,而在其进行健身或表达意愿时,这种社会情绪会促使其社会压力得到宣泄和缓解。因此,要不断提升农牧民对全民健身宣传信息的理性表达能力,使其真正体会到全民健身的内涵与理念,这将对宣传反馈工作起到非常重要的推动作用。

(四) 完善农牧区全民健身宣传路径制度保障

为实现全民健身在农牧区有效宣传,需要不断加强制度路径保障,促使农牧民在接受全民健身时有制可保、有制必循。农牧区的全民健身路径制度保障,主要由三个部分组成,即宣传路径运行机制、宣传路径保障机制、宣传路径反馈机制,并根据社会发展不断调节与适应。

---

[1] 陈力丹:《舆论学——舆论导向研究》,中国广播电视出版社1999年版,第97—98页。

1. 完善农牧区全民健身宣传路径运行机制

（1）农牧区全民健身宣传运行机制实现路径

①强化政府供给责任，建立农牧民需求表达机制

现阶段，超高海拔地区各级政府是农牧区全民健身路径的供给主体，供给过程中市场很少参与其中，这种自上而下的供给机制造成了农牧民和政府之间信息不对称的困境，而政府供给能力的有限性使得农牧民的体育文化需求难以得到保障，时常会出现供非所需、供给不足和供给缺位的现象。因此，为满足农牧民健身需求与消费，应当强化政府供给责任，建立农牧民需求表达机制是最好的路径选择。基层政府、基层宣传人员最了解农牧区的需求，可以借助乡镇政府和村委会的力量，定期召开农牧民建议征集会，了解农牧民真实的健身需求，在此基础上设计宣传方案。

②健全农牧区宣传运行激励机制

农牧区全民健身激励机制指的是通过一定的手段和方法，向所期望的方向发展而制定一系列的措施和制度，激发农牧民对全民健身的动机，使其产生内在动力，形成"终身锻炼"的习惯。比如通过精神激励、薪酬激励、荣誉激励、工作岗位激励等提升农牧民参与全民健身的积极性。向积极参加身体锻炼的农牧民颁发身体锻炼标兵证书，在发展很好的农牧区试行向特定人群或在特定时段发放体育健身消费券等方式，激励农牧民主动学习全民健身、形成终身锻炼的习惯，贯彻落实全民健身政策。

③加强农牧区宣传运行机制的执行力度

依据政策执行理论，农牧区全民健身政策宣传执行指的是以政府为代表的宣传主体为了在一定时期实现全民健身发展的目标，运用各种政策资源，按照制定好的政策方案，把全民健身政策所规定的内容在农牧区转化为现实成果的过程。要加大全民健身政策执行力度，实现农牧区全民健身全覆盖的目标，就要让农牧区全民健身发展政策文本科学化、规范化、可操作化，通过宣传，

促使农牧民认可并接受全民健身。同时，在宣传过程中投入充足的全民健身发展所需资源，建立科学的监督体系，贯彻落实全民健身政策。

④加强乡镇全民健身对农牧区全民健身的辐射带动作用

以乡镇为中心开展全民健身宣传活动，利用小城镇和乡镇全民健身的发展辐射带动农牧区全民健身发展，促进农牧区全民健身网络化。在乡镇进行宣传活动时，联合当地文化与体育行政部门将乡镇一级的文化站和文工团建设好，借此带动村委会，充分发挥基层力量，促使农牧区全民健身迎来新发展。

⑤完善以全民健身宣传为中心的评价指标

完善评价指标即是通过科学的方法来评定相关宣传部门和宣传人员在宣传过程中的工作效果。在制定农牧区全民健身宣传工作评价指标时，要秉持可操作性、科学性、以农牧民为导向的原则，将"宣传投入指标""产出指标"与"宣传效果"都纳入评价指标。宣传投入指标是对全民健身宣传的财政投入，包括社会投入、体育福利彩票投入等；产出指标可以从人均宣传经费、人均全民健身设施经费、每千人拥有社会体育指导员的数量、宣传人员服务态度、农牧民全民健身知识宣传普及率等入手；宣传效果包括农牧民体质健康合格率和农牧民对全民健身宣传服务的认同度和满意度。

2. 完善农牧区全民健身宣传路径保障机制

（1）政策保障

针对超高海拔地区全民健身宣传工作发展，当地政府虽制定出台了相应政策，但是专门提及农牧区所匹配的全民健身政策方案却非常少，只说明了《全民健身计划纲要》的部分指标，而具体措施、具体指标等均未说明。全国《计划》中明确指出，各级政府在进行"新农村"建设时，要将发展乡村体育纳入其中，统筹兼顾城乡全民健身事业，平衡城乡间的体育资源与公共体育服务配置，逐步形成城乡一体化的全民健身公共服务体系，借此增强乡村基层体育公共服务能力。要确保超高海拔地区全民健身发展的制度保障，以《全民健身计划纲要》《"健康中国2030"规划纲要》《健康中国行动》《国民体质测试标准》等为政策中心，完善农牧区全民健身宣传工作的保障机制。超高海拔地区应依据实际情况，不断调整改善，颁布具体实施条例，以实现农牧民科学健身的政策保障。

（2）经费保障

全民健身基础设施是农牧民科学锻炼的物质基础，为农牧民提供场地设施、健身器材和活动维持经费是现阶段超高海拔地区全民健身供给的重点，是农牧区全民健身宣传工作的前提与基础。超高海拔地区全民健身经费来源主要是政府财政补助和体育福利彩票。近年来，超高海拔地区为全面贯彻《全民健身条例》，大力加强"雪炭工程"建设，研究制定了《"雪炭工程"经费管理办法》，并为全民健身活动中心设备配置专项经费，但主要投资在县乡镇，农牧民的经费仍然没有得到保障。全国《计划》中对经费提及要建立多元化资金筹集机制，优化投融资引导政策，县级以上地方人民政府应当将全民健身工作相关经费纳入财政预算，并随着国民经济的发展逐步增加对全民健身的投入[①]。经费保障直接影响着农牧区全民健身宣传路径建设的目标制定与发展方向，超高海拔地区经济发展的差异性和经费的充裕与否决定了必须从客观实际出发，根据各地区情况的不同将政府财政补助、体育彩票公益金、社会援助等都纳入经费保障中。

（3）人才队伍保障

农牧区全民健身人才队伍建设以"扩大全民健身宣传范围、

---

① 国务院：《国务院关于印发〈全民健身计划（2016—2020）〉的通知》，发文号：国发〔2016〕37号，2016年6月15日。

提高全民健身宣传质量、突出全民健身宣传特色"为第一要务，党员和社会体育指导员应首当其冲。据有关统计公报可知，超高海拔地区党员学历较低，对全民健身的知识了解较少。在调研过程中了解到，农牧民在进行全民健身的过程中，很少有社会体育指导员进行科学的指导，甚至有农牧民不知道有社会体育指导员。全民健身政策提及要发挥人才在推动全民健身中的基础性、先导性作用，努力培养适应全民健身发展需要的宣传推广人才队伍。在农牧区保障人才队伍建设时，要加大对宣传专业人才的培养力度，严格落实全民健身服务队伍的编制管理制度，以培养党员与社会体育指导员为基础，拓展当地公共文化服务志愿者队伍，吸引更多农牧民参与到宣传路径建设中。

（4）全民健身宣传设施保障

超高海拔地区全民健身发展尚处于初级阶段，利用政府的行政管理权力，为农牧区提供全民健身宣传设施是最为快捷也是最为有效的手段。要提高对农牧区的关注度，保证农牧区宣传设施的有序运转、重点供给。全民健身宣传设施种类多，最为普及的便是宣传栏、宣传材料和大型节日时发放的宣传手册等。随着全民健身宣传工作进一步深入，以纸质媒介为代表的宣传设施已逐渐不能满足农牧区全民健身宣传的需求。需要不断加强农牧区全民健身宣传设施保障，借助新媒体、互联网的发展，运用各种数字电子产品，为农牧区全民健身宣传设施的现代化提供物质保障。此外，因地制宜，利用各地区广播、地方台等作为宣传途径向农牧区宣传全民健身及健康中国相关内容。

（5）信息资源保障

全民健身发展过程中，信息闭塞是阻碍其发展的重要影响因素，因此在农牧区选择全民健身宣传路径，信息资源保障是很有必要的，可以从以下两方面开展。一方面从内部跨界整合，通过对农牧区内部不同领域、区域、行业、部门等跨界相互交流学习，将其发展信息结合全民健身发展要求进行比对，获知可结合领域的信息和可借鉴的举措信息，统一整合管理，并结合实际发展情况制定初步的宣传方案。另一方面从内外部跨界整合，通过与其他省市全民健身发展相关的领域、区域、行业、部门等跨界相互交流学习，总结自身发展的弊端和不足，获知可借鉴结合领域的信息和可借鉴的举措信息，统一整合管理，形成发展报告，结合实际发展情况制定宣传计划。

3. 完善农牧区全民健身宣传路径反馈机制

（1）构建效果评价指标

在农牧区全民健身宣传工作中，宣传效果会直接体现在农牧民围绕科学健身这一特定问题形成某种一致性意见，但关键在于农牧民的态度是否有所改变或巩固。因此，需要了解农牧民对全民健身态度转变的情况，实现引导农牧民正确认知和评价全民健身为目的，构建宣传效果评价指标，并以此为依据来反馈方案实施效果、调整宣传过程。

围绕宣传方案和预先估计的宣传效果确定评价的大致问题，构建农牧区全民健身宣传效果评价的问题框架。可以从满意度指标、期望指标、评价性指标、价值指标等方面构建评价指标。基于此，在农牧区构建全民健身宣传效果评价的问题框架应包含四个方面，即农牧民对于预先设定宣传方案及对全民健身实施的满意程度、农牧民在全民健身实施过程中还有哪些期望和构想、农牧民对全民健身相关问题的基本意见和评价，以及农牧民是基于何种看法或理念形成了所述的观点和意见。围绕已制定的问题框架，结合农牧区特殊情况，将上述四个问题具体化，分为若干个小问题，即构建农牧区全民健身宣传效果评价的问题丛。在设置问题后，要通过宣传得到农牧民对全民健身宣传方案、内容、方法等影响范围数据。对此要在农牧区中抽样选取一定的样本，并通过调查样本内农牧民对宣传方案的知晓情况反映出来。根据农牧民在相关态度倾向的选择，明确农牧民在宣传活动中的态度，以此不断改进宣传工作。

（2）反馈宣传方案实施效果

在制定好农牧区全民健身宣传评价指标的基础上，还需要借助其他方法反馈宣传工作的效果，具体可以通过以下几种方法。

第一，直接面谈。超高海拔地区的全民健身宣传工作要分阶段进行，在每阶段结束后组织宣传人员直接与调查对象面谈，了解宣传工作进行程度及农牧民的态度转变。对此，有两种方法可以参考，即随机访问和选择性入户访谈。随机访问，如在街头、农牧场等地对农牧民进行随机访问，这种方法的优点是便捷省力且成本低，但由于样本选择的随机性较大，容易使"数据"失真。入户访问，这种方法通常以科学的抽样为基础，选取发展状况不同的农牧区，选择样本并派相关访问人员入户面谈，可以更加深入地了解农牧民对全民健身的想法，这种方法虽然能够保证准确性，但耗时耗力，需要的工作人员较多。

第二，问卷调查。根据农牧区全民健身发展状况，制定详细周密的问卷，并要求农牧民据此进行回答以收集资料。问卷调查在一定程度上可以节省一定的人力和财力，但难以保证"回收率"。此外，农牧民在填写问卷时的态度也会影响到调查问卷的质量以及后续的宣传反馈工作。因此，在设计调查问卷时，一定要紧贴农牧区全民健身宣传这一主题，相关问题也最好与农牧民的生活直接相关，能够引起农牧民的足够关注。

第三，利用电话、手机等电子媒体进行调查。早期的电子媒体职能便是宣传沟通，而作为全民健身宣传反馈工作引导方案的一种，利用电话、手机进行调查省时省力，只需几个工作人员便可完成数据的调查和收集工作。但由于手机网络诈骗案的频发，这种方法容易引起农牧民的疑虑，存在着缺乏科学性的问题，需要宣传工作人员在与农牧民沟通交流时注意措辞。

第四，网络调查。互联网的快速发展促使政府部门或机构将网络调查作为民众进行反馈的第一选择。当前，我国在宣传过程中对舆论的分析机构主要通过这种方式，来反馈宣传方案的实施效果。不论是在网上发送调查问卷，还是通过评论网站全民健身新闻，搜索全民健身、健康中国等关键词，都能有效把握农牧民对全民健身宣传工作的意见与态度倾向。通过网络调查进行反馈工作、调查民意，相比面谈会晤、问卷调查更加省时省力且成本相对更低。随着2019年底超高海拔地区实现基本脱贫，农牧民的生活条件越来越好，对互联网的运用也在增加，因此，要加大对于网络调查的投资力度，促使更多农牧民能够表达出自己的意见。

（3）优化宣传引导方案

建构农牧区全民健身宣传反馈机制的最终目的是在全民健身阶段性发展过程中，根据宣传效果的不同对宣传工作的过程进行调整优化，具体表现为对宣传内容、宣传媒介方法及宣传人员能力素质的调整优化。

第一，对宣传内容的调整优化。主要分为两个方面，分别是选择宣传内容和优化宣传内容。"选择宣传内容"，主要是解决"引导农牧民什么"的问题。立足于宣传工作人员的角度，参照宣传实施方案所反馈回的数据，可以让宣传更具有明确性，哪些地区需要重点关注，宣传过程中哪些舆论需要引导。而"优化宣传内容"，则是解决用"什么内容"来引导农牧民的问题。对农牧区全民健身的宣传工作，根据宣传效果反馈再次选择时，可以借鉴舆情分析，根据农牧区全民健身发展状况等不断改善。

第二，对宣传媒介和方法的调整优化。不同类型的宣传决定了宣传方案实施载体和方法，由于超高海拔地区农牧民的法制观念、综合素质等还有待提高，全民健身的宣传重点应放在政策的推广普及上，而相应的宣传媒介与方法也要根据农牧区实际情况做出改变。当宣传工作进行到下一个阶段时，对比不同的宣传媒介与宣传方法，确认哪一种更好。根据对比不断调整宣传媒介与宣传方法，探索在农牧区宣传全民健身最行之有效的方案。

第三，对宣传人员能力素质的提升。宣传过程中农牧民可以进行利益诉求、表达社会情感，这些可能深藏在农牧民内心之中，但随着宣传工作的不断深入，都可能被激发出来。这也表明了宣传工作者可以参照宣传实施方案反馈回来的数据，结合农牧民的实际需求，对其进行全面的分析。因此，只有不断对宣传工作人员的能力素质进行提升，促使工作人员分析反馈回的数据，发现宣传过程中存在的不足与问题，才能更有效、更有针对性地开展宣传工作。

将宣传反馈机制放到具体的农牧区全民健身宣传工作中，从实践应用层面或操作层面来看，不仅可以为宣传主体全面客观地把握农牧民需求提供现实依据，也为宣传引导者及相关参与者能力素质的提升提供了重要线索和思路。

第二节　超高海拔农牧区全民健身政策执行路径的优化

一　超高海拔农牧区全民健身政策执行路径建设的成效与不足

依照政策执行"中心路径"和"保障路径"中的具体方面对国家、超高海拔地区进行分析发现：国家全民健身政策执行路径为地方的具体执行提供了方向和引导；超高海拔地区全民健身政策执行路径为农牧区全民健身政策执行路径提供了指导。超高海拔地区全民健身政策执行路径基本与国家全民健身政策的执行路径保持同步，使超高海拔地区能按照国家的政策执行过程开展全民健身工作。但受到各种因素的影响，农牧区并非完全和超高海拔地区的执行路径保持同步。

（一）超高海拔农牧区全民健身政策执行路径建设的成效分析

农牧区是超高海拔地区的重要组成部分，超高海拔地区全民健身政策在农牧区执行路径中所取得的成效,是基于整个超高海拔地区全民健身大环境的发展。全民健身政策执行在超高海拔地区的大环境下取得了一定的成效,主要在以下两条执行路径中得以体现。

1. 政策执行"中心路径"的成效

(1) 执行机构组建较为合理

政策执行主体是负责落实政策的目标、实施执行的组织和人,主要为政策执行机构和政策执行者[①]。本研究的执行主体是指实施全民健身工作以落实政策目标的执行机构和执行者。国家为全面落实全民健身政策,不仅专门成立全民健身领导小组,统筹规划全民健身工作的开展,而且还规定由体育部门为主要执行部门,以教育部门、卫生部门等同级部门和相关社会组织为协助部门。对当地管理人员访谈得知,超高海拔地区同步于国家全民健身政策执行主体的统筹与协作,当地在举办体育活动时会得到多部门的支持,不仅成立全民健身领导小组,还关注多部门共同协作与执行。正如超高海拔地区全民健身计划所强调的,集体育、宣传、文化、教育、卫生计生、旅游、民政、养老、团委、工会、妇联等多部门的合力共同承担全民健身工作,超高海拔地区全民健身政策执行中心路径已然构成了多部门协作的基本形式。

在我国,乡村公共政策的执行机构普遍是由村委会和村党支部组成的乡村基层组织[②]。对比我国颁布的《中国共产党农村基层组织工作条例》和《中华人民共和国村民委员会组织法》第六条规定各委员会的人员组成,农牧区全民健身政策的执行机构也和普通乡村的执行机构一样,主要为村"两委"班子和驻村工作队。农牧区由村"两委"班子负责政策执行,村"两委"班子的组织

---

① 向加吾:《当代中国公共政策执行主体的偏差行为:表现、原因及对策》,《四川行政学院学报》2006年第1期。

② 陈忠涛:《农村基层组织的政策执行力探析》,《现代经济信息》2017年第11期。

机构普遍由村书记、副书记、委员、妇女主任等成员组成，有的村子条件较好还有监督主任与监督委员，干部结构合理。农牧区管理人员表示，开展体育活动离不开各班子成员的共同合作。

（2）执行者的工作得到一定落实

全民健身政策想要得到执行，其前提为执行者对政策执行的态度与认同。通过对农牧区管理人员的调查结果统计（参见表4-1），当地管理人员均非常支持开展全民健身工作。执行者对政策执行工作的态度与认同为全民健身政策在农牧区执行奠定了良好的基础。然而，执行者的工作是否得到落实是衡量政策是否执行的重要指标。开展体育活动是全民健身政策执行中最为广泛而普遍的一项工作，活动的组织与开展在一定程度上反映出执行者的工作开展。通过调查结果统计，大多数农牧民表示，当地体育部门会在农牧区组织开展体育活动（参见表4-2），由此反映执行者工作得到一定落实。

表4-1 体育管理人员对全民健身政策执行的态度与认同调查（N=14）

选项	人数	所占百分比（％）
非常支持	12	85.71
支持	2	14.29
无所谓	0	0.00
不支持	0	0.00
反对	0	0.00

表4-2 当地体育部门是否组织开展过体育活动调查（N=289）

选项	人数	所占百分比（％）
是	215	74.39
不清楚	38	13.15
否	36	12.46

2. 政策执行"保障路径"的成效

政策执行"保障路径"包括全民健身政策资源、全民健身设施资源、全民健身指导资源、全民健身经费资源、全民健身组织资源、全民健身活动资源、全民健身信息资源、全民健身监督反馈和评价资源在内的政策执行资源，以及目标群体对全民健身政策的接受度与参与行为。其中，全民健身政策资源即政策体系的全面性、保障性是政策执行路径研究的起点与基础，其他政策执行资源通过配置、组织或利用，以确保将政策体系中所提出的目标转化为现实。全民健身政策在农牧区执行路径的目标是在满足广大农牧民体育需求中，不断促进农牧民积极参与健身，从而提升广大农牧民的健康水平，争取实现超高海拔地区的全民健康。

课题组格外重视农牧区当前的政策执行路径中取得的成效，这不仅可以判断当前农牧区全民健身发展程度，更是作为政策执行路径优化研究的重要基础。

（1）逐步加大政策执行资源的投入

①政策体系逐步加大对农牧区的关注

全民健身政策及其政策体系既是政策执行"保障路径"的出发点，是组织与开展各项工作和活动的重要依据和基础保障，又是规范、引导"中心路径"中执行主体的执行力表现，是执行主体的行动依据。在对国家全民健身政策的地方化输入中，政策制定体现了具有地区特色与实际的优势，并不断关注农牧区的全民健身发展。据访谈得知，当地制定并发布相关全民健身的文件，比如改进新时代超高海拔地区体育工作的意见、全民健身实施计划、体育发展规划等，从这些政策性文件涉及的农牧区体育工作内容可以看出，随着超高海拔地区全民健身的发展，在全民健身政策体系中逐步加大对农牧区体育的关注，由原先的一个关注点逐步增至七个关注点。

表 4-3　　　　相关政策性文件中有关农牧区体育工作一览表

时间	有关农牧区体育内容
2003 年	农牧区体育以乡（镇）、村为重点，以乡（镇）政府为主导，因地制宜并积极倡导开展民间传统体育活动和各种民间节日体育活动
2011 年	大力开展农牧民体育健身活动，鼓励各地举办趣味性、生活性和民族特色的农牧民运动会 将全民健身融入精准扶贫工程，完善县农牧区体育健身工程，建设具有改善农牧区人居环境功能的体育场地
2016 年	加大农村综合文化体育设施建设力度，充分发挥农民体育健身工程的社会效应 完善农村体育组织网络，提高农村体育组织化水平 加强农村公共体育服务体系建设，增强农村基层公共体育服务能力
2019 年	扶持农牧民和城镇居民成立体育产业专业合作社 鼓励组建农牧民体育组织，积极发展民族传统体育 畅通农牧民子女接受体育专业高等教育的渠道，夯实青少年体育工作基础 开展农牧民职业技能提升计划中，重视体育技能、健身服务、体育产业培训等内容，确保每个行政村至少 1 人参与指导与组织体育活动 以农牧区为基础，开展形式灵活、特色鲜明的体育健身活动，促进活动常态化 因地制宜加强农牧区人居环境整治和体育工程建设，行政村农牧民健身工程达到国家规定的二类以上标准 全民健身站（点）建设，向农牧区和社区延伸

②全民健身场地设施得到不断建设

全民健身场地设施是政策执行资源中农牧民进行身体锻炼必不可少的物质条件。国家要求市（地）、县（区）、街道（乡镇）、社区（行政村）普遍建设体育场地和配备健身设施，且公共体育设施在一定时间和范围内向公众开放，并强调将"多渠道增加全民健身场所和设施"列入各级政府"提高保障和改善民生水平"的工作内容之一[①]。据超高海拔地区全民健身场地设施建设的信息统计，"十二五"期间，基本形成了覆盖区、地市、县区、乡镇、村居五级的体育健身服务体系，其中农牧民健身工程在行政村基本实现全覆盖。不仅如此，公共体育场馆实现免费、低费开放，学校、企事业单位的体育场馆向公众开放，为市、县、农牧区的

---

① 国务院：《国务院关于印发〈全民健身计划（2016—2020）〉的通知》，发文号：国发〔2016〕37 号，2016 年 6 月 15 日。

群众提供了丰富的锻炼空间与锻炼途径。据课题组走访当地农牧区了解到，各行政村基本配备了相应的全民健身广场、设施以及路径器材（参见表4-4）。

表4-4　　超高海拔地区全民健身场地设施建设成效一览表

时间	场地设施建设成效
2013年	共建成"农牧民体育健身工程"3930个，使70%的行政村拥有公共体育场地设施。
2015年	加快推进在每个行政村修建一个健身场所的目标，已建成农牧民体育健身场所4856个。
2016年	在废弃用地上，建起4块露天篮球场、1个室内羽毛球馆、8张乒乓球台以及众多体育健身器材。
2017年	建设运动休闲小镇、登山健身步道、体育公园、攀岩运动设施项目各1个、农民体育健身工程乡镇项目8个。分别发放全民健身路径器材120多套、篮球架60副、乒乓球桌60多张、羽毛球架30余副、室内健身器材70多套、残疾人康复训练器材20套，资助各市（地）全民健身路径器材420套。
2018年	构建以体彩公园、登山健身步道、笼式足球场等为小型便民化全民健身设施体系，新建设全民健身活动站（点）86个。
2019年	体育设施建设主要向农牧区、乡镇社区等基层倾斜，基本建成了覆盖城乡的体育场馆设施体系。

③社会体育指导员总人数逐年稳步增长

社会体育指导员是政策执行资源中促使农牧民进行科学锻炼必备的人力资源，对大众开展全民健身起着基础指导作用，对提高社会大众参与身体锻炼的积极性有着关键作用。对管理人员的访谈得知，针对全民健身开展每年都举办社会体育指导员培训，县、乡（镇）普遍培训的是三级社会体育指导员。通过中国统计信息网对超高海拔地区年度认证社会体育指导员的人数进行分析，发现超高海拔地区社会体育指导员人数逐年稳步增长。可以看出，超高海拔地区政府越加重视社会体育指导员的指导作用，重视全民健身活动的开展。

④一定的全民健身经费配给

全民健身经费是政策执行资源中保障全民健身工作顺利运转的财力资源，也是执行主体工作开展的重要保障。国家要求将全民健身工作的资金列入各级财政预算，增加群众体育事业经费在预算中的支出比重，明确彩票公益金根据国家有关规定主要用于全民健身事业，同时鼓励企事业单位、社区团体、个人等资助体育健身活动。超高海拔地区县级以上地方政府将全民健身工作经费纳入财政预算，通过对2016—2018三年的财政拨款笪群众体育方面的预算分配分析，体育经费总体得到增长，地方政府越来越重视群众体育事业的发展。调查结果统计也显示，当地财政预算中普遍包含全民健身活动经费。

⑤各类全民健身组织多样发展

全民健身组织是保障全民健身活动规范化有序化开展的中间组织，是开展全民健身工作的重要抓手，在政策执行资源中同样不可或缺。国家鼓励市（地）、县（区）建立体育总会、单项体育协会、行业体育协会及老年人、残疾人、少数民族、农民、学生等体育协会，以及适用于不同人群的全民健身站（点），维护群众进行健身的合法权益，也为群众举办与开展全民健身活动、全民健身相关赛事提供长久保障。调查得知，农牧区的全民健身活动不仅由政府组织，还有农牧民体育协会等在内的社会团体组织，以及民间组织。

⑥农牧区健身活动项目多样化

全民健身活动项目是农牧区开展全民健身活动的重要资源，也是政策执行"保障路径"中推动全民健身工作开展的有力保障。国家倡导组织开展群众喜闻乐见、简便易行的健身活动，提高活动普遍化、经常化；还要求定期组织举办兼具群众性、民族性、健身性等特点的各类体育运动会等。据新闻报道，超高海拔地区普遍在日常休闲生活中广泛组织快乐拔河比赛、山地自行车越野赛、青年骑行游、锅庄舞展示赛、"15分钟健身圈"、全民健身运动会、老年人健身活动等形式多样的全民健身品牌活动。活动中不仅开展球类、长跑、广场舞、工间操和棋类比赛等现代的运动项目，还有锅庄舞、赛马、拔河等传统体育项目。

⑦全民健身宣传形式多样化

对农牧区管理人员调查得知，农牧区的信息传播形式多样，主要包括设立宣传栏、发放宣传材料、借助节日活动宣传全民健身、电视广播等传统电子设备，以及新媒体等多种宣传形式。

⑧监督评估工作逐步常规化

政策执行监督是执行主体为使实际与计划要达到的状态保持同步而进行的统一管理活动①，是为了发现和纠正执行主体执行力表现中偏差和失误的保障环节之一。而政策能否得到有效落实，还需要对工作内容进行评估。评估用来衡量全民健身政策的实施状况、实施效果、执行力、存在的不足等。我国全民健身政策执行与项目实施接受来自行政部门的监督检查，并支持非政府机构开展有关工作，如电视、广播、网站等媒体对全民健身实施进行的报道。另外，国家要求地方县级以上体育主管部门要同有关部门不定期对全民健身政策执行情况与实施成效进行指导与全面评估，通过民主评议对为全民健身事业作出突出贡献的单位和个人进行表彰奖励。

超高海拔地区依据国家要求，不仅将全民健身实施列入政府工作报告，对全民健身事业的阶段计划、预算和决算执行情况、审计工作和年度目标完成情况进行常规性监督，而且开展全民健身专题汇报与调研。超高海拔地区还通过电视、广播、报刊、网站等大量媒体对全民健身实施进行报道，以及通过社会大众对全民健身工作进行监督。当然，访谈中了解到农牧区对全民健身工作

---

① 黄顺康主编：《公共政策学》，北京大学出版社2013年版，第121—157页。

的开展也安排了相应的监督与评估，农牧区普遍设有监督委员会一职，其职责是对村"两委"执行党的路线、方针、政策及村各项管理制度情况，对村务公开制度落实情况，对公益事业、集体资产、资源、资金的管理实施事前、事中和事后等的监督，以及评议村干部履行职责等。而且行政村每年度对党组织和党委的总体工作进行测评，并制定了专门的测评表。

（2）目标群体的体育意识逐步增强

超高海拔地区农牧民对健康有着强烈的愿望，正因如此，据调查统计，居前两名的分别为体育活动具有强身健体和预防疾病的功效，这意味着农牧民能够明白通过身体锻炼可以增强健康水平，有通过身体锻炼强身健体的意识与思想。

（二）超高海拔农牧区全民健身政策执行路径的不足表现

农牧区虽在全民健身政策执行路径中取得了一定的成效，但其存在的不足不容忽视。只有正视不足，才能准确认识、把握与解决农牧区政策执行路径中存在的问题。

1. 政策执行"中心路径"的不足

（1）执行机构间相关工作信息传达不顺畅

政策得到落实需要不同执行机构的信息传达与相互协作。在机构的纵向层次结构中，将全民健身政策信息及其工作安排从上级政府机构传达至农牧区；在横向结构中，应使其他协助执行机构为共同开展全民健身工作获取必要的工作与安排。据实地了解，农牧区普遍反映没有收到上级政府下发的全民健身政策材料或信息，甚至部分村干部至今不了解全民健身政策。调查统计，农牧区管理人员仅7.14%完全了解全民健身相关工作与安排，85.72%对工作与安排有着不同程度的了解，甚至还有7.14%基本不了解相关工作与安排，一定程度体现政策执行机构间的信息传达不顺畅，甚至存在一定的政策传达中断。

表4-5 管理人员对全民健身工作的了解程度调查（N=14）

选项	人数	所占百分比（%）
完全了解	1	7.14
部分了解	7	50.00
不太了解	5	35.72
基本不了解	1	7.14

另外，全民健身的政策执行机构还包括相关的社会力量，如企业、各类体育社会组织等在内的社会团体。据管理人员表示，城市在开展大型活动时往往会寻求社会团体的经费资助，而农牧区没有社会力量的参与。这些社会团体同其他执行协助部门一样，不了解全民健身的相关工作，只是在工作需要时进行协助，且相互间的信息交流与沟通同样缺乏。

（2）执行者在执行中缺乏对农牧区实际的考量

据课题组调查发现，执行主体未充分考虑农牧区全民健身发展实际致使执行质量具有一定的低效性。如在建设全民健身路径方面，体育设施建设是为广大农牧民身体锻炼提供的具体物质帮助，城市居民使用路径器材锻炼得到了很好的反映，然而，在农牧区安装路径器材的使用情况并没有达到与城市一样的效果。应当充分考虑农牧民的教育水平，配置适宜的健身路径。由此说明，农牧区的执行主体有效执行实施计划，在一定程度上缺乏对现实执行工作的考量，导致部分工作不符合农牧区全民健身的实际发展需求。

2. 政策执行"保障路径"的不足

（1）政策执行资源保障不足

①政策体系不够健全

政策体系设计的权威性、科学性、完整性是决定政策能否得到有效执行的重要前提，并直接影响农牧区执行路径的选择。刘红建等学者认为，各地方政府部门制定与出台相关配套的法规条例、办法、章程、规定等，才得以确保政策的有效落实①。由于农牧区全民健身发展情况的复杂性，还需要制定适宜农牧区相关政策体系来维持。

作为我国第一部针对全民健身立法的《全民健身条例》，为广大群众参与全民健身提供了坚实的法律保障，是实现全民健身工作法制化、规范化和科学化的重要法律支撑②。我国内地的23个省份、4个直辖市均依据这一国家全民健身的法律依据，制定了地区性的《全民健身条例》。而超高海拔地区虽然以国家制定的《全民健身条例》作为行动依据，但至今没有制定当地的《全民健身条例》，使农牧区在开展全民健身工作时缺乏必要的地方性法律依据。

②专业场地与设施利用率低

超高海拔地区要求扩充健身路径、健身步道、笼式足球、社区多功能运动场、晨晚练点等小型便民体育设施的数量，并因地制宜建设农牧区全民健身设施，建议在高寒地区重点安装室内低强度、娱乐性健身器材。然而农牧民喜欢在房屋周边进行锻炼，村委会旁的健身器材与"小广场"长期处于被搁置状态，全民健身场地器材利用率自然就会降低。

③身体锻炼缺乏专业指导

社会体育指导员是从事身体锻炼与指导的专业人员。超高海拔地区社会体育指导员队伍主要由当地的体育教师兼任。据对体育管理人员的了解得知，大多数教师只是参与一些竞赛组织、裁判和大型咨询活动，难以深入到群众的健身运动中进行细致的指导。

---

① 刘红建、张航、沈晓莲：《全民健身与全民健康深度融合的政策体系：价值、理念与框架》，《武汉体育学院学报》2019年第3期。

② 蔡有志、张一民、李文慧：《〈全民健身条例〉颁布的战略意义》，《北京体育大学学报》2009年第9期。

调查发现，农牧区基本不存在社会体育指导员到现场指导。由此说明，超高海拔地区对全民健身指导的工作尚未完全落实到位。

④经费不足难以支持工作开展

农牧区的全民健身经费来源以各级政府的专项经费划拨为主，少有当地居民的募捐和社会各界的捐赠。据统计，管理人员在针对当地开展全民健身活动面临的困难中的首要不足即为缺乏经费，他们普遍表示经费不足难以组织开展全民健身活动。

⑤农牧区全民健身组织难以充分发挥社会服务职能

超高海拔地方政府高度重视全民健身组织的社会服务职能，在全民健身计划中强调加快推进全民健身组织改革，不断提高全民健身组织的公共服务效率。相较于政府组织和农牧民体育协会等社会团体组织，非专业、非领导的民间组织的影响力较为广泛与深入。这种通过其成员间连锁式的情绪感染，参与身体锻炼临时组建的组织表现为较大的自发性与随意性。有学者曾在研究中指出，许多农村的体育组织多处于自生自灭状态，未能充分发挥出应有的作用①。农牧区的民间组织也是如此，组织管理难度较大，加上缺乏足够的稳定性与一定的社会地位，导致无法充分发挥社会服务职能，进而难以确保全民健身活动开展的持续性。

⑥传统体育的健身价值重视不够

民族传统体育在农牧区的全民健身活动中占据相当重要的位置。一方面，当地人往往把文化娱乐寓于传统体育活动中，使民族传统体育项目成为民俗节日的点缀。另一方面，赛马、摔跤、射箭、角力等传统活动大多以竞赛形式呈现到节日的欢庆中。传统体育活动开展的功能取向趋于娱乐性与竞技性，在一定程度上忽视了体育活动具有的健身价值。

---

① 卢兵、华志：《民族地区农村体育制度研究》，世界图书出版公司2012年版，第114—115页。

第四章 超高海拔农牧区全民健身宣传路径选择与政策执行路径优化

⑦全民健身宣传未覆盖农牧区整体

农牧区大多数的管理人员了解全民健身及其相关政策信息。由前文统计结果发现，有超过一半的农牧民对全民健身政策有不同程度的了解，而接近一半的农牧民完全不了解全民健身政策，可见农牧区全民健身宣传覆盖率还存在很大不足。

⑧监督评估工作没有得到充分落实

超高海拔地区将全民健身实施列入财政执行报告和政府工作报告，将全民健身事业作为政府的日常工作，通过调研走访和汇报，一定程度上规范、监督了执行主体的全民健身实施工作。但通过访谈得知，当地对全民健身工作的开展以活动组织、场地设施建设为主要代表性工作内容，这种"建而不用"现象缺少监督。有学者指出，监督与评估依据国家体育总局和省级体育局的检查标准，主要围绕"是否建设体育场地与设施、是否实现"三纳入"、是否开展体育活动"这三个方面。这三个方面的检查标准是基本标准，虽有助于督促与激励执行主体的执行力表现能否有效确保政策的实施，但缺乏地区的具体实践标准。例如，在监督检查与评估工作中实际结合人民群众还做得不够，忽略了场地设施是否被大众充分使用、体育活动是否兼顾不同人群等方面，以至于无法保证政策准确、有效执行，监督与评估工作没有得到充分落实。

（2）目标群体的体育人口率与体育消费水平普遍较低

①农牧民体育人口率较低

农牧区的体育人口率一定程度反映了当地开展全民健身活动状况。据前文对农牧民每周进行身体锻炼的次数，以及参与锻炼的时间进行调查统计发现，总体反映出超高海拔地区农牧民的体育人口率较低。

②农牧民体育消费水平较低

调查统计得出超高海拔地区农牧民平均年收入不足1.5万元，而北京市房山区农村居民的家庭平均年收入普遍在2万元以上，二者在平均年收入大致相同。同时,有相关研究指出,北京市房山区农村居民的体育消费水平较为合理,故将农牧区的体育消费与北京市房山区农村居民的体育消费作比较,可进一步分析农牧民的体育消费情况。从前文统计可以看出,农牧区的年体育消费水平很低。而表4-6为北京房山区农村家庭平均月体育消费,大多数家庭月体育消费从100元至500元不等。对比之下,说明农牧民家庭总体体育消费水平较低。

表4-6 北京房山区农村居民家庭平均月体育消费调查表(N=554)

选项	人数	百分比(%)
<100	201	36.28
100—500	346	62.46
>500	7	1.26

注:该表格信息源自王磊在其学位论文中的全民健身相关研究[1]

(三)全民健身政策在农牧区执行路径存在不足的成因

1. 政策执行"中心路径"不足的成因

(1)执行机构间相互衔接与协作不够充分

全民健身政策执行离不开执行机构间的相互衔接、相互协作、相互沟通。政策在实施过程中通过有效的沟通与协作能最大限度地化解矛盾,是政策目标、方法等获得统一的方法程序[2],是各执行机构实现相互协作的助推剂,也是执行主体有效执行力体现的重要条件之一。超高海拔地区全民健身政策无论是在纵向机构中上级政府机构传达至农牧区机构的政策完整度,还是横向机构中主要执行机构和协助机构相互间的信息沟通与协作程度,都在一

---

[1] 王磊:《北京市农村开展全民健身活动的研究——以房山区石楼镇为例》,硕士学位论文,北京体育大学,2017年,第34页。

[2] 钱再见、金太军:《公共政策执行梗阻与消解》,广东人民出版社2005年版,第23页。

定程度反映了政策执行机构间的衔接、沟通不够顺畅导致机构间的协作不够充分。

（2）执行者专业执行能力有待提高

政策执行者在政策执行中付出与努力，难免在政策实际执行力中出现不足，而执行者的专业执行能力与政策执行力表现密切相关，执行者的专业执行能力在一定程度上影响着他们的执行力表现。

第一，农牧区执行者对全民健身的认识不全面。执行者的执行能力对全民健身的认识存在一定关系。通过统计管理人员的文化水平得知，农牧区执行人员高中以上学历仅占7.14%，其接受教育水平极易导致他们容易根据自己的局限性理解开展工作。他们对全民健身方面的认识不足，导致在政策执行过程中不能准确理解和领会政策的精神，无法完全理解全民健身政策的目标和意图，使行动难以达到预期效果。

表4-7　　农牧区体育管理人员文化水平统计（N=14）

选项	人数	所占百分比（%）
小学	4	28.57
初中	5	35.72
高中	4	28.57
高中以上	1	7.14

第二，执行者全民健身工作实施力度不够。从超高海拔地区体育局的信息发布中可以间接反映全民健身工作的开展与政策执行的力度。统计超高海拔地区体育局2019年1—12月所发布的39条政务信息，大体可分为体育工作会议及年度报告、相关比赛进程与运动成绩、体育场馆及场地工作安排（涉及体育场地专项调查的培训与体育场馆的开放问题）、学校体育活动、相关体育组织的

成立以及其他内容（即与体育工作不相关的信息）等六种类型。发布有关运动员的运动成绩条数比例达到 66.67%，其他的信息类型所占比例较小。统计有关全民健身工作安排与开展的信息总计有 10 条，主要包括体育工作会议及年度报告、体育场馆及场地工作安排、学校体育活动，以及相关体育组织的成立等内容。全民健身工作的信息发布数量不及整体信息发布的一半。可见，超高海拔地区全民健身工作虽受到当地政府的重视，并纳入政府的日常工作，但有关全民健身工作的实施力度还有待加强。

表 4-8　　　　超高海拔地区体育局 2019 年 1—12 月信息
发布类型及其比例（N=39）

信息类型	条数	所占比例（%）
体育工作会议及年度报告	5	12.82
相关比赛进程与运动成绩	26	66.67
体育场馆及场地工作安排	2	5.13
学校体育活动	1	2.56
相关体育组织的成立	2	5.13
其他内容	3	7.69

注：数据来源于超高海拔地区体育局的政务信息发布。

2. 政策执行"保障路径"不足的成因

（1）政策执行资源配置与管理不足

①政策体系的法律权威保障不足

国家颁布全民健身行政法规有助于提升全民健身合法的法律地位，充分发挥全民健身政策体系在政策执行路径中的权威保障作用。《全民健身条例》确保公民在全民健身活动中的合法权益，而地方性《全民健身条例》的制定既是为了进一步肯定全民健身的合法地位，确保全民健身工作的有序执行，也是为了加大保障公民在全民健身政策执行中合法权益的参与和需求表达。超高海拔地区全民健身缺乏地方性法律依据，无疑会增加在农牧区政策执行的难度，使得全民健身政策缺乏直接有效的权威规范与引导，在一定程度上影响全民健身政策的贯彻落实，影响农牧区全民健身工作的法制化建设和全民健康目标的实现。

②全民健身场地设施配置结构不尽合理

由于受典型培育和供给难易度的影响，我国农村始终在体育场地设施存在短缺与过剩并存的供给结构问题①。对于农牧区来说，同样存在场地设施的缺乏和部分健身资源的浪费现象。调查显示农牧区有65.73%的居民对当地的体育健身公共设施不满意。导致农牧区体育设施短缺与路径器材设施的浪费现象，归根结底在于全民健身场地设施的配置结构不尽合理。一方面，受到居住条件的影响，农牧民倾向于就近锻炼，而农牧区统一配置的全民健身场地设施多建设在村委会附近，导致在农牧区统一配置的全民健身场地设施存在一定的浪费现象。据调查，青少年多选择学校附近操场进行健身，而其他农牧民主要在房屋周边的空地就近锻炼。虽超高海拔地区的学校体育场地设施向公众开放，村委会附近的全民健身路径器材免费使用，但农牧民居住极为分散，多数只选择离住所较近的地方身体锻炼。实地走访了解到，农牧区最便捷也最常见的交通工具便是摩托车，再加上以游牧经济为主，他们每天放牛放羊、干家务活等工作的时间较长，距离较远，使得农牧民并不愿意为了健身而健身。即使农牧民有闲暇时间，选择进行身体锻炼的人数比例也处于较低的水平，仅占30.8%，选择与邻里聊天、听广播、看电视、使用网络等娱乐休闲方式占据大量时间。另一方面，民族传统体育设施的配置率低是导致农牧民缺

---

① 文烨、唐炎：《我国农村体育公共服务的发展路径及模型构建》，《天津体育学院学报》2012年第3期。

少必要锻炼设施的体现。民族传统体育项目贴近农牧民的生活，全民健身工程的设施若能够结合当地传统健身项目进行配置，更易被农牧民所接受。然而开展体育活动用的弓箭、射弩、骰子等设施，由于经济效益低，器材供给量不足，导致体育设施建设滞后。以上两方面说明农牧区全民健身场地设施的建设与配置与农牧民的健身需求存在一定程度的脱节。农牧区的健身工程未完全匹配全民健身政策要达到的目标与预想，难以真正做到"用之于民"，出现全民健身场地设施建设的供需不平衡。

③全民健身指导服务难以满足需要

社会体育指导员是"全民健身的宣传者、群众体育活动的组织者、体育设施的维护者、健康生活的引领者"，在深入开展全民健身活动、帮助农牧民进行科学健身等方面起到关键的指导作用。然而现实是农牧区缺乏科学的健身指导。一方面，全民健身指导服务队伍发展缓慢。全民健身指导服务工作依靠一定的指导机构统筹，指导服务水平与指导机构发展有着密切联系。农牧区的全民健身指导服务主体为社会体育指导员，因此一定程度上与社会体育指导员协会的发展有着极大的关系。超高海拔地区的社会体育指导员协会成立时间较晚，对比我国各地区社会体育指导员协会成立时间，大部分地区的成立时间在2009年至2013年不等，而超高海拔地区的社会体育指导员协会成立时间为2016年，明显落后于我国其他地区。另一方面，全民健身指导服务队伍人才缺乏。调查结果显示，体育教师是超高海拔地区社会体育指导员的骨干力量，还有其他拥有资格证的社会体育指导员、街道体协干部和体育锻炼者。然而访谈得知，体育教师的工作重心在于教学，繁重的教学任务使体育教师分身乏术，很难深入到群众的健身运动之中进行细致指导，大多只进行大型活动的组织与指导工作，导致这支指导员队伍的力量没能够充分发挥出来。综上，超高海拔地区全民健身指导服务还不能满足现实需要。

④经费过度依赖政府扶持,缺乏内在发展动力

据调查统计,农牧区开展全民健身工作所需经费主要依靠财政拨款,对政府有较强的依赖性,缺乏且忽视了经济发展的内在动力。

表4-9　　农牧区全民健身经费来源调查统计（N=14）

选项	人数	所占百分比（%）
财政拨款	14	100
企业赞助	3	21.43
个人捐助	1	7.14
集资	5	35.71

农牧区生产活动受到自然因素和包括交通、能源、通信、教育文化、医疗卫生、社会保障、广播电视等社会发展的影响与制约,生产方式以传统的种植业和畜牧业为主,经济发展处于落后状态。为此,政府把改善农牧经济发展作为经济社会发展的首要任务,并多次强调要在资金投入等方面全方位向农牧区倾斜。其中,体育彩票公益金的分配要求注重群众体育事业。超高海拔地区彩票公益金用于支持体育事业发展中的群众体育的比例要求不低于70%,全民健身资金投入呈现过度依赖以体育彩票公益金为主的社会红利的现象。

⑤缺乏对农牧区全民健身组织的内部规范化管理

全民健身组织是表达组织成员的价值诉求和传播组织价值理念的重要途径,更是提供基础性公共服务,确保工作有序、持续开展的关键。参与农牧区全民健身的组织应当很多,其中很典型的是习俗型健身组织。农牧区民间组织中的习俗型健身组织具有较大的随意性,同时在一定程度上也是农牧区全民健身活动开展较为稳定的组织。所谓习俗型健身组织,即依靠群体在生产生活中

将传统项目与文化传承下来，形成群体的共同习俗①。如农牧民每逢节日都会不约而同聚在一起跳锅庄舞，这种组织以文化传承为纽带，强调实现内部的自我管理②。然而，究其习俗型健身组织具有随意性的根本原因，在于组织内部的自我管理缺乏足够的规范和专业的指导，制约着农牧区全民健身事业的发展，不利于组织社会价值的显现。农牧区全民健身组织无法充分发挥社会服务职能主要原因在于缺乏对农牧区全民健身组织的规范与管理。

⑥民族传统体育活动尚未得到合理开发利用

民族传统体育文化世代传承，彰显着民族意志品质，但目前存在一定的发展桎梏，导致民族传统体育活动尚未得到合理开发利用，进一步影响到民族传统体育文化与全民健身二者的融合协调发展。有着历史悠久的民族传统体育虽群众基础广泛，但赛马、跑马打枪、马术、射击（射箭、射枪）、赛牦牛、抱石头、赛跑、吉韧等大多数都是体能型、竞技类的体育活动。结合现代全民健身的发展理念，这些体能型、竞技型的项目随着时代的发展愈发显示自身的不足，不仅忽视了一定的健身功能，而且在人群参与方面受到限制，不利于女性甚至老年人进行身体锻炼，还有待进一步研究发展，进行合理开发利用。

⑦传播媒体发展不均衡导致信息传播受限

有学者在对我国农村体育公共服务的研究中发现，全国大部分地区的农村体育信息服务体系不健全，有些村甚至还没有普及互联网和有线电视，导致居民无法实时获取相关体育信息③。调查得知，农牧民对有关政策的了解程度参差不齐，甚至超过半数的农

---

① 张怀成、张铁明：《民族地区全民健身组织网络发展困境及破解对策——以湖北省恩施州为例》，《中南民族大学学报（人文社会科学版）》2018年第5期。
② 赵世林：《论民族文化传承的本质》，《北京大学学报（哲学社会科学版）》2002年第3期。
③ 詹新寰、仇泽国：《我国农村公共体育服务运行现状研究》，《首都体育学院学报》2018年第4期。

牧民不了解全民健身政策，很大原因在于农牧区传统媒体与新媒体发展的不平衡。传统媒体是以印刷文字和纸媒为基础[①]，还包含报纸、广播、电视等，新媒体是以数字化为表现形式的新兴媒体，在农牧区发展很不足。一方面，传统媒体区域发展的不均衡体现在农牧区的自然村与行政村之间。直至2018年末，超高海拔地区广播、电视人口综合覆盖率分别达97.14%和98.21%。这组数据说明超高海拔地区的广播、电视人口综合覆盖率尚未完全得到覆盖。从农牧区管理人员得知，超高海拔地区由于部分自然村居住偏僻、交通不便利等情况，仍然存在电力不足的问题。另一方面，传统媒体与新媒体二者发展不均衡。超高海拔地区对广大群众进行全民健身宣传，主要通过门户网站、电视、报纸等多种媒介进行政府信息公开，方便群众及时完整地获取政府公开信息。热线电话、手机短信、信息公告栏等是政府发布各类全民健身信息，扩大信息传播范围，逐步推动政府信息公开向基层延伸的主要形式。调查结果统计，农牧区宣传工作主要依赖宣传栏、标语、电视广播等传统媒体，传统媒体所占比重大。农牧区对新媒体的使用尚未完全普及，目前处于较低水平。

⑧监督评估机制运行不畅

全民健身政策执行路径缺乏相关工作机制的规范与约束，容易导致全民健身政策在执行中出现随意性，进而无法实现政策的有效实施。监督评估工作存在不足，其根本原因在于机制内部的问题而导致运行不畅。一方面，监督评估机制中主体不明确。监督与评估主体是直接或间接参与政策监督或评估过程的个人、团体或组织，是增强监督实效性的重要基础，在客观、公正地反馈政策执行工作中处于举足轻重的地位。我国全民健身政策等公共政策的监测评估

---

① 李英娜：《传统媒体与新兴媒体之间的作用和联系》，《传媒论坛》2020年第4期。

主体主要包括政府部门、社会组织、媒体和群众等[1]。如下表4-10分析可知，关于在地方公共政策层面，从其比例来看，有52.17%的监督评估主体不明确。像北京、上海等发达城市尚且存在监督评估主体的不明确，超高海拔地区的监测评估主体同样也存在不明确的现象。从超高海拔地区政府官网、体育局，以及其他各大新闻网站均未明确提及全民健身工作的监督评估主体。

表4-10　　地方公共政策的监测评估主体参与程度分析（%）

政策分类	单一部门	2个以上部门	不明确	第三方机构	媒体	群众
北京市	44.44	11.11	44.45	0	22.22	0
上海市	57.14	14.29	28.57	14.29	14.29	14.29
广东省	20.00	40.00	40.00	20.00	120.00	20.00
青海省	0	50.00	50.00	50.00	0	0
四川省	0	16.67	83.33	16.67	33.33	16.67
辽宁省	0	33.33	66.67	0	33.33	0
总计	20.26	27.57	52.17	16.83	37.20	8.49

注：此表数据摘自李屹松[2]2019年的相关研究。

另一方面，监督评估指标模糊化。监督评估指标过于模糊，会使得被评估者将已经量化的可视性指标变成关注点，并从这些具体量化指标上下功夫[3]。通过梳理官网与相关新闻对有关全民健身实施的公开信息，发现超高海拔地区对全民健身实施计划的推进情况主要通过场地设施的建设数量、全民健身投入的经费、社会体育指导员的培训数量、举办的全民健身活动规模等外在表现作为评价指标。这种可视化的指标既能在短时间内看到效果，又能

---

[1] 姜国兵：《公共政策绩效评估体系建构初探》，《广东行政学院学报》2012年第6期。
[2] 李屹松：《政策协同视角下公共体育服务政策优化路径研究》，《北京体育大学学报》2019年第7期。
[3] 高国舫：《政绩考核评价体系研究》，《理论与改革》2005年第2期。

较真实反映政策执行力度。但它们只是代表全民健身工作部分实施，缺乏评估的深度。

（2）目标群体对全民健身的认知不足

目标群体是政策的直接影响对象，农牧民对全民健身的认知与参与，是全民健身政策得到贯彻执行的关键一步。有学者研究表明，民族地区的目标群体因受教育水平、经济条件、价值观念和社会环境等影响，使他们的认知与理解能力普遍较低，影响民族地区全民健身政策有效执行的进程①。农牧民对全民健身的认知决定着他们的体育行为参与。如果农牧民不能正确认识到全民健身的重要意义与价值内涵，就会影响他们的体育行为，进而影响政策的执行。

①自身文化水平导致全民健身认知不足

大多数成年农牧民文化水平处于小学文化或半文盲甚至文盲状态，对本民族文字能说会听，但还存在读写困难，对其他文字存在既听不懂也不会说的现象。说明农牧民的文化程度仍普遍较低，总体符合之前学者关于大多数农牧民文化水平的研究。一方面，体现在农牧民对身体锻炼的认知不全面。由前文调查可以看出，仅有13.15%的农牧民认为体力活动（干家务、放牧、务农等）不能代替身体锻炼，大多数农牧民普遍认为体力活动是身体锻炼的方式。调查统计还显示，农牧民参与体育活动组织主要为个人锻炼、与家人朋友一起锻炼，以及生活区组织的体育活动三种形式，这些组织形式的群众体育组织程度较低，表现为较大的自发性与随意性。有学者通过走访农村体育的发展，发现农民认为自己不经常参加体育的主要原因是没有时间、没有精力，以及缺少专业人士的组织与指导等②。事实上他们的闲暇时间主要用于打麻将、

---

① 高建华：《民族地区公共政策有效执行研究：以广西龙胜各族自治县政策执行为例》，中国社会科学出版社2010年版，第110页。
② 鲁丽：《公共服务视角下我国农民体育发展的制约因素及破解路径》，《体育文化导刊》2018年第8期。

看电视、上网、闲聊家常话等，真正原因在于农牧民主动参与体育的意识不强，没有形成正确的体育价值观。春播夏管，秋收冬藏，时间多用于体力劳动，且劳动量较大，导致农牧民认为"劳动就是体育运动""没病就是健康"，平时的休闲时间仅仅是闲聊、看电视等娱乐，缺乏对健康的全面认知。另一方面，体现在全民健身参与的功利性。大多农牧民有身体锻炼以增强健康的体育意识，而没有相对积极的外在体育行为，主要是农牧民合理的需求与利益得不到满足导致。政策能否达到预期的目标，与政策目标群体的需求满足和切身利益有极大的关系。农牧民对全民健身政策的认同同样离不开他们对健康需要和相关健康、收入等利益的追求。认知的不同在很大程度上影响着农牧民对政策的认同，最终导致政策供给与农牧民的实际需求不匹配，进而影响农牧民参与身体锻炼。

农牧民的体育消费间接反映了他们对利益的满足与追求。虽然农牧区的经济在加速发展，但生产力始终落后于城市，广大农牧民为生计而奔波忙碌，不会有多余的时间和精力去参加健身[1]，且短期内全民健身带来的利益不明显，导致他们认为体育作为一种文化消费，没有物质产出。他们认为，平日的家务与生产劳动（上山放羊牛、种地等）占据了他们的大部分时间，"日出而作，日落而息"的劳作已使他们有足够强度的身体活动，再进行健身反而加重身体负担，所以平时不会主动进行健身。如果开展全民健身需付出的成本远高于所获得的利益，农牧民就会漠视或产生排斥心理，政策执行的难度就更大。当然，在能获取利益的前提下，农牧民还是会选择参加体育活动（参见表4-11）。进行健身需要占据一定的时间，也需要长时间坚持才能看到效果，农牧民

---

[1] 石江年：《西部地区群众体育现状分析及发展对策研究》，《四川体育科学》2004年第2期。

的余暇时间支配不如城市居民那样有规律，短时间内又看不到期望得到的健康、收入等利益，他们自然会忽视健身，对全民健身抱有一个可有可无的态度。

表4-11　农牧民因收益参加体育活动的认知统计（N=289）

选项	人数	所占百分比（%）
会	258	89.27
随大流	25	8.65
不会	6	2.08

②社会因素导致全民健身认知不足

由于受到传统熏陶、环境塑造和文化沉淀等社会环境的影响，使参与者基本形成了一套固定的思想习惯和行为范式，一时难以改变他们对外界事物的根本看法与观点[1]。"上级怎么说就怎么办"是农牧民一贯的行为模式，缺乏自身的主动参与性。一些传统文化与思想极大地影响着农牧民的生活，导致政策不被农牧民很好地理解，进而对全民健身认知不足，缺少自觉参与身体锻炼的意识。

二　超高海拔农牧区全民健身政策执行路径的优化

（一）政策执行"中心路径"的优化

1. 构建全方位立体化的政策执行链，实现多元驱动，进一步加大执行机构间的协作

组织系统结构的不同决定系统的整体性及功能有所不同[2]。各组织机构间的衔接与沟通良好，有助于提高组织机构间政策执行的效率；各执行机构间缺乏充分的衔接与沟通，势必阻碍全民健

---

[1] 陆小成：《试论公共政策执行障碍及对策》，《理论月刊》2003年第10期。
[2] 刘红建、孙庆祝：《群众体育政策基层执行的调查与分析》，《上海体育学院学报》2012年第4期。

身政策的有效执行与落实。跨界整合是一种全新而独特的发展手段，主要通过最大程度发挥不同领域间的融合性，加强彼此间的相互合作，以实现自身更高层次的发展。奚洁人认为，横向的跨界整合是不同元素、行业、领域等的相互交叉、跨越与合作；纵向的跨界整合是一系列阶段、环节等的渗透与融合[1]。也有研究认为，跨界整合是依托某一方面的优势资源，通过资源间的对接实现价值的叠加[2]。跨界整合是当代互联网思维下产业发展的趋势，也是传统机构实现转型升级的重要抓手。政策执行机构间的协作与跨界整合理论有着较高的契合度，将跨界整合理论应用到农牧区多层执行机构运行中，有利于共同提高执行主体的政策执行效率。故本研究认为可以通过整合农牧区执行机构内部跨界与内外部跨界等边界区域资源实现多元驱动，提高农牧区政策执行机构的执行力。

（1）实现政策执行机构的内部跨界整合

内部跨界整合，即通过整合相关部门的驱动优势，实现内部跨区域边界的管理。政策执行机构的内部跨界整合，也是进行机构内部的跨边界区域管理，本研究主要是指农牧区执行机构。全民健身政策往往具有多属性目标，不仅是体育部门的工作，而是多个部门工作的有机结合，因此必须依靠跨部门的合作。通过机构内部多个部门、行业的优势整合，弥补机构间协作缺乏和分散的问题。

超高海拔地区在政策执行中各机构应当相互协作，将全民健身工作分解为各个部门间的子工作，积极发挥各自的优势，共同推动政策目标的落实。超高海拔地区对全民健身活动的开展坚持各部门的协同，每一个部门都有它自己的工作范围，但并非绝对的

---

[1] 奚洁人：《跨界、跨界思维和跨界领导力——跨界领导力研究的时代意义和社会价值》，《领导科学》2014年第20期。

[2] 王卉、胡娟：《跨界整合：互联网环境下传统内容企业转型升级的路径选择》，《中国出版》2016年第19期。

分离，部门间始终存在"和而不同"的联系。以健康为主题，文化部门负责广场舞、锅庄舞、健身健美等舞蹈类活动的展示与相关赛事；教育部门协助群众学习科学的健身知识，突出全民健身活动的健身性与教育性，不断提高人民群众的健康认知与锻炼技能，并在锻炼中逐步养成良好的个人品质；妇联关注并引导妇女进行身体锻炼，可以开展专门的女性运动会、女性舞蹈展示大会等活动，为女性的身体健康送去保障；医疗卫生部门协助全民健身活动开展中维持公共场所的安全与卫生，以及对人民群众进行实时健康监测。

整合村"两委"班子和驻村工作队中不同工作职能中的优势资源，共同开展全民健身工作。村支委与村委会分别做好全民健身的规划部署，主动了解地区乃至国家的发展大势，把握农牧区全民健身工作开展的进程，合理将工作分配成每个不同职能部门的子目标，带领农牧区逐步实现发展目标（参见表4-12）。整合农牧区中村"两委"班子和驻村工作队等内部不同力量，集中各个部门间的自身优势资源，强调组织内部的整体性、连贯性和灵活性，共同执行全民健身政策，以确保全民健身工作开展的全面性与持续性。

表4-12　　　　农牧区政策执行机构及其内容一览表

农牧区政策执行机构	工作内容
全民健身领导小组	党员在工作中要发挥先锋模范作用，送惠民利民政策、法律、健身、卫生知识，以党员志愿服务辐射带动农牧区治理
村委会	监督：全民健身资金的分配与使用，监督健身场地与器材的维护与维修等
	妇联：增加女性参与体育锻炼的积极性，还可以监测与记录农牧民的健康数据，便于后续的指导
驻村工作队	开展精准扶助工作，可以负责与上级政府工作的信息传达与衔接，承担全民健身科学知识的普及工作

（2）实现政策执行机构的内外部跨界整合

内外部跨界整合，以内部跨界整合为基础，进行内部之外整合驱动资源的跨区域边界的新型管理。政策执行机构的内外部跨界整合，即农牧区基层执行机构与政府和社会团体等其他外部的跨边界区域的优势资源整合。由于全民健身政策执行是一个涉及范围较广的长期行动过程，而执行全民健身政策不能仅仅依靠农牧区单纯的力量，因此全民健身依靠内在与外在双重力量实现共同协作势在必行。超高海拔地区包括"省、市（地）、县、乡、村（农牧区）"五个层级在内的执行机构，通过不同层级、相同层级和社会力量的共同参与，构成全方位立体化的政策执行链，加大执行机构间的协作。

一方面，农牧区基层与政府的内外部跨界整合。内外部跨界整合通过将政府机构与农牧区执行机构的不同优势进行合理整合，能帮助解决机构衔接的中断现象。进一步加强政府到农牧区基层的协助和指导，政府指导并由村基层执行机构细化全民健身工作，既是农牧区落实全民健身工作，促进农牧区全民健身事业的发展，也是政府贯彻落实全民健身政策的重要体现，为建设健康区域提供坚实的基础。建议县级文化体育部门、教育部门和医疗卫生部门等成立专门的农牧区体育工作小组，建立起政府与农牧区的无缝隙衔接，便于政府对农牧区基层执行机构的及时传达和对全民健身事业发展的指导，实现政府机构与农牧区执行机构间的精准对接，帮助农牧区在全民健身政策传达中获取最直接的信息，推动农牧区执行机构在全民健身工作的开展。

另一方面，将社会力量纳入政策执行者的范畴。政府通过管办分离、放管结合，加大对民间组织及第三方组织的扶持，才能调动社会力量的积极性[1]，进一步实现"非政府、大机构"的作用。

---

[1] 谢士玺、彭响、雷军蓉：《民俗体育与全民健身融合发展策略研究》，《河北体育学院学报》2018年第6期。

第四章　超高海拔农牧区全民健身宣传路径选择与政策执行路径优化

政府将部分职能转移至社会力量，以政府牵头组建的第三方组织主要针对农牧区实际的社会团体，包括企业、各类体育社会组织等。农牧区的全民健身工作由社会民间组织或以购买第三方服务等形式来承担，既可以提高全民健身的普及率，也可以最大限度减轻各个执行机构间的工作负荷，加快农牧区全民健身的发展。

第一，企业、各类体育社会组织等社会力量采用出租、承包、委托、签订合同等市场化运作的方式参与政策执行，有利于实现最大效益产出[1]。如今农牧区做到了通过购买体育公共服务将部分全民健身工作交由企业承担，如农牧区的健身器材大多依靠国家向社会企业购买，并由企业和各类体育社会组织负责组织与管理。但从目前农牧区的全民健身发展来看，整合的广度与深度仍有待加强，政府、市场与社会的跨边界区域管理在政策执行中发挥的力量不足。加大企业、各类体育社会组织等社会力量在全民健身政策执行中的参与、组织和管理，让大量的社会组织为农牧民身体锻炼与科学健身提供高品质的全民健身公共产品和专业化的服务，如全民健身场所的开放与设施的建设、健身产品的研发、社会体育指导员的培训，以及全民健身赛事与活动的开展等。

第二，政府与社会力量合作，实现跨越政府和社会的双重资源整合。社会力量是承接政府转移部分的体育公共服务职能的良好载体之一。政府向社会力量购买体育公共服务，特别强调政府职能的继续深度转化，提高购买能力和水平，做好服务标准的制定和服务机构、服务绩效的评估工作，逐步提高政策执行的能力和质量。政府简政放权，通过行使监督权力使社会力量逐步承担相应的体育公共服务和开展全民健身活动的职责，如全民健身宣传、健身活动组织、健身科学指导、大众诉求传达等。

---

[1] 胡庆山、吕钶、王健：《农村体育公共服务体制的现实弊端及治理策略》，《武汉体育学院学报》2018年第9期。

本研究通过跨界整合理论整合执行机构内部跨界与内外部跨界等边界区域优势，构建全民健身政策执行链，不断提高政策执行机构间的相互协作。超高海拔地区全民健身计划中强调构建全民健身多元共促机制的重要性。因此，把握不同执行机构内部之间的关联性，协调发展政策执行机构的多元化，是超高海拔地区全民健身政策在农牧区得以全面实施的重要途径。加强农牧区基层执行机构内部各部门间的协作、农牧区与政府和社会力量等外部机构间的协作，共同执行全民健身政策，做好群众身边的体育管理与服务，真正实现"政府负责与农牧区的政策衔接和工作指导、社会负责为农牧区提供全民健身服务、民众负责享受便利与实惠"的运作状态，构成"全民健身政策多元主体协作执行结构"，有利于促进农牧区全民健身事业的持续性和规范性发展。

2. 增强工作责任意识，培养执行者的"三专能力"，逐步提高执行者执行力

政策执行的效果与质量，在很大程度上反映了执行者的政策专业执行力。执行力是执行者为实现目标任务，所表现出的各种能力、力量和效应的综合效力的统一体[①]。本研究将执行者的专业执行能力归结为知识的掌握能力、实践能力和道德素养三方面的能力，即"三专（专业知识、专业实践、专业素养）能力"。执行者的专业执行能力既要使执行者的执行力表现始终围绕当前为提高农牧民的健康水平，发展农牧区的全民健身事业为目标而服务，又要在一切的执行力表现中有意而为，促使全民健身政策的执行力表现转变为执行者的自觉行动。要求明确工作责任意识，使每一位政策执行者严格履行工作职责，不断提高工作能力专业化，促进政策得到有效实施。

---

① 连维良、吴建南、汪应洛：《政府执行力的影响因素及对策》，《中国行政管理》2013年第4期。

（1）明确执行者的工作职责

第一，在政策执行机构的内部跨界整合中，进一步对体育、教育、医疗、卫生等部门提出农牧区全民健身工作的要求与标准，使具体的职责分工与各政策执行者的切身"利益"紧密相连，根据平等合作和尊重彼此间利益的原则，使落实全民健身计划成为执行主体的思想自觉和行为习惯。

第二，依靠县级政府和乡政府的力量，共同确保农牧区全民健身工作得到落实。可以通过各县教体局与乡政府签订责任书，以保证农牧民全民健身工程顺利实施，使健身器材得到有效管理、使用和维护[1]，既明确了乡政府对农牧区全民健身事业发展的工作，也具体了乡政府对农牧区全民健身工作的责任。

第三，依据地方政府的要求协同农牧区力量，共同承担全民健身工作。可以在农牧区制定科学、合理的全民健身计划工作书，包括各个部门的职能基本情况、基本职责、工作流程以及失职失责的责任代价等内容，发挥村基层组织的带头作用，全面化、具体化开展全民健身工作。只有不断加强基层队伍建设，规范基层组织的职责与分工，才能逐步强化农牧区执行者的政策执行力建设，才能保持政策执行与政府的一致性，进而以基层组织之力带动农牧区全民健身顺利发展。

（2）加大培养执行者的"三专能力"

加强与提高政策执行者的"三专能力"，不断提高他们的专业知识水平、实践操作和专业素养是政策执行者顺利执行全民健身政策的重要条件。对此，可以依照《干部教育培训工作条例》[2]的要求，以政治理论、政策法规、业务知识、文化素养和技能训练

---

[1] 周风祥、索颖：《伊犁农牧民体育健身工程建设的现状与对策》，《体育文化导刊》2012年第6期。

[2] 中国共产党新闻网：《中共中央印发〈干部教育培训工作条例〉》，http://dangjian.people.com.cn/n/2015/1019/c117092-27712677.html，2024年2月28日。

等为学习内容对相关执行者开展培训。

  一方面，促进政策执行者专业知识水平的提高与加强实践能力的培养二者相统一。在当前执行者的专业知识储备与实践能力的基础上，需要进一步加强专业知识理论的学习与实践能力的培养，不断提高知识结构与实际工作能力。只有掌握了专业的理论知识与具备了实践能力，才能使政策执行者具备领悟力、协调力、操作力与判断力等执行能力。完善专业知识理论的再学习与实践能力的再提高，需要采取多样化的学习形式，可以借鉴我国不同地区在推进公务员培训中的学习内容与形式，做好农牧区知识理论学习的培训工作，使政策执行者在专业知识的学习中，不仅要学习政策领域的知识，还应该广泛了解其他领域的相关知识及相应的实践训练；不仅可以组织集中学习，也可以进行自学、网络学习等。其中，网络学习可以借鉴部分县政府结合微信平台即传即发的优势，不定期推送党和国家各类方针政策、各级党委、政府工作动态等内容，还可以增加广大人民群众关心的教育、医疗精准帮扶等信息。增强网络信息的公开性与针对性，让更多的干部在工作之余，边听边看边学习与了解政策及相关信息。在专业知识理论与实践能力学习中，针对不同岗位与职责执行者提出学习中的不同要求，建立严格的学习制度，从目标、方法、内容、效果上有步骤地开展学习，利用理论剖析、案例、研讨、情景模拟和经验分享等多种方式，使政策执行者认真学习和深刻理解全民健身政策的精神实质，营造浓厚的政治学习氛围，使每一位政策执行者做到真学、苦学、有效率地学。通过人性化的培训提高政策执行者对全民健身工作的感知和满意度，实现政策执行者的自我价值。

  另一方面，加强专业素质的培养。只有不断进行素质能力的培养，才能使农牧区执行者更多更系统地学习新的政治规范，对全民健身政策的具体实施进行合理变通，在面对利益的诱惑仍坚守

第四章 超高海拔农牧区全民健身宣传路径选择与政策执行路径优化

为人民服务,真正拥有专业的政策执行素质。

第一,提高政策执行者的政治觉悟,坚持原则性与灵活性相统一。在教育学习活动中敢于从实际出发,不断以新的实践催生新的思想与举措。既要求加强政策社会化过程中党的原则与国家法制教育,坚持走群众路线,力求为人民服务,强化法制观念,切实依法行政,不断促进全民健身政策的有效执行,又要求农牧区执行者在执行全民健身具体实施计划的工作中,以农牧区实际为准,依据住房的布局与习俗的影响对原政策做出适当变通,以此建设场地、配备器材设施与开展活动,多样化、创造性执行政策,最大限度发挥政策效力。

第二,平衡个体利益与集体利益,坚持以大众利益为主。执行主体与农牧民的双向互动过程中,既存在执行主体的利益,也存在农牧民的利益,如何保持政策制定者关注的社会整体利益与执行人员的个体利益二者的平衡,对政策执行过程非常重要。"更新利益观"认为可以从整体的利益着手,兼具维护与尊重利益相关者自身和其他利益者的正当利益[1]。执行主体允许有其他利益,但必须以最终利益为关键,综合考虑执行主体与农牧民二者共同的利益,突破以自我为中心的利益思想,政策执行者的工作只有和群众公认的原则结合起来,才会拥有坚实的社会基础,才能建设一支适应社会主义现代化需要的高素质的政策执行队伍。要求政策执行者定期汇报在开展群众满意的全民健身工作中的实际收获、心得体会与问题症结分析等情况,以及汇报全民健身整体工作中出现的脱离群众需求的偏差思想与行为,及时纠正与预防工作中的失误。

第三,把政治教育融入相关社会活动中,做到内化于心,外化

---

[1] 张文娟、万来斌:《教育减负政策执行偏离的原因及对策分析——基于利益相关者的视角》,《现代教育科学》2018年第8期。

于行。领导干部应率先垂范，引导和规范执行机构内的各种执行力表现，使其逐步内化为政策执行者自觉的执行习惯，形成良好的执行传统①。可以通过开展学习时代楷模讲座、运用"互联网+"学习党的理论、走访群众倾听民声等形式，不断增强政治教育活动吸引力，以确保政治教育常态化，带动和引导执行机构内部形成高效实干、勇于竞争的执行力文化氛围，促进良好执行文化观念的形成。

（二）政策执行"保障路径"的优化

1. 通过强化与完善政策执行各类资源的管理，持续发挥政策执行资源的服务保障作用

（1）加快制定超高海拔地区全民健身条例，为农牧区全民健身的持续发展提供支持

政策权威是通过法律法规使政策严格按照要求得到实施。超高海拔地区全民健身条例的制定是解决全民健身问题，推进健康建设的必然需要。为解决全民健身工作中存在的问题，加强超高海拔地区全民健身法制建设，有必要且必须出台促进全民健身事业全面发展的地方性法规。通过全民健身政策权威进一步明确全民健身发展的重要地位，使农牧区在全民健身政策执行中有法可依和有法必依。因此，应当根据《中华人民共和国体育法》《全民健身条例》《公共文化体育设施条例》等法律法规，结合超高海拔地区发展实际，制定地区全民健身条例。

依据国家《全民健身条例》中的章节分布，结合超高海拔地区整体，通过总则、组织领导、健身活动、设施及指导服务、法律责任等几方面制定详细的条文。其中，总则作为条例中最具概括性的部分，应突出它的全面性，对其他章节内容起关键的指导作

---

① 莫勇波：《政府执行力：理论思路与现实路径研究》，经济科学出版社2013年版，第294页。

第四章 超高海拔农牧区全民健身宣传路径选择与政策执行路径优化

用。通过借鉴与结合其他省市全民健身条例的总则内容，制定与完善超高海拔地区全民健身的条例总则。通过制定超高海拔地区全民健身条例，以法律法规的形式增强农牧区全民健身各项工作的刚性效力，使全民健身政策更具权威性和约束力，为全民健身的持续发展提供雄厚、坚实的法律权威支持。

（2）结合"农牧民安居工程"，提供全民健身场地设施资源配置与管理的一体化服务，逐步提高资源配置和管理的科学性与实用性

考虑到农牧区场地设施配置结构的不合理，因此在农牧区难以完全按照全民健身场地的统一标准来建设，应当考虑农牧区的地理位置和在农牧区配置与管理的实际性。政府应极力发挥好在体育场地设施建设中的主导作用，从宏观上科学、合理统筹，将农牧区体育场地建设用地纳入农牧区发展的整体规划。

（1）合理布局全民健身场地设施

规划与制定不同农牧区、不同规模的全民健身场地设施建设标准应考虑增加各种服务设施的实用性和如何为农牧民生产生活提供便利，以解决"建什么场地、配备多少设施"等问题。因此，应当注重建设与生产生活相联系的场地设施，方便农牧民在闲暇时间进行身体锻炼，满足农牧民的就近锻炼，可以结合"农牧民安居工程"，根据农牧区生活的周边情况进行合理布局。另外，要提高农牧区全民健身场地设施配置实用性。提倡建立功能齐全的中小型全民健身场地设施，实现全民健身场地设施的一体化。这就要求明确场地上配备设施数量、场地附属设备等量化指标，确立能用、够用、实用的体育场地设施标准。且随着农牧民体育意识和体育健身需求的提高，在全民健身设施的建设中，既要做到与时俱进，在农牧区配置适宜的现代化全民健身路径器材，并在路径器材的配置中详细使用说明和标识，更好地为农牧民参与身体锻炼提供方便，有助于在政策执行中充分发挥全民健身场地设

施资源的保障作用。

（2）新建与改建结合，加强对全民健身场地设施资源的管理

农牧区全民健身场地设施建设工作真正落到实处，就必须加强维护与管理，完善管理机制，实现设施建设、使用与维护管理的一体化服务。全民健身场地设施以新建与改建相结合，逐步提高建设与维护的质量。明确全民健身公共服务范围，提高全民健身场地的覆盖率，实现农牧区的全覆盖；规范服务标准，加大农牧民身边全民健身场地设施建设与维护的力度，提高公共体育设施建设配置的实用性；丰富场地设施资源配置，实现传统健身与现代化健身设施的融合，进一步确保政策执行的基础资源配置。

（3）通过加大全民健身指导服务力度，逐步优化人才指导服务质量，有序推进指导服务工作

①加大全民健身指导服务力度

超高海拔地区社会体育指导员协会成立时间短，完善农牧区社会体育指导员指导服务，加大指导服务力度显得尤为重要。国家制定的《社会体育指导员等级制度》《社会体育指导员国家职业标准》《关于进一步加强社会体育指导员工作的意见》《社会体育指导员管理办法》等不断推动全民健身指导服务走向规范化、有序化、高效化。目前超高海拔地区对社会体育指导员培养、上岗激励和相关的管理有了明确的规定，但在服务方面仍有待完善。

加大全民健身指导服务力度，不只是从服务规范进行单方面的规定，还应结合社会体育指导员在指导服务中的工作保障、服务激励与处罚等多方面进行综合考虑，确保社会体育指导员工作的全面性。针对社会体育指导员进一步做好指导服务规范、要求和规划，为农牧民参与身体锻炼提供有效的指导服务，可以从以下三方面进行完善。在服务规范中，明确具体可操作性的指导工作。如超高海拔地区全民健身计划明确指出，在坚持推进全民健身"六进"（进学校、进社区、进机关、进企业、进农牧区、进

寺庙）志愿服务中，县一级应将社会体育指导员合理分配到农牧区，为农牧区送去身体锻炼知识、健身器材的使用、不同人群的健康锻炼计划、农牧区全民健身集体活动的组织、监测农牧民的健康水平等内容的指导服务。在工作保障中，规范社会体育指导员具备的权利与义务，以及应享有的工作待遇，为社会体育指导员的工作提供稳定的工作保障。在工作考核中，关注在农牧区的实践指导效果。对社会体育指导员从理论和实践两个方面是否履行工作职责进行评价。理论考核社会体育指导员的专业知识；实践中定性评价对农牧民进行身体练习的基础指导、体育活动的组织、针对不同人群制定的身体锻炼计划以及农牧民的健康监测等内容。

②优化全民健身人才指导服务质量

培养社会体育指导员不能仅从超高海拔地区全民健身计划里要求培训的数量目标为抓手，更重要的在于如何提高全民健身指导服务质量，使他们充分发挥服务与指导的作用。因此，针对全民健身的人才指导服务质量不断提出新的要求，具体的优化思路如下。

第一，不断壮大指导服务队伍。鼓励更多的体育工作者参与到全民健身指导志愿服务行列中，为全民健身事业的发展贡献一定的力量。体育教师工作繁重，必然会分身乏术，因此社会体育指导员应由其他相关专业人员筛选培训，利用身边体育人才充分开展志愿服务。一是"健体结合"鼓励退役运动员下基层，为街道、乡镇的百姓送去全民健身指导。运动员具备专业的体育知识，且由于大多来自农牧区，最为了解当地人的生活习惯。他们退役后可以返聘到基层，成立退役运动员全民健身指导帮扶队，帮助与扶持农牧民科学合理地进行身体锻炼。二是在农牧区中筛选出爱好体育的农牧民，其他热爱公益活动的人员，以及借助社会体育指导员的力量，将他们培养为农牧区的全民健身骨干，逐步扩大体育健身组织队伍，发挥他们的指导辅助作用，更好地动员和组织农牧民参与身体锻炼。

三是合理将农牧区的医务人员兼转为运动指导师，进行合理的体育保健指导。全国《计划》鼓励推广"运动处方"，运动处方是一项针对不同锻炼者自身的身体情况，制定的详细健身计划和方案[①]。建议在农牧区利用好村委会的卫生所，为农牧民提供体质检测和健身指导。村医可以运用指导师的身份对村民的身体锻炼进行指导，不仅要尽本职为村民看病，更要学习运动处方知识为村民送去健康指导，且针对不同人群、人群中的各种身体状况进行相应的指导。农牧区多数农牧民有因食肉类和高热量的糌粑等饮食因素引发的疾病，像高血压、心脏病等；有因过度的体力劳作引发的头、腰、腿等的疼痛。如老年人要考虑生理机能减退，抵抗力下降；女性要考虑妊娠、分娩、经期等情况。根据不同特点，村医有计划地引导农牧民合理进行身体锻炼。

第二，不断提高指导服务质量。为进一步提高全民健身的指导服务质量，不仅应从体育人才方面得到弥补和加强，还应注重整体队伍的积极性提高和凝聚力养成。一是可以借鉴与学习其他省市专门对社会体育指导员出台的激励性文件，激励他们的工作积极性，大力提升社会体育指导员切实的指导效果。二是以县为单位定期召开工作总结，开展县内全体社会体育指导员的工作交流会，在总结中进行服务心得与指导经验的广泛交流，在交流中不断完善个人、团体的指导水平，提高社会体育指导员的服务能力。利用社会体育指导员这支专业队伍，为农牧民送知识、送指导、送服务，不断增加社会体育指导员的成就感和责任感，推动群众性、基础性健康指导活动的开展。

（4）以高原特色体育产业加快推动农牧区经济转型，逐步激发农牧区经济内在发展动力，为工作持续开展提供强大财力支持

"经济搭台、体育唱戏"是确保超高海拔地区全民健身可持续

---

① 乔玉成：《运动处方在全民健身中的作用》，《体育学刊》2000年第4期。

第四章 超高海拔农牧区全民健身宣传路径选择与政策执行路径优化

发展的重要途径，经济发展与全民健身二者相辅相成。要通过发展农牧区内生经济，逐步激发农牧区的经济发展动力，并逐渐打破对政府过度依赖的模式。农牧区经济自筹能力的不断提高，有助于弥补农牧区全民健身经费的不足，确保全民健身工作得到持续开展，为政策的落实提供强有力的财力支撑。当前超高海拔地区整体的经济发展速度不断加快，2014—2017年增速保持在全国前三，且连续25年保持增速在两位数以上，极大地证明了超高海拔地区经济发展的巨大潜力。且超高海拔地区第三产业作为新的经济增长点，其发展迅速，在生产总值中占据更大比重。通过超高海拔地区第三产业发展的优势，加快推动并合理优化农牧区当前落后的经济发展，走有特点的经济发展路子，加快农牧区体育产业发展刻不容缓。

①特色体育产业发展促进农牧区经济转型

超高海拔地区第三产业尤其是高原特色体育产业作为独特的产业，是促进超高海拔地区整体社会经济转型的重要抓手。高原特色体育产业主要包括体育旅游业、民族传统体育休闲业及体育健身服务业。

第一，大力培育以户外运动为主的体育旅游业。2014年超高海拔地区首届户外运动大会的举办，使超高海拔地区由此以单纯的"登山天堂"华丽转变为以多项户外运动为主的"户外天堂"，逐步发展起具有地区特色的体育旅游业。充分发挥农牧区的地缘优势，努力探索高原体育旅游发展新思路，在推动经济社会持续健康发展中发挥重要作用，既可以加强对外来企业的交流与合作，成立户外用品有限公司、旅行社、旅游公司等，不断推广户外运动实现农牧区旅游业的蓬勃发展，又可以通过"交旅融合"全面保障体育旅游业的发展。有学者以超高海拔地区为研究区域，研究青藏地区交通—旅游经济之间的关系与协调，结果表明，自2006年青藏铁路的开通使超高海拔地区交通—旅游经济综合发展从失调阶段逐渐趋向协调①。可见，超高海拔地区的地形地貌虽复杂多样，但交通业的发展带动了体育旅游业的发展，而体育旅游业的跨越式发展离不开二者的融合。如今超高海拔地区交通运输事业发展迅猛，已从羊肠小道发展成为拥有公路、铁路、航空的交叉立体网络，为提高对"交旅融合"的重视度，全力保障体育旅游业为特色体育产业不断创造新的经济资源提供基础保障。

第二，加大创建地方特色体育品牌活动。超高海拔地区鼓励做大做强具有自主品牌、创新能力和竞争实力的健身休闲企业。然而部分县、乡政府认为，传统体育并不能有效发展基础薄弱的经济，自然不可能创造条件和氛围去特意开展农牧区群众体育活动。事实上，民族体育含有巨大的商业价值，例如赛事活动、体育表演、体育器材与服装以及活动广告费、电视转播费等，都具有经济价值②。如今的超高海拔地区民族传统体育集观赏、娱乐、健身于一体，和国内贸易交流相结合，已融入商业化运营。一些大型活动的举办兼有农牧产品展销会，鼓励农牧民在物资基本自给的基础上，将区域特色农牧产品制作成特色的畜牧产品、工艺品进行销售，不断发展与扩大农牧产品的交易市场。加大对民族传统体育商业价值的挖掘，走本土优势与外来企业的协调发展之路，是一种文化传播和贸易的交流。既能充分积淀与发扬独特的传统体育文化，增强民族凝聚力，又能满足群众物质、精神文明发展需求，更为地区的经济带来可观收益，进而带动农牧区经济的发展，可谓一举多得。

第三，加大全民健身服务产业的服务力度。体育服务产业兼具服务业与体育事业双重属性，不仅将全民健身作为一项具有公益

---

① 陈蓉、马耀峰、罗赞敏：《二十年来青藏高原交通与旅游经济协调发展研究》，《青海社会科学》2016年第2期。
② 常智、刘炜、王维兴主编：《少数民族体育理论与实践》，北京师范大学出版社2012年版，第42页。

性特征的公共服务产品，而且有助于缓解超高海拔地区当前人民物质文化需要与社会生产之间有所失衡的社会现象，不断增加全民健身深入开展的经济支持。一是为相关户外运动提供服务。围绕登山、攀岩、环湖自行车等户外运动提供体育器材、服装、食宿等为一体的多样化服务，做好户外运动的前期服务与后期保障，提升户外运动的服务品质和标准化水平，保障户外运动实现可持续性发展。二是为运动损伤与康复提供全方位服务。发挥地方潜力，突出特色医药在运动康复等方面的独特作用，加大开发地方医药健康产品，积极探索损伤与康复理疗的新途径，为运动损伤提供全方位的康复治疗服务，从中收到良好的社会和经济效益。

②以体育产业发展弥补全民健身经费不足

立足于超高海拔地区的体育产业，致力于全民健身的发展。超高海拔地区体育产业作为执行全民健身政策中的一部分，它的腾飞不仅推动农牧区全民健身的进一步发展，使全民健身政策得到进一步落实，而且能够加强造血功能，促进农牧区社会经济转型，提高自筹资金能力以弥补全民健身经费的不足。完善体育产业中各项经费的配置，不断弥补农牧区的全民健身经费的不足。一方面，将特色体育产业的经济收益按比例分配用于开展全民健身工作，确保全民健身开展有足够的财力资源支撑。另一方面，仍需依靠体育彩票公益金对农牧区投入全民健身经费。超高海拔地区经济的转型与发展固然重要，但考虑到目前农牧区经济发展的落后状态，无法完全离开外界的帮助而独立发展。体育彩票业是发展地区体育产业的重要支柱，已成为群众体育发展的重要经费来源，极大地推动了农牧区全民健身服务事业的发展。但既要为农牧区全民健身发展带来帮助，又要防止农牧区过度依赖，还需要在经费扶持中以农牧区内在经济收入为主，通过进一步细化体育彩票公益金的分配与用途，转变对农牧区经费扶持的方式，在不干扰农牧区经济发展的基础上，适时给予支持。

（5）通过实行内外部双重规范管理，明确组织服务的公共性，充分发挥全民健身组织的社会服务职能

①加强习俗型全民健身组织的规范化管理

习俗型全民健身组织凭借组织内部的文化情结而形成，为农牧民提供更好的运动体验，是农牧区发展稳定的全民健身组织。对此，应加强对习俗型全民健身组织的管理，逐步凸显全民健身组织的社会服务职能。

第一，加强外部备案管理，确立习俗型全民健身组织的合法性基础。对习俗型全民健身组织进行备案管理，为组织提供更为广阔的发展空间，有利于发挥组织的自治性以更好地适应社会的发展要求。"备案制"管理使习俗型全民健身组织逐步向着规范化服务型的方向转型，有助于为人们提供最直接的服务[1]。建议将农牧民体育协会中的部分公共服务职能逐步交由习俗型全民健身组织负责，由县级、乡镇级政府和农牧民体育协会提供支持、指导和规范[2]，分类管理农牧区的全民健身发展，得以充分调动自发性全民健身组织的积极性，逐渐促进组织的自我管理与运行。

第二，实行内部组织管理，构建以规则规章为主的组织内部管理模式。人们的自组织意识和能力在规则规章的引导下得到不断强化，才能促使全民健身组织发挥愈加重要的作用[3]。因此，构建以规则规章为主的组织内部管理模式，需要针对习俗型全民健身组织制定既能对组织成员进行必要行为约束，又能根据大众需求的变化随时调整，保护成员基本权益的规则章程。通过全民健身组织以章程作为内部管理模式，帮助组织内部各成员形成自我管

---

[1] 孟欢欢、李健、张伟：《体育社会组织的公共性悖论与超越》，《首都体育学院学报》2018年第2期。

[2] 修琪：《公民社会视野下自发性群众体育组织研究》，山东大学出版社2015年版，第87页。

[3] 郝亮：《论全民健身活动的组织与管理》，《山西师大体育学院学报》2009年第S2期。

理、自我发展、自我约束的良性发展机制①。规则章程中应明确组织纪律、活动细则、日常活动时间等，强调纪律的原则性，时刻保护农牧民在锻炼时的安全；在组织集体活动时，考虑大多数农牧民可以接受的时间等，依据组织的规则规章逐步促进组织的规范化管理，促进活动的常态化开展。

②进一步明确全民健身组织服务的公共性

公共性服务是推动农牧区全民健身发展的出发点和落脚点，全民健身组织应履行好体育公共服务的职责，做好农牧民身边的全民健身公共服务工作。全民健身组织只有充分发挥其公共性价值，满足农牧民在全民健身中的服务需求，真正体现组织管理的公共性，才能保障全民健身政策执行工作得以顺利开展。

第一，明确全民健身组织要主动承担全民健身公共服务。全民健身组织负责管理、承办全民健身推广活动，自觉并主动承担全民健身团队的建设与管理、农牧区场地设施的维护、农牧区全民健身活动展示与赛事的开展、农牧民的健康与体质监测等工作，以更加利民、惠民、便民的姿态为农牧民服务，在发展中不断展现其社会性、公益性和自发性等特征，进而提高全民健身组织的社会公信力。

第二，加大对全民健身资源的共享。我国乡村普遍采用的社会体育组织形式是辅导站，因此辅导站也可以作为全民健身组织在农牧区发挥公共职能的具体化实施。结合农牧区地域特点和人口特点，在相邻农牧区的中心地带建立全民健身辅导站，发挥其提供公共服务的职能，既便于农牧民就近锻炼，又可以实现物质资源的共享。通过协调相邻行政村的全民健身设施与场地，争取达成全民健身设施的互通与场地的共享；通过协调相邻行政村的基

---

① 张怀成、张铁明：《民族地区全民健身组织网络发展困境及破解对策——以湖北省恩施州为例》，《中南民族大学学报（人文社会科学版）》2018年第5期。

础物资，主动为傍晚参与锻炼的人群提供灯光照明，为农牧民集体健身提供音乐，为农牧民的健身休息提供热水、座椅等细节的帮助，实现全民健身资源的共享。

（6）民族传统体育文化与现代体育文化的相互适应与融合，助力农牧区传统体育活动的现代化发展

文化作为一种内生动力对农牧区全民健身发展起着至关重要的作用。文化适应理论强调主体文化在保持自己原来文化身份和文化特征的同时，能够和其他文化建立并保持良好的关系，最终达到和谐共存的一个动态发展过程。全民健身文化是以运动、娱乐、养生、保健等功能于一体的大文化系统之一，旨在改善民族体质和健康的国际体育发展潮流[①]，也是我国现阶段发展的时代体育文化。超高海拔地区开展群众体育要合理利用节日、民俗活动，做到投其所好、因地制宜。民族传统体育文化与全民健身文化之间相互适应、互相融合，不仅为农牧民提供更为健康科学的锻炼途径，更有助于实现农牧区全民健身活动的深入开展。

民族传统体育与全民健身的融合是时代发展的必然。民族传统体育以一种文化载体的形式根植于民众的生活，是一项极具娱乐性、民族性和地域性的身体实践行为，也是在经济相对落后的农牧区最经济实用且最易推广的群众性体育活动。农牧民最能接受民族传统体育项目作为自己身体锻炼方式，依靠民族传统体育项目实现全民健身在农牧区的广泛开展，是民族传统体育在发展中不断适应现代需求，逐步走向科学化和规范化的发展轨道，也是传承和弘扬民族体育文化的重要体现。如何实现民族传统体育与全民健身二者的融合发展，使民族传统体育文化融入我国当代体育事业的发展中，关键在于找到二者的融合点，即突出民族传统体育与全民健身相一致的健身价值，以及强调民族传统体育锻炼

---

① 卢元镇：《全民健身文化建设刍议》，《体育文化导刊》2015年第3期。

项目与全民健身要求的针对性。

第一，突出民族传统体育的健身价值。民族传统体育从生产生活、军事武艺、民间娱乐与竞技等活动中剥离而凸显出来，随着时代的发展，日益显示出它的健身价值。民族传统体育要持续发展并非意味着一成不变地向前推进，而是在实现全民健康的基础上做出适当调适，突出民族传统体育的健身价值。尽管有的项目偏重趣味，有的讲究技巧，有的强调力量，但所有这些项目都具有强身健体、磨炼意志的功效，都是开展全民健身便于选用的内容。

第二，强调民族传统体育锻炼的针对性。当地农牧区的管理人员曾表示，开展民族传统体育活动并未完全兼顾不同人群，但民族传统体育项目多样化适合于不同人群进行身体锻炼。全国《计划》中要求对不同人群进行不同的体育活动方式。农牧民倾向于进行民族传统体育活动，要达到全民健身与实现全民健康，必然要充分考虑不同人群的特征，针对性选择体育项目进行锻炼。

（7）创新融合传统媒体与新媒体，促进传播媒体的均衡发展，逐步完善全民健身信息服务建设

全民健身信息服务是政策执行"保障路径"中重要的信息资源保障。全民健身政策及其相关信息能否在农牧区得到传播是信息资源保障的重要体现。因此，应加快农牧区信息传播方式中传统媒体与新媒体的平衡发展，逐步推进与完善农牧区全民健身信息服务建设，实现信息资源共享最大化。

①重视传统媒体的群众基础，利用传统媒体实现信息共享

传统媒体具有广泛的群众基础，相较于新媒体，传统媒体的影响极为重要，在信息传播中发挥中流砥柱作用。因此，应重视传统媒体的群众基础，加大促进传统媒体在农牧区的均衡发展。

第一，电视、广播等设备的使用与农牧民的用电条件密切联系。针对农牧区自然村仍存在电力不足现象，一是可以通过加大

电力配备，保证基本的电力使用。政府针对农牧区的生活条件保障，建设了农牧区"微电网"项目，并安装了"户户通"直播卫星设备。通过加大电力配备实现农牧区全覆盖，进一步解决广大农牧民对广播、电视收听收看难的问题。二是农牧区地域广阔，居住极为分散，可以依据"农牧民安居工程"将居住偏僻且住户不多的村子迁移至便于管理的区域统一管理，确保使用电力不便的农牧民得到和其他农牧民同等的发展条件。

第二，加大传统媒体设施配备，继续发挥传统媒体的影响作用。一是在农牧区确保每家每户都拥有电视或其他收音设备，可以用电视、广播等向农牧民播报全民健身政策信息、体育题材文艺作品，以及医疗、健康教育等专题的健身休闲类节目，向农牧民发布政府信息，普及身体锻炼、防病保健的知识。二是加大配备报刊、宣传栏、广播等公共场所的信息传播设施，利用村委会等公共场所，通过定向宣传、健身讲座、发放全民健身与健康指南材料等方式，持续充分展现传统媒体的多样化功能，不断丰富农牧区信息传播内容，为农牧民的信息接收提供多样的基础条件。

②促进传统媒体与新媒体创新融合发展，逐步弥补发展不均的问题

第一，鼓励农牧区普及使用新媒体。随着当前网络技术迅速发展，新媒体开放性强、传播速度快、互动性高、影响范围广等优势逐步凸显。信息的闭塞一定程度上阻碍了农牧民获取信息的及时性与有效性，不利于农牧民接受新兴事物，但新媒体在农牧区的出现，逐步解决了农牧区地理空间阻隔的现实境况。因此，在农牧区不仅要加大网络建设工程，实现网络全覆盖，帮助农牧民改变落后的生活状态，还应大力支持农牧民通过微博、微信、论坛等方式获取丰富的社会信息。

第二，融合发展传统媒体与新媒体。报刊、广播和电视等传统媒体的传播方式与传播内容较新媒体相对单一，随着新媒体的

流行，传统媒体对农牧民的吸引力与影响力逐渐降低。只有通过传统媒体与新媒体的融合，实现传统媒体的创新发展，才能持续稳固传统媒体在信息传播中的地位，同时也是在欠发达的农牧区促进传统媒体与新媒体均衡发展的重要手段。一是打造适合传统媒体发展的公众平台和运营环境。依靠电视、广播等传统媒体建立节目直播平台，或者创建微博和微信等社交公众平台①，加强传统媒体的网络化传播，实现传统媒体的网络化发展。二是改传统媒体的"单一传输"为"双向互动"，形成"信息融汇+全民参与"②的农牧区信息传播网络。加强与农牧民交流，结合农牧民的喜好与对新鲜事物的敏感程度，提高农牧民的期望值与阅读欲望。三是针对传统媒体的创新发展进行线上线下相结合的推广活动，让传统媒体更加体现现代化的发展需求，实现传统媒体对基层服务的延伸。

（8）以明确与落实监督评估主体为前提，确立"一条主线，两根辅线，三个维度"监督评估思路，不断健全与规范监督评估机制

①明确与落实监督评估主体

为保证全民健身政策执行的监督与评估机制得到进一步完善，使政策执行主体的执行力得到进一步规范，明确监督评估主体很重要。因此，明确监督评估主体的角色担当，多元化发展全民健身政策执行的监督与评估主体，形成监督与评估合力，有助于提高全民健身政策执行主体的效率与积极性，确保全民健身工作的有效落实。监督评估的形式可以分为政府和非政府两种。其中，政府的监督与评估包括当地政府的纪检部门、审计部门对政策执行进行专业性监督与评估，以及政府内部的相互监督评估。而非

---

① 郭裕娇：《传统媒体的融媒体发展策略分析》，《传媒论坛》2020年第4期。
② 张淑华：《政策网络视角下我国农村政策传播的效能问题研究》，《现代传播（中国传媒大学学报）》2020年第1期。

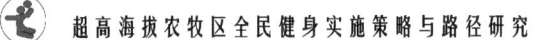

政府的监督与评估主要包括政府外的社会媒体、大众和专家学者的监督与评价。本研究主要从政府中的同级监督与评估和非政府中的社会大众监督与评估、体育领域专业的监督与评估三个角度进行优化。

第一，全民健身政策由多个部门共同执行，这些部门均为监督与评估主体。融合共青团、教育、体育、文化、财政等各部门，使他们之间形成互为监督又相互合作的关系，做好政府内部同级进行相互监督与评价，规定好有关行政与评估部门的监察职能和权限，督促执行主体的每一项工作严格按照规定执行。

第二，实施政府的监督与评估是一项基础性措施，其中自下而上的监督与评估，尤其是社会大众监督与评估能够增加政策执行的透明度。因此，应加大落实大众监督与评估主体的责任与权利，让更多的人参与到监督与评估中来。大众监督在一定程度上规范了官员的言行，同时也保障了大众的权利和利益[1]。同样，过程透明和信息公开是绩效评估的主要特点，特别是由公民参与的绩效评估活动，实际上就是政府向社会展示其工作情况并由公民判定其效果的过程[2]。还可以通过发放全民健身政策实施的公众满意度评价调查表，参照刘红建等学者构建的全民健身政策执行公众满意度模型[3]中关于"政策执行"这一指标，从四个方面（参见表4-13）进行问卷的设计、发放与回收，充分行使人民群众在政府工作中的发言权。同时，村民监督委员会作为一个依法设立的由村民代表组成的村务监督机构，负责村务公开等工作的监督与落实。针对农牧区同样需要担负起监督委员会的各项职责，农牧

---

[1] 田巍、阎贤：《最低生活保障制度实施过程中公众参与监督的路径研究》，《当代经济研究》2017年第12期。

[2] 叶敏：《我国地方政府绩效评估研究》，硕士学位论文，浙江大学，2008年，第6—7页。

[3] 刘红建、张航：《基于公众满意度的全民健身政策执行评估体系构建》，《成都体育学院学报》2014年第8期。

区不仅应在每个行政村至少设有监督员这一职位，而且要充分发挥监督的功能，将全民健身工作纳入村日常事务中。

表4-13　　全民健身政策执行公众满意度感知质量评价体系

一级指标	二级指标	三级指标
感知质量	政策执行	地方投入政策执行财政状况
		全民健身政策执行落实到位情况
		政策执行与公众需求契合程度
		全民健身政策执行社会监督情况

注：该表摘自刘红建[1]2014年的相关研究。

另外，切实贯彻超高海拔地区全民健身计划要求的"定期开展第三方评估"。这里的第三方评估，指相对独立于政府的社会专业性评估，即社会中专业的全民健身学者所进行的评估。较于政府和社会媒体与大众的评估，第三方在评估过程中的公信力、结果的真实性等方面具有更大的优势，并且能够更好地向政策执行者施加良性压力[2]。利用体育院校、综合性高校体育学院、体育科研所等机构中的专家学者，使执行监督与评估在不受地方政府的限制下进一步体现更加科学、公平，这一思路值得借鉴。

②确立"一条主线，两根辅线，三个维度"监督评估思路

监督评估指标是评价政策执行主体是否依据政策目标执行工作，以及政策实施效果等问题，借鉴庄国波等[3]提出的评价内容设置的基础上建议性地总结出超高海拔地区"一条主线，两根辅线，

---

[1] 刘红建、张航：《基于公众满意度的全民健身政策执行评估体系构建》，《成都体育学院学报》2014年第8期。

[2] 林鸿潮：《第三方评估政府法治绩效的优势、难点与实现途径——以对社会矛盾化解和行政纠纷解决的评估为例》，《中国政法大学学报》2014年第4期。

[3] 庄国波、杨绍陇：《领导干部政绩评价理论研究进展》，《中国行政管理》2008年第4期。

三个维度"的监督评估指标设置。"一条主线"即执行主体应严格履行工作职责，落实全民健身政策，积极主动地将农牧区全民健身工作纳入日常本职工作中，为农牧区居民服务。"两根辅线"即从工作的职责与目标中，规范自身的行为，明确以人民利益的角度出发，以加强农牧民身体锻炼，提升农牧民健康水平为根本思想的工作。"三个维度"即执行主体的努力程度、群众的满意程度和目标的可行度。一是努力要求不单纯以数字作为绩效评价标准，由于地区所处的经济与自然环境各异，避免出现不同执行主体政绩差别很大的情况。市、县一级的经济发展与自然环境明显发达于农牧区，市、县级如今的体育广场、参与身体锻炼的人口的数量和规模在不断扩大，而农牧区的体育场地仍是土地、草场，但身体锻炼人口虽比不上发达地区，却也在增长。因此，还要充分考虑执行主体的工作起点，合理评定他们的政绩；评价执行主体工作绩效不能单由领导层说了算，还必须看社会公众满不满意。二是社会满意度的调查使评估结果更接近公众的主观感受，真正体现"以人为本"的理念。通过征求意见、民主评议、群众代表参加考核等方式，充分发扬民主，体现客观。三是加强目标达成的可行度，应在满足农牧民的利益需求和农牧区实际发展的基础上对总目标进行合理化具体化。超高海拔地区全民健身政策中的目标带有适合不同地区的宏观性，每个农牧区的发展情况各异，针对全民健身目标就应地区化与详细化。

2. 紧紧依靠农牧区的现代化发展条件，加强对农牧民全民健身认知的引导与促进积极的行为参与

（1）通过营造"三个良好氛围"，逐步提高农牧民对全民健身的认知

①营造良好的学习氛围

农牧民科学文化水平的提高，有助于他们对全民健身政策和相关身体锻炼知识的学习与理解。超高海拔地区依据国家要求制定

了《全民科学素质行动计划纲要实施方案（2016—2020年）》（以下简称《科学素质纲要》）。《科学素质纲要》明确实施农牧民科学素质行动，涉及乡村科普活动、农牧区科普公共服务建设、农牧区科普信息化建设和农牧业科技教育培训等多方面。应当利用一切条件对农牧民开展教育、培训全民健身知识的学习活动，使农牧民在良好的文化学习氛围中得到熏陶，提升文化知识素养，逐步转变农牧民的"体力劳动等同于身体锻炼"的错误认知。一是建成文化特派员小组，下乡送指导活动。国家推行的科技特派员制度，是为解决"三农"问题，为农业、农村、农民问题提供帮扶和服务的一项制度。科技特派员专业指导农民科学种植，提高农民的农业常识，促进农业的科技创新。同样，针对提高农牧民的文化知识水平也可以依靠"文化特派员"进行专门指导与服务。针对农牧区实际，可以开展"文化特派员下乡送指导"活动，让"文化特派员"深入农牧区，传授民众基本的文化与体育知识，生活中的日常锻炼知识，缓解身体疲劳的健康知识等，尊重当地习俗，为民众在生活中遇到的问题答疑解难。二是建设农牧区书房，大力倡导全民阅读。为丰富民众的文化生活，提升全民文化素养，据了解部分县的各个行政村都建有书房。书房以公益性向民众开放，让民众都免费参与阅读，在阅读中得到心灵的升华，学会主动思考，从而逐步转变传统守旧的思想观念和认识。

②依靠家庭身体锻炼氛围的渲染

据了解，超高海拔地区中小学校的学生大多来自农牧家庭。利用农牧区中小学的资源，通过学生对身体锻炼和全民健身的认知与行为表现间接影响他们的家庭。农牧民长期以来的努力养成了艰苦奋斗的优秀传统，但农牧区长期以来以畜牧业和种植业为主的经济结构，使农牧民忙于劳作，参与集体活动的积极性不高。而学校的体育项目不仅有娱乐功能，更重要的是健身和教育功能。学校体育课教授学生规范的运动技能和多样化的体育项目，既教育学生吃苦耐劳、团结互助的良好品质，同时又能教授学生如何科学地保持健康体质。然而在偏僻的农牧区，现代体育项目对他们来说是陌生的，且不易被农牧民所接受。因此，将学生看作连结全民健身与农牧区家庭的良好纽带，通过学生进一步宣传全民健身的健身功能，促进农牧区家庭了解全民健身，加强农牧民对身体锻炼可以预防和缓解身体疾病的认知，激发他们的锻炼行为，带动他们参与到身体锻炼的行列。利用学生进一步发挥全民健身的教育功能，集体性的体育活动形成积极的全民健身氛围，增强民族团结力与凝聚力。利用学生还可以进一步丰富农牧区全民健身活动内容，促使他们主动接受新兴事物，在带动发展民族传统体育项目的基础上，普及现代体育项目和新兴体育项目，提供农牧民更丰富的身体锻炼方式，拓宽农牧民身体锻炼的途径。

③ "体医结合"有助于营造专业的指导氛围

体医结合是体育产业和医疗卫生产业的一个交叉领域。"体医结合"能够引导人们进行科学的身体锻炼，以达到预防疾病、祛病强身的目的，让农牧民不仅加强身体锻炼提高体质，有助于提升身体健康意识，更要让农牧民懂得全民健身政策与个人健康问题、医疗问题等紧密相关，对提升生活质量、促进人的健康等方面起到举足轻重的作用。因此，强化农牧民身体锻炼意识，增强农牧民对全民健身政策的认同感，农牧区实行"体医结合"势在必行。可以根据《"健康中国2030"规划纲要》提出的"体医结合"，整合农牧区村医和社会体育指导员二者工作，从农牧民对健康的重视度入手，通过看病加健身指导的方式，将全民健身与健康生活有机结合，充分发挥"体医结合"的积极作用。

第一，可以设立由村医和社会体育指导员组成的农牧区卫生指导站，定期向农牧民提供健康体检与指导，依据农牧民的身体情况给他们制定合理的运动处方。发挥村医和社会体育指导员二者的关键作用,为农牧民提供贴近生活的身体锻炼方式,逐步培养身体锻炼习惯,使农牧民树立正确的健康观念,不断强化他们对全民健身的认识。

第二,加大农牧区医疗保障,是实行农牧区"体医结合"的重要基础。由于目前农牧区的医疗水平有限,且据实地走访,农牧区卫生所建在村委会里,村医疗设施层次较低,仅提供开药、输液等基础医疗服务,村民也普遍反映生病都会去乡镇或是县上看病。农牧区医疗制度在管理方面主要采取以县为单位统筹,县、乡共管的模式。对此,应进一步明确农牧区卫生所的地位与作用,作为最贴近农牧民生活的医疗场所,应该发挥为农牧民的基本健康保驾护航的价值作用。另外,国家政策的出台,组团式医疗援助工作从2015年开始深入开展,针对农牧区群众开展了一系列"送医送药送知识"下乡义诊活动,有效助推农牧区医疗卫生事业的新发展,为农牧民送去了切实的健康指导与保障。因此,还要大力借助医疗援助工作弥补农牧区落后的医疗硬件设施与软件技术能力,逐步改善与提升农牧区医疗保障和医务人员的医疗技术水平,为农牧区推行"体医结合"提供坚实的保障。

(2)通过满足农牧民合理的利益需求,逐步激发农牧民参与的积极性

全民健身政策以提高人们的健康水平,建成健康中国为目标,要实现这一目标,应该更加注重激发目标群体提高个体健康素质和水平的主动性与积极性的内生动力,并非依赖政府救济[1]。同样,合理满足农牧民健身利益,不是向人民大众提供利益,而是以他们的利益为出发点,激发其参与的主动性。目前看来,农牧

---

[1] 何得桂、董宇昕:《深度贫困地区健康扶贫政策执行偏差及其矫正》,《党政研究》2018年第6期。

民很清楚身体锻炼具有强身健体、保持健康的价值，但他们的健身行为表现不明显，说明他们对身体锻炼的积极性和主动性还不够，还需要一定的推力，推力的关键在于农牧民的健身需求和对切身利益的满足，精神上得到富有，他们才会产生运动欲望，并自觉地调整自己的闲暇支配方式，最终形成一种健身行为。促使农牧民将身体锻炼内化为自觉的健身行为才是完整意义上的"全民健身"。

①通过全民健身发展带动提高农牧民收益

农牧民在感受全民健身发展能带给社会乃至个人看得见的利益，便会主动了解与接触并由此转变态度，从内心接纳全民健身政策。可以依靠农牧区的体育旅游业、健身休闲业等体育产业带动发展农牧区经济。从发展农牧区经济、增加农牧民就业与收入的显性条件入手，让农牧民切身感受到全民健身发展带给个人乃至农牧区社会建设的益处，更好地吸引农牧民关注全民健身并参与身体锻炼。同时，产业的发展帮助免费培训农牧民子女相关产业知识，拓宽农牧民子女的就业渠道或解决就业问题。农牧民感受到全民健身发展带给自身的收益，则更容易积极转变参与身体锻炼的态度，积极投身全民健身的行动中。

②激励农牧民主动参与全民健身

奖励在全民健身活动中可以激发群众的参与动机，增强群众的主动意识，提高他们对全民健身活动的主动参与性。奖励不仅能引起农牧民的兴趣，促使他们主动亲近基层组织，了解全民健身的一系列举措，从而更易使他们从内心转变态度，接受基层组织的安排。物质奖励是以满足人们的物质需要来调动人的积极性。可以通过给予打卡记录与物质奖励结合，以这种可见性的物质奖励改善农牧民从被动接受逐步转化为积极主动参与的思想转变，激发农牧民参与身体锻炼的积极性。物质方面的奖励不可缺少，但也应注意方式方法的多样性与适量性，既可以是现金的奖励，也可以是学习用品、运动用品、生活用品等具体性的物质奖励，同时要避免农牧民因奖励才参与身体锻炼而产生的对奖励的过度依赖。合理可行的奖励制度，利于政策内化为群众的内心信念和自觉行动，提高农牧民参与活动的积极性，促进农牧民加强身体锻炼。

（本章主要执笔：王肖、李伟雪、黄聪）

第五章

超高海拔农牧区全民健身文化驱动与跨界整合

第一节　超高海拔农牧区全民健身文化驱动

一　影响超高海拔农牧区全民健身文化建设的主要因素

（一）全民健身文化建设驱动主体单一

2016年全国《计划》强调要着重推动全民健身重点人群与项目的发展，尤其要扶持老、少、边、穷地方的全民健身[①]。2017年，党的十九大报告提出完善公共文化服务体系，深入实施文化惠民工程，丰富群众文化活动，为促进全民健身发展指明了方向。农牧区作为全民健身事业发展的重点区域，其发展不仅可以激发农牧区居民健身热情，引导居民积极参与健身，促进区域文化交流，提高身体健康水平，而且可以推动"健康中国"建设。但是，调查发现居民参加过政府管理部门组织的体育活动占75.09%，并且几乎没有参加过社会管理部门组织的体育活动。通过对管理人员的访谈，发现农牧区全民健身发展主要依靠政府部门（教体局）。这反映出在农牧区全民健身文化发展中缺少社会组织、新媒体、科研机构等部门的联动。

---

① 国务院：《国务院关于印发〈全民健身计划（2016—2020）〉的通知》，发文号：国发〔2016〕37号，2016年6月15日。

（二）全民健身文化建设驱动客体不足

农牧区全民健身驱动客体指农牧区居民，他们是践行全民健身的重要成员，但居民受文化教育程度等因素影响，健身认知落后，缺乏健身行为，导致参与健身积极性不足。调查发现成年农牧民没上过学占 16.61%，小学文化程度占 51.56%，小学文化程度的居民占一半以上，他们对全民健身的了解甚少，接受全民健身文化的过程缓慢，不够重视健身，存在"体力活动即为健身"的认知。高中及以上文化程度的居民虽然了解健身意义，但是他们假期回家后，很少主动去健身，也很少带动周边居民进行健身。农牧区居民对全民健身的认知各不相同，参与健身的行为也存在差异，重视对居民的教育是农牧区发展全民健身应考虑的因素之一。

（三）全民健身文化建设驱动推力不够

随着西部大开发和国家"兴边富民""乡村振兴"等政策出台，超高海拔地区全民健身发展受到社会广泛关注。但是就农牧区而言，驱动全民健身文化建设的推力不够。协同理论提出内部协同与外部协同，那么在农牧区全民健身文化发展过程中内部协同与外部协同主要指什么？研究认为内部协同主要指全民健身的组织管理、服务、评估、反馈等方面的相互协调、相互配合。外部协同指除全民健身文化外，应与农牧区其他文化相配合，如与农牧区制度文化、民俗文化、媒体文化、饮食文化等相互协同。但是，通过调研与访谈，发现目前没有专门的全民健身组织，全民健身服务不健全，不仅体现在全民健身设施管理维护方面，而且在日常生活中没有全民健身指导人员。虽然政府每年都会培训社会体育指导员，但是具体分配到各地区的比例不协调。此外，在超高海拔地区部分农牧区没有通电、通网，导致农牧区居民获得全民健身的信息比较滞后，全民健身文化建设驱动推力明显不足。

(四) 全民健身文化建设驱动保障不全

农牧区全民健身文化驱动保障要素是促进全民健身发展的重要前提。全民健身文化驱动保障在一定程度上与共生理论中的制约要素相似,除环境要素外,法规制度、服务制度、激励制度、反馈评估制度等也对全民健身文化发展起着重要的作用。在法规制度方面,虽然出台了超高海拔地区全民健身计划,但是未对农牧区进行具体规划。在服务制度方面,对管理人员进行调查与访问,得知制定体育场地器材维修制度占28.57.0%,没有制定体育场地器材维修制度占71.43%;制定社会体育指导员服务制度占35.71%,没有制定社会体育指导员服务制度占64.29%。由此可得,农牧区在全民健身服务制度制定方面还有待完善。此外,通过访谈得知,在农牧区没有专门的全民健身组织,所以更谈不到对全民健身的反馈。

表5-1 超高海拔农牧区是否制定过体育场地器材维修制度的调查 (N=14)

选项	人数	所占百分比 (%)
是	4	28.57%
否	10	71.43%

表5-2 超高海拔农牧区是否制定过全民健身指导服务制度的调查 (N=14)

选项	人数	所占百分比 (%)
是	5	35.71%
否	9	64.29%

总体来看,目前农牧区全民健身文化发展缺少法规制度、服务制度、反馈评估制度等驱动保障。因此,今后在农牧区全民健身文化发展中要注重保障制度的建立。

二 超高海拔农牧区全民健身文化驱动模型构建

（一）文化驱动模型构建目标、指导思想及原则

1. 文化驱动模型构建目标

农牧区全民健身的文化驱动模型构建是为了提高农牧区居民健康水平，促进全民健身发展，优化配置各类文化要素，使全民健身文化建设向良性方向发展的一套思想与操作。该模型的总体目标是在农牧区现有健身政策、健身资源、健身文化氛围、健身群体的基础上，以共生理论、需求层次理论、社会互动理论、文化适应理论、态度转变理论、协同理论为指导，结合农牧区全民健身现实与居民对健身的实际需求，运用多元力量营造农牧区全民健身文化氛围，加强农牧区社会互动与协同，优化农牧区健身共生资源，使农牧区居民适应健身文化，转变健身态度，将健身作为日常生活的组成部分，进而推动农牧区全民健身发展，并进一步推动"健康中国"建设。

2. 文化驱动模型构建指导思想

（1）以多学科、多理论作为支撑

全民健身发展与健康中国建设是一个复杂的、系统的过程，包括全民健身与社会现象之间的联系，以及彼此之间的相互作用，同时也包括个体对全民健身的认知、价值追求、健身行为等因素。因此，本研究综合应用人类学、哲学、社会学、体育学等多学科的理论方法研究农牧区全民健身文化驱动模型。通过确立研究主题，明确研究目的，基于共生理论等系列理论基础，针对性构建符合当地全民健身发展的文化驱动模型。

（2）以中国特色社会主义理论为引导

在新时代背景下，我国提出了建设"健康中国"战略目标，全民健身作为健康中国建设的一项重要举措，它的发展要契合人民的实际需求，契合中国的基本国情与现实状况。近年来，随着

我国政治、经济、文化、社会的不断进步，人们更加注重自身发展，对其健身认知、健身观念、健身价值追求都在不断发生变化。然而在农牧区，居民对全民健身的认知仍比较落后，如何创造性地解决全民健身在农牧区发展中遇到的问题，更好地实现"健康中国"战略目标，必须以中国特色社会主义理论为基础，根据农牧区全民健身实际情况创新全民健身发展新动力。

（3）以"健康中国"战略为导向

"健康中国"是党中央在十九大上提出的一项国家战略，并相继出台了《"健康中国2030"规划纲要》、全国《计划》，这些文件的主旨都是以健康中国为主题，突出健康优先的原则。在《"健康中国2030"规划纲要》中提到要提高全民身体素质，不断完善全民健身公共服务体系与公共设施，到2030年体育社会组织不断扩大，基本建成县乡村三级公共体育设施网络，人均体育场地面积不低于2.3平方米。更重要的是要广泛开展全民健身活动，不断改变人民的健身态度，使健身成为人民生活中必不可少的一部分。如今农牧区全民健身发展越来越受到政府与社会的重视，可将"健康中国"作为全民健身发展的价值导向。但不可否认的是，当前我国农牧区全民健身发展相比东部发达地区仍有很大差距。2016年仅1年上海市对全民健身发展总投入7.7亿元，而超高海拔地区在"十三五"时期5年对全民健身的投入仅有4.14亿。因此，应当充分关注农牧区全民健身存在的问题，创新农牧区全民健身发展路径，从本质上解决问题，以便更好地服务健康中国建设。

（4）以"以人为本"为核心

人是一切事物的创造者，在本研究中，人主要指在农牧区居住的合法公民。"以人为本"是科学发展观的核心理念，它将人的全面发展作为最根本、最重要的目标。研究认为"以人为本"不仅指促进人的全面发展，而且要更加关注社会弱势群体，让他们能充分享受社会发展和进步的成果。农牧区全民健身发展要以"以人为本"为核心,真正了解农牧区居民的实际需求,根据居民实际需求制定科学、符合本土特色的全民健身计划,进而满足居民的需求。在构建超高海拔农牧区全民健身文化驱动模型过程中要一直秉持"以人为本"的理念,科学地看待和分析问题,把农牧区居民作为全民健身发展的主体与落脚点。

3. 文化驱动模型构建原则

(1) 方向性原则

改革开放40年以来,体育事业不断发展,不断进步,取得的成就离不开党和政府对体育事业的关注与指引。2014年,全民健身在《关于加快发展体育产业促进体育消费的若干意见》中上升为国家战略。2016年以来,为了进一步推动了全民健身国家战略的实施,我国相继出台了《2030年可持续发展议程》全国《计划》、《"健康中国2030"规划纲要》、《健康中国行动(2019—2030年)》等文件。农牧区全民健身作为"健康中国"建设的重要组成部分,在创新驱动发展过程中要以国家政策为导向,以农牧区全民健身现状为前提,以多种措施为途径,构建符合农牧区全民健身发展的文化驱动模型。

(2) 实际性原则

农牧区地处我国西部偏远地区,海拔高,环境特殊,居民分散居住,以农牧业为主。这就要求农牧区全民健身发展一定要符合本地特殊环境、风俗习惯及生活方式。农牧区全民健身要用发展的眼光看待问题,根据当地切实现状制定方便易行的全民健身文化驱动模型。

(3) 全面性原则

农牧区全民健身活动的主体是农牧区居民,全民健身文化驱动模型不但要关注适合不同年龄阶段居民的体育活动,而且要关注农牧区居民的不同文化层次、不同健身认知、不同居住条件、不同生活方式、不同风俗习惯等。此外，既要对农牧区全民健身活动的宣传、赛事、日常活动等组织形式进行创新，又要注重多部门协同发展，让全民健身文化渗入居民生活中，逐渐完善农牧区全民健身发展机制，加快"健康中国"建设。

（4）科学性原则

超高海拔农牧区全民健身文化驱动模型构建是为了改变当前所遇困境的一种尝试。只有在遵循科学性原则基础上构建的全民健身文化驱动模型才会得到广大群众的认可，才能在现实生活中推广应用，才能为全民健身发展注入新鲜血液，在现实中解决实际问题。

（5）循序渐进原则

农牧区全民健身发展受多种因素影响，是一个长期的、动态的发展过程。其中，农牧区全民健身人力、物力、财力资源的投入，居民健身文化氛围的营造，管理体育人员的服务意识与居民健身意识的转变，监督机制、协同机制的完善等都是促进当地全民健身发展的主客观因素。但是这些动力源泉不可能在短时间内发挥最大优势，应循序渐进、有步骤、有计划地推进，针对具体问题，制定具体实施方案，逐渐推动农牧区全民健身发展。

（二）文化驱动模型的构成要素及运行机制

1. 文化驱动模型构成要素

超高海拔农牧区全民健身文化驱动模型是基于对全民健身文化建设现状的调查与分析后，以共生理论、社会互动理论、需求层次理论、文化适应理论、态度转变理论、协同理论为指导，遵循方向性原则、实际性原则、全面性原则、科学性原则和循序渐进原则等系列理论与原则构建的模型。该模型主要由文化驱动前提、驱动主体、驱动客体、驱动推力、驱动保障五大要素构成。各要素之间相互联系，相互影响，共同推动农牧区全民健身发展。

农牧区全民健身属于社会共生要素之一。所以在构建全民健身文化驱动模型时，首先要了解农牧区全民健身文化建设现状。根据前文，主要了解农牧区全民健身政策、资源、组织管理、文化氛围和居民健身认知。农牧区全民健身政策主要指农牧区全民健身发展规划、法规制度、场馆设施管理与维护制度等。全民健身资源除包括财力资源、物力资源、人力资源等，还包括能够推动农牧区全民健身发展的各种推力资源，如科技医疗、文化教育、企业赞助等。人力资源包括体育管理者数量、社会体育指导员数量及实际服务情况；物力资源包括农牧区全民健身的场地设施数量、利用率；财力资源包括政府对农牧区全民健身的经费投入，以及农牧区对社会体育资金的吸纳。健身组织管理指全民健身组织机构和全民健身政策法规的制定，组织机构指专门的健身管理机构或相关体育社会组织（体育协会、俱乐部等）；健身文化氛围指农牧区对全民健身的宣传、组织开展活动、居民健身行为等；居民健身认知包括居民对健身的认知和态度。

　　文化驱动主体指农牧区由谁来发起全民健身文化，并且能够借助各种平台，采取各种措施让全民健身融入农牧区居民生活。社会协同即社会各要素之间相互合作、相互影响的过程。实地调查发现，在农牧区，政府、社会组织、新媒体、科研机构等是当前发展全民健身最主要的驱动要素。首先是政府对农牧区全民健身的引领，对全民健身工程建设的投入，对农牧区全民健身宣传、开展活动的服务；第二是社会组织，它包括企业组织，也包括第三方非营利性组织，如创立农牧区健身协会或农牧区健身团体；第三是新媒体，在农牧区可通过各种有利条件，利用电视、广播、网络等媒体对全民健身进行传播，进而使农牧区居民了解全民健身；第四是科研机构，研究者可对农牧区全民健身发展对策进行探讨，也可结合农牧区实际情况、传统民俗等因素创新健身项目，创造符合农牧区实际情况的全民健身活动。

　　当然，农牧区全民健身文化驱动主体是推动全民健身发展的重要力量，但只有全民健身文化驱动主体发挥作用，而没有驱动客体（农牧区居民）接受全民健身文化，并对其进行实践与反馈，会因客体不足而发展缓慢。马斯洛曾表示当人类处在不同环境，不同时间段时，人类的需求也会不同。以全民健身为例，近年来，随着人民生活水平提高，人们对享受与发展的需要越来越明显，全民健身作为促进人类健康的一种方式，也越来越受人们喜爱。但是通过在农牧区田野调查得知，少年与老年人的健身需求比较高，青年人与中年人受生产生活方式的影响，健身需求较低。农牧区居民作为全民健身的主要接受者和行动者，即全民健身文化驱动客体，他们对健身的认知和健身需求是全民健身文化驱动的关键。那么如何影响驱动客体提高其健身需求？首先要以"以人为本"为核心，从实际出发。达克沃尔特曾提出产生文化适应，首先要在特定领域提出行为要求，其次使人类认知发生转变，再次提高人类参与程度，最后使人类产生无意识文化适应[1]。陈敏等曾提出社会互动会影响人类行为，在互动过程中，人类会从无意识地自发到有意识的自觉[2]。因此，在农牧区发展全民健身需驱动主体作用于驱动客体，并通过各种途径转变居民对全民健身的态度，进而不断壮大经常参与全民健身的群体。

农牧区全民健身文化驱动主体与客体之间的相互影响与相互作用，在一定程度上会推进全民健身发展，但是这仅局限于主体与客体之间的互动。协同理论提出 1+1>2 的协同效应，因此，农牧区全民健身发展不仅需要主体与客体之间互动，而且需要促进全民健身发展各要素之间的相互协同。协同包括内部协同与外部协同，其中内部协同主要指农牧区全民健身自身文化建设，如全民

---

[1] 孙进：《文化适应问题研究：西方的理论与模型》，《北京师范大学学报（社会科学版）》2010年第5期。

[2] 陈敏、徐晓琴：《体育教学中社会互动的价值与策略——基于"镜中我"理论下的探析》，《北京体育大学学报》2018年第8期。

健身政策、资源、组织管理、服务体系、文化氛围等。而外部协同主要指全民健身发展依靠其他文化要素的推动，如制度文化、民俗文化、媒体文化、饮食文化等要素都可间接推动全民健身发展。制度文化既包括强制性高的制度规范，如方针、政策，也包括在日常生活生产中对风俗、习惯、道德的一般制度规范。在全民健身发展过程中，可根据农牧区实际情况制定全民健身法规制度和健身组织管理制度，进而推动其健康发展。民俗文化指受社会历史发展影响，在农牧区拥有独特的服饰文化、语言文化、艺术文化等。如最为普遍的服饰文化，这对放牧的居民来讲它既是服饰又是简单的被褥，因此根据农牧区居民服饰文化，创编与农牧区实际相符的全民健身活动，将进一步提高居民的健身积极性，促进全民健身发展。此外，农牧区具有独特的语言文化与艺术文化，因此在全民健身开展过程中注重语言文化的差异，根据实际情况对农牧区居民普及相关知识，有利于全民健身发展。对全民健身发展来讲，农牧区独特的音乐与舞蹈可作为健身的组成部分，这样农牧区居民既能适应该文化，又能主动实践。如今，科学技术发展迅速，"互联网+"以及各种APP的推出，使人类接收信息的速度越来越快，创新媒体文化对农牧区全民健身的宣传，有助于推动农牧区全民健身发展。饮食文化指在农牧区因受地理环境与人文哲学等因素影响，牛羊肉、糌粑、酥油茶、青稞酒成为农牧区最有特色的食物，通过合理饮食+健身，不仅能够增进居民健康，而且可间接推动全民健身发展。

全民健身文化驱动模型中要使驱动主体、驱动客体、驱动推力之间相互协同与和谐运转，则必须驱动保障要素来维系。驱动保障要素主要包括环境要素、法规制度、服务制度、激励制度、反馈评估制度。环境要素包括自然环境和人文环境。自然环境主要考虑农牧区的现实条件，并对全民健身项目进行合理调整。人文环境主要指为农牧区营造良好的健身文化氛围。法规制度涉及农牧区全民健身的财政管理、活动规则、场地维护等。服务制度指农牧区全民健身宣传、指导、组织活动等多个服务环节。激励制度指对农牧区体育服务人员、农牧区居民给予一定鼓励。通过田野调查发现，目前超高海拔地区举办全民健身活动主要集中在市、县城市，农牧区居民考虑到交通费用及参加比赛的消费，大部分选择放弃。因此，当地举办健身活动可通过激励机制对农牧区居民进行经费补贴，或参与活动给予适当奖励的形式调动全民健身的积极性。反馈评估制度，基于政府、社会、群众三者之间的互动，主要通过深入基层走访调查，结合各区域管理人员的反馈和居民的反馈，了解居民健身实际需求和目前存在的困境，向相关部门进行反馈，进而制定符合实际情况的制度，并定期对农牧区全民健身现状进行评估，包括政府采纳情况和居民接受情况。

总之，超高海拔农牧区全民健身文化驱动模型呈现驱动主体多元性、驱动客体针对性、驱动推力协调性、驱动保障多样性的基本特征。

2. 全民健身文化驱动模型运行机制

全民健身文化驱动模型运行机制主要由驱动前提、驱动主体、驱动客体、驱动推力、驱动保障五大要素构成，各要素又由若干个运行的相关子要素组成，各要素之间形成可以单独运行且相互影响，相互促进，相互协同的循环发展系统。

（1）协同合作机制

协同理论与共生理论都强调社会是一个互相联系不可分割的整体，协同合作是实现资源最大化利用的一种方式。农牧区发展起步晚，尤其在全民健身领域，基础薄弱，动力不足。全民健身文化驱动主体都能在农牧区发挥各自作用，并相互协同，营造全民健身文化。首先要政府引导，如制定符合农牧区实际情况的全民健身政策，在资金投入方面专门作出全民健身财政预算，在开展活动方面要积极有序组织全民健身活动，并借助各平台进行全民健身宣传。其次要社会各部门参与，如学校、医院、体育部门、公益组织、旅游产业等各个部门将全民健身纳入发展规划中，推动健身发展。学校通过教育使学生对全民健身进行全面了解，并能让学生在生活中进行宣传，正面影响农牧区居民；医院在帮助居民进行体质监测或疾病治疗时，可开出运动处方，将全民健身纳入"体医结合"的计划中；体育部门可根据农牧区全民健身实际情况和居民空闲时间，经常组织全民健身活动，调动居民健身积极性；公益组织除对市、县进行资助外，可考虑资助农牧区开展全民健身；旅游产业可将全民健身宣传与景点宣传相结合。再是需要各新媒体对全民健身进行大力宣传，加大健身影响力。最后通过科研机构研究全民健身发展理论，创新丰富农牧区全民健身形式，不断推动全民健身发展。

（2）相互促进机制

事物之间普遍联系，任何事物都会相互影响，相互渗透，并在一定条件下相互促进。超高海拔农牧区全民健身文化驱动模型是使各要素最优化配置，该模型中驱动主体与驱动客体间相互促进，在其运行过程中显得尤为重要。马斯洛提出人类需求层次越低，则需求发展空间越大。随着我国经济快速发展，人们的需求在不断增多，其中包括对全民健身的需求。但目前在农牧区，居民对全民健身的认知薄弱。如何转变农牧区居民对健身的认知，并引导他们积极参与健身值得深思。人类态度是可以改变的，因此可以通过驱动主体发力逐渐转变农牧区居民健身态度，进而改变其健身行为。在此过程中，驱动主体构成要素之间需相互联系，相互促进，根据驱动前提与驱动客体的具体状况，运用政府引导、社会参与、大众宣传等多种形式促进农牧区全民健身发展。

社会互动理论强调，互动是人类社会发展的重要方式，通过互动可以使人类从无意识的认知转变到自觉的行动。因此，在超高海拔农牧区全民健身文化驱动模型中需要各要素之间的互动与相互促进。即驱动主体作用于驱动客体、驱动推力、驱动保障，然后通过驱动客体的反馈、驱动推力的推动、驱动保障的维系促进驱动主体更好地发挥其各自的职能，进而通过各要素之间的相互促进实现农牧区全民健身的健康发展。

(3) 文化驱动机制

人类创造文化，文化影响人类。在生活中，无论人类适应哪一种文化，它都需要经历一个动态的过程。协同理论提出 $1+1>2$ 的协同效应，因此在农牧区通过制度文化、民俗文化、媒体文化、饮食文化等推动可促进农牧区全民健身的发展。那么如何利用这些文化来推动农牧区全民健身发展？这需要驱动主体不断发力，首先政府引导制定相关的制度文化，如土地规划制度、人员管理制度、社会组织制度等，为全民健身发展提供良好的文化氛围。其次社会各部门参与并将各部门产生的文化与健身文化相融合，如农牧区节庆文化、艺术文化等可与健身文化相结合。再次，新媒体可根据农牧区特殊的地理环境，创新农牧区对全民健身宣传的途径。最后社会科研部门可通过农牧区实际情况和语言文化，研究符合农牧区全民健身的符号文化等。农牧区全民健身文化要与各领域文化"拥抱"，坚持多种文化形态相互融合，相互驱动，不断为农牧区创造更多有形的全民健身文化符号，营造全民健身文化氛围，使农牧区个体与群体发生适应性改变，最终驱动全民健身向良性方向发展。

(4) 完善保障机制

共生理论强调事物之间相互依赖，其中制约要素是社会共生要素的组成部分。在农牧区全民健身文化驱动模型中，驱动保障为其他要素提供了必要的条件支撑。任何事物的转变都需要依托外界良好的环境与促进氛围，当前农牧区居民健身认知不充分，健身行为不积极，需要为其营造一个良好的健身文化氛围。首先要制定完善的健身法规制度给予农牧区全民健身政策保障，并对其发展进行合理规划，根据农牧区实际和居民喜欢的活动开展健身，积极引导居民利用空闲时间进行健身。此外，在农牧区推行全民健身服务制度，配备专门人员进行健身指导、经常组织举办健身活动、积极宣传全民健身文化，及时对健身场地设施与服务质量进行反馈评估，形成多层次、多种类的服务形式。制定激励制度对农牧区全民健身管理人员与居民进行适当鼓励，调动其积极性。制定反馈评估制度及时反馈各系统的开展情况，发现存在的问题与不足，进一步调整完善，注入新鲜活力。

（三）全民健身文化驱动模型运用

超高海拔农牧区全民健身文化驱动模型的构建是为了驱动全民健身发展。通过调查分析，提出构建农牧区全民健身文化驱动模型运用建议。

1. 多元驱动主体发力，营造农牧区全民健身文化氛围

自全民健身上升为国家战略以来，各地区都重视全民健身发展。超高海拔地区针对当地实际情况也作出了推动全民健身的举措，2018年2月提出要发展人民满意的全民健身事业，做好顶层设计，认真落实好全国《计划》，大力实施"六个身边工程"，加强全民健身评估工作，强化全民健身工作机制协同作用。协同理论与共生理论强调事物发展离不开各系统的相互影响。同样，农牧区全民健身文化发展也需要诸多系统来创造，如设立全民健身社会组织、健身协会积极带动农牧民经常参加健身；借助学校传授健身知识，并借助学校场地，在节假日开展健身活动；通过医疗机构创新"体医结合"，将全民健身融入运动处方等。

第一，提高经济发展水平是农牧区全民健身发展的前提。近几年，随着我国经济又好又快发展，人民收入得到提高，生活得到改善，对健身需求逐渐增多。然而在农牧区，居民的意识仍处于生理与安全需求阶段，对全民健身的需求很低。政府要考虑农牧区民情的复杂性，考虑居民对全民健身的实际需求，不照搬城市

健身路径建设，对农牧区进行调查，征集居民意见。针对农牧区全民健身场地利用率低，缺少资源共享的现状，政府可制定农牧区全民健身场地设施管理制度，将管理器材这一任务具体分配给农牧区距离健身器材较近的居民，避免场地器材损坏或不合理使用。

第二，通过外部与内部的协同，达到和谐有序的状态。党的十七大将"社会协同"写入报告，由此可见，社会协同在当代的重要性。因此，农牧区各部门要根据农牧区自然环境、生产生活方式、居民实际需求制定农牧区全民健身发展规划。农牧区缺少社会体育指导员，所以职能部门要合理分配各个区域的社会体育指导员培训指标。此外，政府要积极引导农牧区热爱身体锻炼的居民自愿合法成立全民健身组织，牵头带领居民身体锻炼。并根据当地居民对体育活动的喜爱程度创新全民健身文化。在全民健身财力资源方面，政府除拨款外，要鼓励其他非营利组织及体育产业单位对农牧区全民健身加大投入。

第三，强调中介的积极作用。全民健身宣传作为农牧区全民健身发展的中介力量，是农牧区全民健身的一项基础性工作，是农牧区全民健身的助推器。当前，人们生活在互联网时代，信息传播快速发展，但是在农牧区，居民利用网络接收全民健身文化信息较少。农牧区要尽可能加大新媒体对全民健身文化的宣传，利用网络及时推送简单易学、大众喜爱的健身项目，条件允许的情况下可以建立农牧区健身数据库。为加强农牧区全民健身宣传，除加强网络宣传外，还要重视传统方式的宣传。除通过宣传栏、广播进行全民健身宣传外，还可将驻村干部、体育管理人员、文体人员、体育教师、体育非物质文化遗产传承人、学生作为全民健身宣传主体，通过节庆活动、社区活动、家庭教育、学校教育等途径，以图文资料、语言讲解、动作示范为媒介，对健康知识、健身政策、健身方法等进行宣传，促使农牧区居民正确认知全民健身，并对其产生积极态度。

第四，注重社会各要素之间的相互协同。《全民健身条例》、全国《计划》和《健康中国行动（2019—2030年）》的贯彻落实，有效提升了广大群众开展和参与体育健身活动的热情。但在农牧区，没有针对性地提出具体的实施方案，建议通过高等院校、科研院所，结合农牧区的地理环境、人文习俗，以"创新农牧区全民健身文化"为抓手，探讨农牧区真正喜闻乐见的健身项目，提高农牧民的健身积极性。

2. 驱动客体逐渐适应健身文化，为农牧区健身发展注入活力

社会互动理论认为人一出生就进入了人际交往的世界，其学习与发展都与外界进行不断交往与互动。尤其是"中介"，它在人类学习过程中发挥重要的作用，有助于人类实现文化适应。成功的文化适应需从和谐角度认识文化的差异，通过主体与客体，自我与他者的相互渗透和相互认同，最终达到和谐共存。因此，在农牧区要达到全民健身在个体与群体层面的文化适应，首先要使驱动客体适应健身文化。在农牧区可借助社会体育指导员、体育老师、驻村干部、体育非物质文化遗产传承人、医生等向农牧民传授健身知识。据相关统计表明，自20世纪80年代以来，虽然各类体育工作人员总数大幅增加，但农牧区体育管理人员有限，2017年认证社会体育指导员764人，其中一级指导员186人，二级指导员384人，三级指导员194人，但是这些指导员几乎都不是来自农牧区，虽然近几年加大培养力度，但还是难以满足农牧区需要。尽管农牧区有管理人员，但他们欠缺健身文化目标引领，没有抓住举办全民健身文化活动的契机去增强健身活动的影响力。所以，农牧区要重视"中介力量"的作用，利用"中介力量"鼓励农牧民积极参与健身，使他们逐渐转变健身态度。可通过教体局、农牧区行政部门、民间组织、学校、医院等政府或社会组织举办符合农牧区实际情况的全民健身活动或健身比

赛，鼓励农牧民积极参与，激发他们对全民健身的兴趣，让其不断理解全民健身的价值，接受健身，让健身成为生活的重要组成部分，并内化为一种自觉习惯。在活动举办过程中，可针对某项具体的项目进行详细讲解，邀请农牧民进行现场互动，让他们亲身体验，感知活动带来的乐趣，认同健身。在活动结束后，及时询问农牧民健身感受，了解他们的真正需求，进行总结反思，不断引导，使他们从内心真正接受健身，进而促进健身态度发生转变。

当然，通过举办活动是对农牧民态度转变的一种途径，但与此同时，还要关注农牧民的健身文化适应能力。文化适应是一个动态的变化过程，需要人类不断理解，不断尊重，不断接受。因此，农牧区不仅要举办活动，而且需驱动主体与客体经常互动，及时了解驱动客体的文化适应程度，并根据适应的程度举办符合当地的健身活动。农牧民是全民健身的参与者，但是农牧民受农牧区生活生产、传统习俗的影响，交际圈较小，一般习惯与邻里、亲属交流，忽视扩大交往圈，对全民健身的认知度低。体育工作人员可对农牧民进行健身知识传授，健身活动引导，使农牧民转变健身价值观。针对文化程度低，不懂如何健身的农牧民，要充分发挥知识分子和驻村干部的优势，积极主动宣传健身知识，帮助带领农牧民进行科学健身，使其从内心接受健身，并将健身行为常态化，积极主动影响周边居民，为全民健身注入活力。

3. 多力协同推动农牧区全民健身发展

协同理论重视内部与外部协同，最终产生整体效益。在农牧区，发展全民健身需要多向力推动，多向力包括外部力量和内部力量。但是，农牧区全民健身发展的内部动力较弱，因此，要通过外部文化要素去驱动内部力量改变，进而共同推动农牧区全民健身发展。这就需要进行文化要素的合理配置，如何优化配置，使农牧民适应健身文化,这需要经历一个动态的发展过程,需通过各种推动形式,将农牧区制度文化、民俗文化、媒体文化、饮食文化更好地作用于全民健身。

第一,通过制度文化推动。2018年,超高海拔地区以全国《计划》为统领,制定了地区全民健身计划,提出健身设施向农区、牧区、林区、半农半牧区稳步实施。但是,政府针对农牧区全民健身出台的具体政策少。因此,政府可根据实际情况出台《农牧区全民健身计划》的相关制度。此外还可根据实情制定农牧区土地规划制度、管理人员制度、社会组织管理制度。通过土地规划制度,推动农牧区全民健身场地设施的合理安置;通过管理人员制度促进农牧区合理配备健身指导人员;通过社会组织管理制度建立农牧区全民健身组织或健身协会。

第二,通过民俗文化推动。农牧区受社会历史发展的影响,拥有独特的民俗文化,农牧民通过长期生活适应当地民俗文化,因此可借助民俗文化与全民健身的融合,加强他们对健身的认知。如在农牧区特殊节日节庆,可将全民健身活动与节日节庆活动结合,进而提高农牧民健身的积极性。

第三,通过媒体文化推动。通过对农牧区调研,发现全民健身的宣传途径较少,健身文化氛围不够浓厚。目前在农牧区可通过驻村干部、文体人员、体育教师、体育非物质文化遗产传承人、医生、学生等,以节日节庆活动、学校教育等途径宣传全民健身。随着科技的进步,新媒体对信息的传播越来越迅速,因此在农牧区要根据实际地理环境,创建有利于新媒体传播的平台。针对网络信号较好的农牧区,创建全民健身微信公众平台,及时向农牧民推送简单易学的健身项目。如果喜欢参与健身人数达到一定规模,则可再创建全民健身网络组织,通过线上互动,激发农牧民健身积极性。

第四,通过饮食文化推动。通过在农牧区调查,发现农牧民将牛羊肉、糌粑、酥油茶、青稞酒作为日常生活的主食，对蔬菜的需求很少，有部分农牧民患有高血压。虽然全民健身是提高农牧区居民健康水平的一种方式，但是，饮食文化对农牧民健康状况有着重要的影响。因此在农牧区，可通过医疗机构向农牧民提出合理的饮食结构，并逐步普及，使他们意识到饮食对健康的重要性，并为之做出改变，以期通过"饮食+健身"的形式增强农牧民体质，达到全民健康的初衷。

4. 完善制度，多措施保障农牧区全民健身

完善的制度建设是保障社会治理有序进行的必要条件。只有以完善的制度建设作为有效保障，才能真正实现社会协同的目标①。因此，在农牧区全民健身文化建设中，除创造和谐的健身人文环境外，还需进一步制定相关制度，以确保全民健身健康发展。

第一，加强农牧区全民健身法规制度建设。通过调研发现农牧区全民健身法制建设不健全，没有制定专门的全民健身条例。因此，政府应当通过法规制度确立农牧区对全民健身的管理，根据农牧区实际情况制定全民健身条例，明确农牧区全民健身的目标、主要任务及保障措施。

第二，制定农牧区全民健身服务制度。在农牧区，全民健身服务属于推动全民健身发展的一种中介力量，它包括全民健身的宣传、指导、组织活动等。调查发现农牧区对健身的宣传力度不够、缺少健身指导服务、缺少全民健身组织活动。因此，应当制定服务制度，如，①制定每周由管理人员或驻村干部通过广播宣传全民健身知识，并让农牧民意识到健身的价值。②即使农牧区缺少健身指导员，但仍可以将农牧区体育老师、驻村干部、医生，甚至懂健身、热爱健身的农牧民等作为农牧区健身带头人，并规定

---

① 苏曦凌：《广西社会治理政社协同机制的理论模型与实证研究》，中国政法大学出版社2017年版，第32页。

每周组织农牧民进行1—2次集体健身活动。③农牧区每年都会举办1—2次体育活动，但主要集中于节庆日，目的是庆祝、娱乐、加强农牧民间的文化交流，这也是全民健身宣传推广的好机会。农牧区制定服务制度要多考虑组织开展全民健身活动，并将农牧民喜欢的项目纳入全民健身活动中。

第三，制定农牧区全民健身激励制度。彭冉龄认为需要是有机体内部的一种不平衡状态，是有机体活动的源泉①。受生产生活方式的影响，农牧民对健身响应较少，加之举办全民健身活动一般都在市、县，距离农牧民生活地较远，农牧民为了放牧、农作，或为了节省开支往往很少主动去参加全民健身活动。所以在农牧区制定参与健身活动制度，给予车费补助或生活费补助的奖励制度有利于提高农牧民健身积极性。此外，农牧区全民健身的工作人员也可根据其工作完成情况进行奖励，如设立"先进工作者""健身标兵"等荣誉给予鼓励。

第四，制定反馈评估制度。农牧区全民健身发展可通过社会各部门、全民健身管理人员、农牧区居民等对其进行反馈评估。一方面是对政府及社会各部门组织实施全民健身过程的反馈，包括全民健身的资金投入、物质设施的建设、全民健身项目的开发、活动举办次数与质量、健身时间安排等；另一方面是对农牧区居民健身的认识、健身态度、健身行为的反馈。建议在每个农牧区自然村设立一个全民健身联系人，成立农牧区全民健身反馈小组。通过反馈，评估农牧区全民健身发展的状况，进而使农牧区全民健身文化驱动模型各要素得到及时调整，这样不仅可以促使农牧区全民健身工作开展更科学，而且可以提高农牧区全民健身的工作效率，促进我国全民健身事业的发展。

---

① 彭冉龄主编：《普通心理学（修订版）》，北京师范大学出版社2001年第2版，第321—328页。

第二节　超高海拔农牧区全民健身跨界整合驱动

一　超高海拔农牧区全民健身发展主要模式与趋势

（一）超高海拔农牧区与发达地区全民健身的主要发展模式分析

1. 农牧区全民健身的主要发展模式

通过对农牧区的实地调研、专家访谈、当地政府部门人员访谈和文献资料的整理，结合农牧区实际情况进行概括分析，尝试提出现阶段农牧区全民健身的主要发展模式是以教育与体育的结合、民俗体育等形式开展。

（1）"教体结合"的共存发展

传统意义上"教体结合"，首先是以教学系统为主导，秉承"以人为本"发展理念，与"体教结合""学校运动队"，以及"社会力量办学"等多种竞技体育后备人才培养机制的基础上相互协作[1]。其次是通过体制与机制创新发展，从而实现教育与体育系统的和谐互动、体育资源共享，以及竞技体育人才培养三个方面的发展，最终实现将学校体育作为大众体育及竞技体育协调发展的基础平台，加快我国体育事业全面发展。

本书所提出的"教体结合"较为不同。由于超高海拔地区受地域、资源等影响，将"教体结合"的体系结合实际情况运用到体育部门的发展中，从而缓解体育部门的工作压力。通过调研发现，农牧区将教育体系与体育体系结合，这样的结合不仅在一定程度上缓解了各方面体育管理人才匮乏的问题，同时又将资金运转与部门间的联动运用到实际中。通过对"教体结合"这一模式

---

[1] 阳艺武、刘同员：《"体教结合"与"教体结合"的内涵解读》，《体育学刊》2009年第5期。

的合理运用，以教育发展带动体育发展，不仅在当地体育后备人才上取得了长足的进展，也缓解了部门发展压力。

超高海拔地区体育发展作为我国体育事业发展中不可或缺的一部分，其重要性不言而喻。2010年国家体育总局出台文件，详细规划了援助超高海拔地区体育事业发展的目标、重点、布局、进程及要求，这一举措对促进超高海拔地区体育事业全面快速与整体协调发展具有重大的政治意义和战略价值。但是由于超高海拔地区受多种因素的制约只能依靠多部门的合力发展，所以"教体结合"的发展模式也就应运而生。为了便于政府对部门业务的管理，区别教育与体育的细节问题，超高海拔地区在省级单位布局上依旧与其他省市保持一致，设有专门的教育局、体育局，对其部门的工作任务也有明确分工。其余各地级市、县基本均以"教体局"的形式存在，其中体育部门均在"教体局"中以"体育科"设立。

通过对三个地级市以及所属的三个农牧业县的实地调研，与当地"教体局"部门工作人员访谈后了解到以下几点情况：第一，在当地部门建立之初就以"教体局"的形式设立，体育部门是在"教体局"下的一个科室。第二，科室内具有正式编制的部门成员较少，由于体育工作任务较为繁重，多数工作在统筹后交由各地县的体育教师完成。此外，体育教师隶属于教育局正式编制，所以在安排工作时需提前向当地教育局报备。第三，在推广全民健身活动、举办竞技类比赛时，所需工作人员、参赛队员等，在一定程度上大都是依托学校体育开展。第四，各市县社会体育指导员的培养主要是体育工作者及体育教师，培养级别仅以地级市、县为主，涉及的镇、乡、村培养工作还处在规划阶段，导致现阶段农牧区社会体育指导员培养面的广度较窄，深度较浅，并且没有完整统一的考核奖励制度。第五，在体育经费支持上，除了每年几个固定的大型竞赛和全民健身活动，由当地的财政部门进行固定的经费支持外，其他比赛、活动的经费，一部分需要自行解决，另一部分需要依托教育部门的教育经费解决，全民健身活动的经费特别少。

超高海拔地区的"教体结合"形式，存在一定的"双面性"特征。受多因素影响，部门间的划分相对困难，只能对相近的部门进行合并管理。而现有"教体结合"的形式也契合地区教育、体育事业的发展。相对内地而言，超高海拔地区则是以维护边疆稳定为工作重心，其体育事业的发展，在边疆维稳的基础上，则是依托学校体育的发展，与教育事业相结合，呈现出"教体结合"的互补形式。而各市、县的这种"教体结合"互补形式在一定程度上能够解决现有的人员短缺、资金不足等问题，同时也维持体育事业的发展。伴随着体育、教育工作任务更加繁重，"教体结合"的形式面临的挑战越来越大，能否保持现有的发展契合度还需要进一步验证和探究。

（2）"全民健身活动"与"民俗体育活动"的独立发展

①农牧区全民健身活动独立发展现状及问题

对超高海拔地区全民健身而言，其发展不仅要建立在维护边疆稳定的大格局下，同时也要与民族传统体育文化相结合。通过对管理人员调查和访谈分析，了解到各农牧区特点较为相似，如地广人稀以游牧为主，农牧民间相互交流较为匮乏，农牧民生产方式较为单一等。现阶段农牧区以各市级全民健身的发展大方向为基础，由各县自行主导，其主要发展形式较为单一。一是基于国家提出的全民健身战略，以基本的健身路径和社会体育指导员为主要推进手段。二是以学校为载体推广，以教育为形式传播，形成基础的全民健身氛围。三是利用媒体宣传与旅游业结合，以体育旅游的形式推广。四是在维护边疆稳定的基础上，以举办篮、足、自行车、赛马等体育项目竞赛进行推广与宣传。五是举办县、村全民健身活动时大多伴随着传

第五章　超高海拔农牧区全民健身文化驱动与跨界整合

统节日的庆祝而开展。

实地调研发现，现阶段农牧区全民健身的发展还存在一些不足：第一，全民健身路径虽然已经达到了全覆盖，但是其利用率非常低。第二，社会体育指导员的培训层次不完善，普及度仅仅到县，对乡村、农牧区没有涉及。第三，组织形式较为单一，多以体育竞赛推广，全民健身活动举办较少。第四，获取全民健身活动经费的途径单一，主要依靠当地政府的行政拨款来维持。第五，全民健身活动的宣传力度小，只有少数的宣传栏和宣传材料，其他形式的宣传涉及较少。第六，利用传统节庆对全民健身的推广，其效果不明显。主要还是以营造节日氛围为主，对全民健身活动的宣传仅仅是简单的推广。

通过上述分析，现阶段农牧区全民健身活动的发展进度较为缓慢，发展形势依然严峻。由于受经济、文化、教育等发展水平限制，使得当地人生产生活方式区域化严重，农牧区全民健身发展形式和全民健身资源结构单一且分散，断层现象明显，健身意识的认知以市县行政区域划分呈现倒三角增长。同时，全民健身活动与当地民俗节日结合不紧密，与农牧民生产生活方式契合度不高，形式化严重，导致超高海拔农牧区全民健身发展呈现独立的发展态势。

②农牧区民俗体育活动独立发展现状及问题

民俗产生与一定的物质生产水平、生活内容、生活方式、社会心理以及自然环境、政治气候相适应[1]。民俗体育作为民俗文化中最活跃、最积极和影响最为广泛、最深远的实践活动之一，受其民族文化的影响有其稳定性和延续性，同时也具有民族礼俗、娱乐性与健身性的特点，受当地农牧民认可。超高海拔地区市、县人口较为集中、资金较为充裕的地方，大众化的全民健身活动开

---

[1] 柯玲、邵荣：《体育民俗学初探》，《体育与科学》2006年第3期。

展相对容易，篮球、足球、排球等项目也容易被人们接受。但是大众化的全民健身路径在农牧区未必受欢迎，传播也受各种因素制约，而民俗体育则是最为契合的发展形式。田野调查时发现，农牧民在身体活动时多以千百年来口传身授的传统技艺所演变的身体活动进行身体锻炼，如押加、古朵、抱石头、赛牦牛、锅庄等。然而现代化进程的加快，对超高海拔地区民俗体育带来了不小的冲击，使得民俗体育"原生态"受到影响，那些带有典型游牧特点的传统体育出现流变、衰退。由于地域差异各地比赛的场地、器材、规则都各具地方特色，造成比赛或交流时产生各种分歧。并且超高海拔地区民俗体育注重娱乐性，崇尚自由、自然，而各地交流不够、民俗不同等，影响了地区民俗体育活动的普适性推广。这样使得民俗体育活动与全民健身活动的联系更加疏远，其发展更为独立。虽然超高海拔地区将全民健身与传统体育、旅游业等相结合举办大型的传统体育竞赛，如赛马节等，但是这些竞赛的开展相对独立，与农牧区全民健身的发展联系甚少。

通过上述分析可知，受生产生活方式的影响，农牧民在节日节庆时也仅仅是以庆祝的态度参与其中，没有形成正确的健身意识，使得民俗体育与全民健身结合困难，使得农牧区"全民健身活动"和"民俗体育活动"总体呈现各自相对独立的发展。

2. 发达地区全民健身的主要发展模式

通过文献梳理，尝试提出现阶段发达地区有代表性，且农牧区涉及较少的全民健身发展模式，为推动农牧区全民健身提供参考。

（1）"商业体育"与"科技体育"协同发展

由于地理环境、人文、经济、交通等因素的影响，发达地区全民健身工程开展相对较早，具有发展底蕴和坚实的发展背景，相较农牧区全民健身的发展更趋成熟。无论是经济支持、资源提供，还是人才培养均已形成了完善且成熟的发展体系，并且紧跟国家政策的步伐，整体呈现稳定发展趋势。伴随全国《计划》出台，

第五章 超高海拔农牧区全民健身文化驱动与跨界整合

发达地区全民健身工程的建设更趋完善，利用基础优势，不断拓宽发展领域，以"商业体育"与"科技体育"协同发展的模式，使地区全民健身发展向更高层次平台迈进，谋求营造智能化水准的全民健身公共服务体系。

①"商业体育"构成的"双面体"夯实全民健身基础

第一，"商业体育"与"职业体育"发展形成的"双面体"。

商业体育是指通过政府部门宏观调控，委托相关专业机构进行策划和组织，以体育赛事或活动作为主要发展核心，利用大众媒介的推动，呈现出一种特殊性质的应用商品，并赋予其特殊的商业价值，从而满足和迎合不同参与体的共同效益的社会活动①。其主要涉及的赛事及活动，如奥运会、亚运会、全运会等大、中型综合竞技赛事，以及地区、市、县级举办的小型赛事活动等，其目标在于推动国际、国内及地区、市等地方的经济发展，为各级地方的体育发展构建基础。

伴随着经济与体育产业的不断发展，"商业体育"的发展逐渐演变为拉动我国各地区经济增长的重要手段之一。我国发达地区的资源、环境、人才优势恰恰与"商业体育"需求的发展环境融合，二者相互协作共同发展。随着"商业体育"与竞技体育结合越来越紧密，人们将"商业体育"类比为"职业体育"，传统意义上的"职业体育"是一种追求竞技比赛票房价值、以获取收益为目的的竞技体育活动。通过上述分析，"商业体育"与"职业体育"之间相辅相成共同发展，而这样的协同发展也逐渐演化为一个"双面体"，不仅提供发展、生存平台，同时也提供了利益增长的经济平台。如国际斯诺克锦标赛、国际拳击联合会组织的拳王争霸赛等，就是典型的"商业体育"与"职业体育"紧密融合下的"双面体"产物。我国发达地区因为这些赛事的举办对其发展

---

① 曾静平：《商业体育的理论构想与实践求证》，《天津体育学院学报》2013年第2期。

产生了巨大的影响，同时也推动了地区经济发展。

第二，通过"双面体"夯实全民健身发展的经济基础。

"商业体育"与"职业体育"融合发展的"双面体"在满足人民追求高品质生活需求的同时，为我国经济发展开启了一个新的格局。地区体育博彩业、职业联赛、体育活动、体育商业促销等所形成的影响经济发展的"双面体"，其衍生下的体育产业迅速崛起，成为我国全民健身经济基础的重要产业之一。

2013年中央下发《集中彩票公益金支持体育事业专项资金管理办法》明确指出，彩票公益金补助范围有其特殊的规定，对群众体育与竞技体育有明显的划分，其中群众体育的补助比例不低于70%，竞技体育的补助比例不高于30%[1]。奠定了以"双面体"作为构建发达地区全民健身经济基础的主要手段。2014年国务院下达《关于加快发展体育产业促进体育消费的若干意见》强调，通过冠名、合作、赞助、广告、特许经营等形式，加强对体育组织、体育场馆、体育赛事和活动名称、标志等无形资产的开发，提升无形创造、运用、保护和管理水平。优化产业布局，依据地区体育产业发展形势，支持建设符合市场规律且具有市场竞争力的体育产业基地。壮大长三角、珠三角、京津冀及海峡两岸等体育产业集群[2]。明确了"双面体"对构建发达地区全民健身经济基础的作用。在2016年国家体育总局相继出台了《冰雪运动发展规划（2016—2025年）》《水上运动产业发展规划》《航空运动产业发展规划》等多个文件，为"双面体"提供了更多的发展机遇，从而更好地夯实全民健身发展的经济基础。

---

[1] 国家体育总局经济司、国家体育总局体育器材装备中心编：《体育产业政策文件汇编（国务院及部门篇）》，人民体育出版社2017年版，第123—126页。

[2] 国家体育总局经济司、国家体育总局体育器材装备中心编：《体育产业政策文件汇编（国务院及部门篇）》，人民体育出版社2017年版，第123—126页。

第五章 超高海拔农牧区全民健身文化驱动与跨界整合

发达地区也相继出台了多个文件为"商业体育"与"职业体育"融合发展的"双面体"提供机会，更好地构建本地区全民健身的经济基础。2015年北京市人民政府出台《关于加快发展体育产业促进体育消费的实施意见》强调："鼓励社会力量投资组建体育赛事企业，举办各类商业性和群众性体育赛事活动，打造自主品牌赛事。以政府购买方式，对各类社会力量举办的商业性和群众性体育赛事予以支持，允许赛事所有权归相关企业和社会力量。"[1] 上海市人民政府出台《关于加快发展体育产业促进体育消费的实施意见》强调："强化赛事带动，探索建立对体育赛事外部效应的'反哺'机制，提高体育赛事对经济社会的贡献度。"[2] 广东省人民政府出台《关于加快发展体育产业促进体育消费的实施意见》强调："打造体育赛事和活动品牌。举办多层次多样化的体育赛事活动，加强与国际体育组织等专业机构的交流合作，引进和打造一批有吸引力的国际性、区域性专业赛事、业余体育赛事、传统体育活动。"[3] 发达地区利用"商业体育"与"职业体育"融合发展的"双面体"的优势，结合地区的差异性，积极夯实全民健身发展的经济基础。

通过上述分析，北京、上海、广东等发达地区将全民健身的经济建设放在首位，而"商业体育"与"职业体育"融合发展出现的"双面体"对发达地区体育经济增长无疑是一个很好的助力，各地区结合自身的发展优势，以"双面体"衍生的多种产业为发展载体，促进地区经济增长，推动地区全民健身工程建设，夯实地区全民健身发展的经济基础。

---

[1] 国家体育总局经济司、国家体育总局体育器材装备中心编：《体育产业政策文件汇编（地方篇）》，人民体育出版社2017年版，第76—77页。
[2] 国家体育总局经济司、国家体育总局体育器材装备中心编：《体育产业政策文件汇编（地方篇）》，人民体育出版社2017年版，第77—79页。
[3] 国家体育总局经济司、国家体育总局体育器材装备中心编：《体育产业政策文件汇编（地方篇）》，人民体育出版社2017年版，第83—87页。

②"科技体育"的"多样性"推动全民健身的发展

第一,"科技体育"发展的"多样性"。

随着我国体育事业发展,"科技体育"逐渐演变为一种发展模式。从本义上讲"科技体育"属于体育一大类群,是人们在无需身体直接对抗的情况下,利用体育相关的知识、技能和科技含量较高的器材(仪器),体现成果和技术水平的体育活动,包括定向、无线电测向、模拟飞行等运动①。从引申义讲,"科技体育"是科技与体育的有机融合,并非单纯意义的叠加,是体育事业发展和社会发展的产物,它是一种集竞技、观赏、益智、健身休闲等多种属性于一体的体育发展模式,目的在于提高竞技体育水准,推动体育事业发展②。本研究是对其引申义的运用。

"科技体育"的产生是科技与体育的融合发展,是自身发展的必然要求,也是顺应社会发展的必然趋势。其产生旨在促进竞技体育与体育科技的可持续发展,同时也是为了推动体育事业向更高层次发展的需求。科技的出现给予体育演化多样化的手段,人类在改造自然与社会的实践中取得进步和发展,其"多样性"的产生,同样也赋予科技体育发展的"多样性"的产生,而科技体育发展所展现的"多样性"更为宽泛和庞大,它具有科学性、竞技性、娱乐性和大众性等特点③。这些特点不仅适用于"科技体育"本身,也适用于"科技体育"所涉及的各个领域,如热气球、飞艇、滑翔伞等竞技项目的产生,科研技术对运动员训练的完善,大数据对体育产业发展的分析,群众对体育专业知识的获取等。

---

① 林宝聚、许云成:《论建立"科技体育"理论体系》,"三十年科普理论研究回顾与展望——2010《全民科学素质行动计划纲要》论坛暨第十七届全国科普理论研讨会"论文,2010年5月,第165—169页。

② 徐程洲:《科技体育——现代人的体育运动》,《辽宁教育》2008年第3期。

③ 林宝聚、许云成:《论建立"科技体育"理论体系》,"三十年科普理论研究回顾与展望——2010《全民科学素质行动计划纲要》论坛暨第十七届全国科普理论研讨会"论文,2010年5月,第165—169页。

这些领域都可以反映"科技体育"发展的多样性为体育事业发展带来的好处，为推动体育事业发展做出贡献。

第二，"科技体育"推动全民健身的多样性发展。

"科技体育"发展兴盛的嬗变及价值取向，不仅揭示我国体育事业发展过程中的政策演变、内在逻辑、未来走势，同时对其更好地服务于体育强国、健康中国建设、全民健身发展，均具有重要现实意义。1984年召开的第三届全国体育科技工作会议，明确提出了"科技兴体"战略，其内涵是，"体育振兴要依靠科学技术进步，体育科学技术必须面向体育运动发展"[①]。科技的演变发展与我国体育事业的发展有着千丝万缕的联系，是推动我国体育事业蓬勃发展的重要保障之一。

近年来我国发达地区对全民健身工程的建设投入了很多精力，在经济基础的保障下，将全民健身发展与诸多领域有机结合，并以"科技体育"作为重要助力因素，推动地区全民健身事业发展。这一点从各地对体育产业发展下达的文件不难看出，北京、上海、广东政府出台了关于加快发展体育产业，促进体育消费的实施意见，以不同形式强调了"科技体育"发展的重要性，北京市与上海市都提出加快体育产品和服务创新，支持高等院校、科研院所和体育类企业加大协同创新力度，研究开发更多拥有自主知识产权和科技含量的体育用品[②]。广东省提出大力支持"互联网+"体育产业，鼓励体育产业利用互联网整合开发资源，支持企业借助大数据及互联网交易模式拓展业务，构建线上线下相结合的体育服务模式。发达地区以"科技体育"的多样性为发展手段，将全民健身的发展向多领域延伸，如群众体育与全民健身的融合发展、

---

① 熊斗寅、蔡俊五、胡利军等：《科技兴体战略对策研究》，《体育科学》1994年第2期。

② 国家体育总局经济司、国家体育总局体育器材装备中心编：《体育产业政策文件汇编（地方篇）》，人民体育出版社2017年版，第77—87页。

全民健身服务体系与体育产业的协调发展、城乡体育间的均衡发展、区域体育间联动发展，为发达地区全民健身构建了稳定增长的多样性发展格局。

全民健身的发展主体在于全民健身公共服务体系的建设，发达地区以"科技体育"的科学性，运用大数据分析、互联网＋等手段，构建智能化的全民健身公共服务体系，提高民众的体育参与度、增强大众体育健身的科学属性，力求达到体育服务的智能化发展，完善自身发展模式。在保障区域经济增长的同时，以"科技体育"大众性带动城乡区域间的联动，扩大全民健身公共服务覆盖范围，提高全民健身公共服务的保障水平，构建完善的全民健身公共服务体系，推动全民健身工程发展进程，促进地区全民健身事业的多样化发展。

（2）"全民健身"与"全民健康"的融合发展

党的十九大报告指出，人民健康是民族昌盛和国家富强的重要标志，而全民健康是全民健身发展的目标之一。2016年8月26日，中共中央政治局召开会议，审议通过《"健康中国2030"规划纲要》，这充分说明开展全民健身对全民健康的重要性。同时又对开展全民健身提供了对策性的指导，即以全民健康为主要抓手，培养人民形成正确的健康认知，促进体育与医学的融合，提高人民健康水平，从而提高全民健身的科学性、广泛性和持续性，推动全民健身事业的发展。我国发达地区积极响应国家号召，通过"全民健身"与"全民健康"相融合的发展模式，发展地区全民健身事业，推动全民健身工程建设。

①"体医结合"促成"健康认知"的形成

第一，"体医结合"促成地区居民完整正确的"健康认知"。

认知是发展的根本，也是发展的导向。我国发达地区，在积极构建全民健身工程建设的同时，通过"体医结合"作为驱动，从多种途径出发，培养居民完整正确的"健康认知"，从而推动地区

第五章　超高海拔农牧区全民健身文化驱动与跨界整合

全民健身的发展。2005年，苏州市政府制定推行了"阳光健身卡"政策，并下发《关于做好医保人员"阳光健身卡"申领工作通知》，将体育与医疗相结合，使申请者可以将个人医保账户结余金额与"阳光健身卡"按规定进行划拨，可以在指定的运动健身中心进行体育消费，并享受其场馆"三优"（优先、优惠、优质）服务。其中对划转标准也制定了几种选择，申领人可以结合自身情况选择500元、1000元、1500元、2000元4种额度的个人账户资金转入"阳光健身卡"专用账户。2006年办理人数只有1116人，累计划转金额约67万元，而到2013年9月，市区范围内共计办理35372人，累计金额约3843万元。定点合作体育场馆由最初的21家27座扩展到37家47座①。上海市于2016年10月20日举办首届社区体育论坛，上海嘉定区提出建立社区"体医结合"工作模式：A. 推广"体卫结合"社区体质测试站；B. 提倡非医疗健康干预，提高预防保健的前瞻性，对慢性病患者采取社区综合防治方式，使其在接受科学医疗健康指导的同时，增加体育干预的治疗手段。通过构建"1+1+2"社区工作团队，把健康促进纳入社区发展中②。2016年12月29日，上海市嘉定区政府出台了《嘉定区全民健身实施计划（2016—2020年）》③。

通过上述资料了解到，无论是苏州市制定"阳光健身卡"政策，还是上海嘉定区"1+1+2"社区主动健康工程都可以反映我国发达地区通过"体医结合"促进全民健身事业的发展。对"体医结合"的运用都是"体医结合"的多样性形式，为地区居民提供便利，以

---

① 王鸿春、解树江、盛继洪主编：《中国健康城市建设研究报告》，社会科学文献出版社2016年版，第117—122页。

② 平萍：《体卫结合　推出"社区主动健康计划"》，《中国体育报》2016年11月30日第4版。

③ 嘉定区体育局：《嘉定区全民健身实施计划（2016—2020年）》，http://www.jiading.gov.cn/tiyu/publicity/fdzdgknr/ghjh/zdhdjh/106194，2024年2月22日；冉涛：《2016年全区新建改建各类社区公共体育设施44处》，http://www.jiading.gov.cn/zwpd/zwdt/content_352450，2024年2月22日。

医疗为载体,以体育为手段,发展地区健身健康服务模式,寻求体育与医学相互融合的最优途径,以注重培养居民的个人"健康认知",通过参与体育运动,普及健康教育,达到促进身体健康,实现互利共赢的发展局面,推进实现健康中国建设的目标。

②"全民健康"推动"全民健身"发展

第一,从"健康认知"到"全民健康"的演变。一个地区居民"健康认知"的程度是反映其全民健身工程构建是否完善的直接表现,而影响"健康认知"发展的因素有很多,如经济发展、资源环境、社会环境、风俗习惯等。我国一些发达地区拥有高度城市化的社会环境、高速度经济发展,同时也有丰富的资源环境,更加注重居民的生活品质,注重居民的健康保障,如苏州、上海、北京注重居民的生活质量和健康理念的形成。居民对待提升健康认知的水平存在一个层次性的发展。起初需要提升自身的文化水平与接受、考虑事物的能力,随着文化知识的积累开始分辨一定约定俗成的风俗习惯,建立正确的价值观,随后对专业性知识的分类学习,慢慢形成较为完整且正确的认知,当然还需要外力的影响和参与。"健康认知"一旦形成后会随着社会发展而变化,由个人"健康认知"上升为集体"健康认知",最终会演化为"全民健康"。"全民健康"即全国人民在身体上、心理上、精神上、社会适应上完全处于良好的状态①。它是各个层次"健康认知"的集合体。同样"健康认知"到"全民健康"的演变是社会发展的必然需求,也是时代发展的必然需要。

第二,"全民健康"与"全民健身"事业的融合发展。2016年8月,在全国卫生与健康大会上,习近平总书记提出:"要倡导健康文明的生活方式,树立大卫生、大健康的观念,把以治病为

---

① 卢文云、陈佩杰:《全民健身与全民健康深度融合的内涵、路径与体制机制研究》,《体育科学》2018年第5期。

中心转变为以人民健康为中心，建立健全健康教育体系，提升全民健康素养，推动全民健身和全民健康深度融合。"① 一些发达地区将"全民健康"与"全民健身"的融合列为重点发展方向，北京、上海、广东等地继全国《计划》《"健康中国2030"规划纲要》相继出台了适合自己省市健身事业发展的规划和政策，将"全民健身"与"全民健康"的融合发展落到实处。

"全民健康"与"全民健身"并非简单的1+1融合，而是需要在政府的统筹下跨领域、跨行业、跨部门融合，更需要领域间、行业间、部门间的资源共享和融合。发达地区受发展优势的支撑，"全民健康"与"全民健身"融合发展已初见雏形，2016年上海嘉定区"1+1+2"社区主动健康工程的实施，2017年石家庄万拓健身服务中心，针对低运动风险人群，开展了首期"百人百天健康干预"活动，体育专家、医疗专家和健身教练共同为100名体验者开具个性化运动处方，有针对性地对体验群众进行健身指导，实施全程训练监控和阶段性评估。2018年河北省制定了《河北省健身与健康融合中心试点方案》，分试点筹办（1—4月）、项目实施（5—10月）、项目推广（11月至年底）等三个阶段，通过改革创新破解难题、探索路径②。这些案例说明"全民健康"与"全民健身"融合发展是发达地区健康事业发展的关键一环，是发达地区全面实施全民健身战略、健康中国战略的发展基调。

(二) 跨界整合是农牧区全民健身发展的必然趋势

全国《计划》中强调，将推动公共体育服务均等化，把重点人群、项目发展作为强化全民健身发展重点。坚持普惠性、保基

---

① 新华网：《习近平：把人民健康放在优先发展战略地位》，http://www.xinhuanet.com/politics/2016-08/20/c_1119425802.htm，2016年8月20日。
② 河北省体育局：《积极探索全民健身与全民健康融合发展的新途径》，《中国体育报》2018年5月7日第5版。

本、兜底线、可持续、因地制宜的原则，重点扶持"老、少、边、穷"地区发展全民健身事业①。农牧区受地域环境、生产方式、生活习惯、人口结构、文化教育、边疆特性等社会生态的影响，该地区存在经济结构单一、人力资源匮乏、体育文化建设滞后，缺乏良好的体育健身发展环境、产业基础薄弱等制约因素。因而，结合地区实际，借鉴我国发达地区在全民健身建设方面的成功经验，通过跨领域、跨区域、跨行业、跨部门等，整合其可用资源，构建更为完善的驱动系统，是农牧区全民健身发展的必然需求，也是推动农牧区全民健身事业开展与实施的必然趋势。

1. 农牧区全民健身资源的跨界与整合

（1）农牧区全民健身资源的"跨界"

农牧区的发展环境复杂，单一依靠农牧区自身的资源存储不足以支撑全民健身事业的顺利发展与快速迈进。通过上文农牧区发展困境分析的自然环境、农牧区宣传路径、政策执行路径等问题，结合"跨界"的概念，可以将农牧区资源的"跨界"分为两种：第一，"内部跨界"，即农牧区内部资源的"跨界"。通过对农牧区不同领域、区域、行业、部门等，不同属性的、有效资源的"跨界"流动，做好农牧区全民健身发展的基础资源储备。第二，内外部跨界，即与"内部跨界"相对应，进行农牧区与其他地区的资源"跨界"。通过农牧区与其他地区不同领域、区域、行业、部门等，相匹配的、不同属性的、有效资源的"跨界"流动，做好农牧区全民健身发展向更高层次迈进的支撑资源储备。

（2）农牧区全民健身资源的"整合"

"跨界"是"从某一属性的事物，进入另一属性的运作"，但是跨界的本质是"整合"，是指"通过自身资源的某一特性与其他

---

① 国务院：《国务院关于印发〈全民健身计划（2016—2020）〉的通知》，发文号：国发〔2016〕37号，2016年6月15日。

表面上不相干的资源进行随机搭配应用，可放大相互资源的价值，甚至可以融合成一个完整的独立个体"①。结合农牧区资源的"跨界"分类也可以将农牧区的资源"整合"分为两种：第一，"内部整合"，即通过"内部跨界"获取农牧区发展的不同资源进行匹配性的融合与共享，形成内部资源的良性转换，为维持现阶段农牧区全民健身的发展提供有效供给。第二，通过"内外部整合"获取农牧区内外不同资源进行匹配性的融合与共享，长期地形成内外资源的良性融合，为推进农牧区全民健身发展向更高层次迈进提供有效供给。

2. 农牧区全民健身发展所需跨界整合的手段

农牧区全民健身发展中对单一资源的运用，会表现出后劲不足、拮据等负面影响。"跨界"的本质是"整合"，最终目的是"共享"。为了"跨界"而"跨界"，强行跨越某领域的边界壁垒利用其领域资源所能获取有效资源很有限。而选择相匹配的领域存在一定的容纳性，领域内部的资源也有一定的共性和互补性，也存在一定的制约性，因此，农牧区全民健身发展需要有适合的跨界整合手段。

（1）跨界交流整合信息资源

交流是信息资源传播的最佳途径，而一般的交流基本在同一领域内进行信息资源的交换，促使领域的自身发展更加稳定。跨界交流是指两个领域间进行跨边界的信息交换。而跨界交流整合信息资源则是促使不同领域、区域、行业、部门等之间的信息通过构建平台的方式达成资源的共享，从而对自身所处境界的提升、超越，甚至是向更高层次转型作基础储备。相比农牧区全民健身单一的信息资源储备，跨界交流整合信息资源的手段可以使农牧

---

① 王卉、胡娟：《跨界整合：互联网环境下传统内容企业转型升级的路径选择》，《中国出版》2016年第19期。

区全民健身更精准地找到适合其发展融合对象，从而更好地实现农牧区全民健身的提升和超越。

农牧区因自然地理环境的特殊性，导致其信息传播速度较慢，而对全民健身这样的民生工程，信息闭塞是阻碍其发展的重要影响因素，所以对农牧区全民健身的发展而言，选择跨界交流，整合信息资源很有必要。结合上文提到的资源"跨界"与资源"整合"，农牧区全民健身发展的跨界交流整合信息资源手段可以从两方面开展：一方面从内部跨界整合，通过对农牧区内部不同领域、区域、行业、部门等跨边界进行相互交流学习，将其相关发展信息结合全民健身发展要求进行比对，获知可结合领域的信息，以及可借鉴的手段信息，统一整合管理，并结合发展情况制定初步的发展计划。另一方面从内外部跨界整合，通过与内地全民健身发展相关的领域、区域、行业、部门等跨界进行相互交流学习，总结自身发展的弊端和不足，获知可借鉴结合领域的信息，以及可借鉴的手段信息，统一整合管理，形成发展报告，结合实际发展情况制定发展计划。

（2）跨界合作整合经济资源

跨界合作即跨越不同领域、不同行业、不同文化、不同意识形态等范畴而产生的一个新行业、新领域、新模式、新风格[1]。此类观点常常出现在经济学、管理学等领域中。本研究认为，跨界合作的本质是两个不同领域的合作，其实质在于两个不同领域通过差异性融合，实现互补、重组、再造、超越，从而共同作用在第三方领域的双向协作模式。

伴随着资源环境的不确定，资源种类的多样化，跨界合作整合经济资源逐渐成为市场谋求创新发展的主要手段。然而跨界合作

---

[1] 易奇志：《开展跨界合作发挥高校在文化产业发展中的重要作用》，《学术论坛》2012年第1期。

整合经济资源往往具有一定的风险和挑战。如何跨越边界寻求合作发展的机会，更快且直接地进行内外整合转化，是提升跨界合作的有效性，促进其蓬勃发展一个关键环节。农牧区全民健身的发展也同样面临这样的选择，在紧跟国家全民健身发展的大方向上，农牧区独立的发展已经产生明显的乏力感，自身经济资源的不足，导致农牧区全民健身的发展缓慢甚至停滞，寻求跨界合作整合经济资源的发展手段是自身向更高层次突破的必然选择。当然，国家在此方面也给予了政策上的支持，如"雪炭工程"的实施就是一种特殊意义上的跨界合作整合经济资源手段。

如何寻求合作对象，怎样进行跨界合作整合经济资源，是农牧区全民健身发展亟待解决的问题。当农牧区全民健身发展模式不能满足现阶段的发展时，就很有必要开展跨边界的合作，共同构建农牧区全民健身发展的新模式。前提工作必须做好，通过跨界交流整合信息资源的手段形成合作发展对象的数据库，结合自身发展优势进行信息比对和分析，为跨界合作谋求不同领域、区域、行业、部门等的经济资源。同时，农牧区全民健身发展采用跨界合作整合经济资源的手段发展时需要两种方式共同发展：第一，内部跨界整合，即了解现阶段农牧区全民健身的发展优势，以及相关优势产业进行跨界合作联动，整合相关经济资源，在协同发展农牧区全民健身工程建设的同时，为与外部跨边界合作构建基础。第二，内外部跨界整合，即以自身发展优势领域为基础，与内地类似成功领域进行跨边界合作，整合相关经济资源协同融合发展。

（3）跨界管理整合驱动资源

跨界管理也称"跨界组织管理"，即跨越地方政府辖区的行政区域或跨越某一专业职能部门所辖地域的组织与管理[1]。跨界管理

---

[1] 刘君德：《一个长期被忽视的重要领域——跨界组织与管理问题》，《杭州师范学院学报》1999年第1期。

存在三种含义：第一，通过组建拥有超越地方政府或地方行政管辖区权限的相关机构或采取其他协商手段，有效处理跨行政区边界的公共事务的组织管理过程。第二，政府在某一相同行业管理系统内部，按照管理系统高度关联的整体特征出发，围绕公共管理事务运作的连续性，协同开展横向协商与联合行动的动态过程。第三，跨越政府、市场、社会三方的边界，构建政府—市场—社会之间的战略合作关系，开创新的社会治理体系[1]。本研究运用跨界管理构建超高海拔农牧区全民健身发展新驱动模式。

跨界管理手段的应用已经成为经济领域间常态手段，通过跨区域边界进行协商与联合，实现处理共同事务的目的，其中常常以政府、市场、社会三方的跨界联合，以信任、沟通、补充为原则实现共同驱动的发展模式。这种模式在当前我国国内大循环的背景下会体现得更充分，也会在全民健身领域产生重要作用。农牧区全民健身发展怠缓问题已经不是单一的系统所能独立解决的，也不是任何一级政府所能独自处理的。所以通过跨界管理整合多元的驱动手段进行共同协议发展是解决农牧区全民健身发展怠缓问题的最优途径，同样也是推动全民健身发展的重要手段。结合农牧区全民健身发展现状分析，运用跨界管理整合驱动资源推动全民健身发展同样需要从两方面入手：第一，内部跨界整合，即进行内部的跨区域边界管理，整合相关部门间的驱动资源，并共同处理全民健身发展问题，推动农牧区全民健身发展。当然在进行内部跨界整合时需要在农牧区社会稳定、资源充足等因素的前提下进行。而农牧区已经出现了"教体结合"的发展模式，这是各类资源短缺形成的结合模式，并非真正意义上的运用跨界管理整合驱动资源手段形成的。第二，内外部跨界整合，即在内部跨界

---

[1] 陶希东：《中国跨界区域管理：理论与实践探索》，上海社会科学院出版社2010年版，第10—11页。

整合的前提下，与内地跨区域边界的行为，整合相关部门间的驱动资源，以政府牵头组建第三方组织管理部门共同驱动农牧区全民健身事业。

二 农牧区全民健身跨界整合驱动系统构建

我国全民健身战略的全面实施无疑是一件"功在当代，利在千秋"的伟大举措。全国《计划》强调，坚持普惠性、保基本、兜底线、可持续、因地制宜的原则，重点扶持革命老区、民族地区、边疆地区、贫困地区发展全民健身事业①。但是现阶段农牧区全民健身发展并不理想，所以要结合农牧区全民健身发展实际情况，加强农牧区全民健身实施路径建设，准确定位农牧区全民健身发展动力，构建以跨界整合为手段的全新驱动系统，使全民健身有效地服务于体育事业和健康中国建设。在构建农牧区全民健身跨界驱动系统时，通过全民健身发展战略、全民健身工程、全民健身服务体系等理论，从尝试战略导向、核心内容、关键抓手提出三种角度的驱动要素，定位系统的"新驱动"，即"指导型融合驱动因子"的"新制度"、"供给型融合驱动因子"的"新资源"、"推广型融合驱动因子"的"新传播"。其次，利用基本驱动原理，构建超高海拔农牧区全民健身跨界驱动系统三个执行模块，即接收模块、转化模块、输出模块。

（一）农牧区全民健身跨界整合驱动系统的"新驱动"

在构建跨界整合驱动系统时利用跨界整合等相关理论尝试从三个角度和手段构建超高海拔农牧区全民健身跨界整合驱动系统的创新驱动。首先需要结合现阶段农牧区全民健身的发展困境和全民健身战略的发展方向，通过跨界整合手段围绕全民健身做文章，

---

① 国务院：《国务院关于印发〈全民健身计划（2016—2020）〉的通知》，发文号：国发〔2016〕37号，2016年6月15日。

寻找农牧区全民健身发展的"新制度"。其次需要以跨界整合为手段，从多角度分析不同领域、区域、行业、部门之间的匹配关系，选取"匹配资源"进行跨界整合，寻找农牧区全民健身发展的"新资源"。最后需要结合现阶段农牧区全民健身发展的实际情况，紧跟国家全民健身战略利用跨界整合的手段，构建全民健身相关信息服务的全新态势，寻找农牧区全民健身发展的"新传播"。将"新制度""新资源""新传播"作为农牧区全民健身跨界整合驱动系统中的三种不同类型的"融合驱动因子"，这三种"融合驱动因子"也作为农牧区跨界整合驱动系统中重要的驱动要素，通过执行模块的转化形成"融合驱动力"并作用于"文化驱动模型"，创建适合农牧区特点的全民健身实施路径。

1. 农牧区全民健身跨界整合驱动系统定位的"新制度"

农牧区全民健身发展中制度驱动尤为重要，它是全民健身发展重要的保障驱动，然而现阶段农牧区全民健身发展战略导向的相关制度驱动并不完善。体制机制的单一、不清晰、不完善等已经成为农牧区全民健身发展重要影响因素，而这样的驱动对推动农牧区全民健身发展显然有点"力不从心"。所以通过构建农牧区全民健身跨界整合驱动系统，从全民健身跨界整合驱动系统中进行"新制度"定位，保持以原有的发展大方向为基础，通过跨界整合的手段提出"新"的优化方向，以解决现实发展为起点，尝试提出体制、机制优化"新策略"，从而更好地驱动发展，为农牧区全民健身跨界整合驱动系统的三个运转执行模块提供"指导型"的"融合驱动因子"。

（1）"新制度"下的农牧区全民健身体制

①行政体制的跨界整合

通过实际调研以及文献梳理，发现农牧区全民健身的行政体制中出现了驱动主体单一、相关政策不清晰、不健全、匹配度低等发展困境，而这些困境已阻碍农牧区全民健身整体发展。通过跨界整合的手段，在原有行政体制的基础上，发展创新定位"新"的优化体制，实现对农牧区全民健身发展的驱动。

第一，从单一主体驱动到多元主体驱动的转变。农牧区全民健身事业发展过程中所出现的问题虽然其表象易辨，但成因复杂，涉及面广泛，许多问题不是体育系统、教育系统或任何单一系统所能独立解决，也不是任何一级政府所能独自处理。单一主体驱动已经难以支撑和带动农牧区全民健身发展需求，而多元主体的驱动相互间又存在一定兼容过程，亟须通过跨界整合来完成从单一主体驱动到多元主体驱动的转变。所以通过跨界整合的手段，将政府驱动、医疗机构驱动、社会民间组织驱动、第三方组织驱动等进行融合，使多种驱动间形成稳定的联系，从而依据农牧区现有需求由政府积极发展医疗机构、社会民间组织、第三方组织等驱动主体。驱动时由政府牵头，通过跨界整合使其余驱动主体承担不同类型的驱动任务，从而共同驱动农牧区全民健身发展。如举办全民健身相关活动时由政府牵头主导，将举办活动任务交由社会民间组织或以购买第三方服务等形式规范实施，从而减轻政府单一驱动负荷，实现多元驱动转变。这样的驱动形式不仅能够提高全民健身的参与度与普及度，而且还能最大限度减轻不同驱动主体间的驱动负荷，加快农牧区全民健身的发展建设。

第二，提高农牧区全民健身相关政策的清晰度、匹配度、完整度。农牧区全民健身发展离不开相关配套政策的支持和保障，现阶段农牧区全民健身相关配套政策受特殊环境的制约，出现明晰度、匹配度、完整度上的不足。根据农牧区的特殊性和复杂性，寻求外部推动显然是全民健身发展的应然选择。通过跨界整合手段，结合"健康中国"发展战略、"体医结合"与"体医融合""商业体育"等发展理念，整合内外相似的"全民健身"相关配套政策，例如嘉定区政府出台"1+1+2"社区健康工程等措施，借鉴其发展手段与方法，结合地域人文环境，从提高农牧区全民健身相关政策清晰度、匹配度、完整度三个方面入手，出台与现有全民健身相关政策配套的优化政策，提出全新的发展方向，更好地服务于全民健身工程的建设，从而推动农牧区全民健身的发展。

②经济体制的跨界整合

现阶段农牧区全民健身发展的经济来源主要依靠政府单方面的宏观调控，这一现象导致全民健身长期处在资金严重不足的状态。应当通过跨界整合手段，优化农牧区全民健身发展的经济体制，缓解政府单方面的调控负荷，改善资金供给途径，实现对农牧区全民健身发展的驱动。

第一，增加经济体制内主体的容量，减轻政府调控的负荷。利用跨界整合的多元性，以跨界整合合作的方式将多种类型的经济体与全民健身相互联系，在保持原有经济体制上借鉴内地发达地区"商业体育""体育产业"等发展模式。结合农牧区发展需求和地区民族特色，由政府制定招商引资鼓励政策或在相关援助的基础上与内地实力雄厚的企业形成对口引进，从而增加农牧区全民健身经济体制内主体的容量，一定程度上减轻政府调控负荷，创新全民健身经济体制，使其呈现多元化供给。

第二，大力发展龙头经济产业，带动全民健身经济产业的经济体制。旅游业是超高海拔地区现阶段的龙头经济产业，体育旅游是农牧区体育事业发展的重要手段，但是现阶段对全民健身事业的经济带动不理想。应当选择全民健身中部分适宜的项目与体育旅游寻求跨界合作，如在依据不同景区的特色和当地特色民族文化在景区内设立全民健身活动。多路径优化农牧区全民健身发展的经济体制，实现龙头经济产业与全民健身经济产业的紧密结合，减小政府资金投入的压力，提高龙头经济产业的带动效果，为全民健身的经济发展规划全新的发展方向，为农牧区全民健身工程的建设提供高效的助力。

③教育体制的跨界整合

农牧区全民健身发展的教育体制，一直是以学校体育作为主要依托，如教育部门与体育部门的结合，开展全民健身基础建设的规划等。但是由于农牧区的特殊性，使得学校体育的发展与全民健身的发展相互联系协调性不足。所以需要创新农牧区全民健身发展的教育体制，寻求学校体育与全民健身的协调发展，为全民健身发展提供更高效的驱动。

第一，促进校本课程与全民健身相结合。农牧区保障了基础教育任务，但对农牧区全民健身的发展贡献不足。所以在现有农牧区体育发展的整体环境下，促进学校教育与全民健身内部的跨界交流，增加全民健身的发展形式，突出全民健身的"全民性"，促进全民健身校本课程与全民健身融合发展。通过不同类型的特色校本课程培养学生形成正确的全民健身观念，从而将正确的全民健身观念以浸润的方式扩散传播。如此为农牧区全民健身发展的教育体制规划"新"方向，更好地解决全民健身教育体制中的不足，提高全民健身、学校教育、学校体育间的良性互动，推动农牧区全民健身体系的发展建设。

第二，促进学校体育与全民健身的相互融合。农牧区全民健身发展与学校体育的发展密不可分，学校体育的发展离不开教师与学生的参与，同样全民健身的发展也需要教师与学生的加入，所以促进农牧区学校体育与全民健身的相互融合，是创新农牧区全民健身教育体制的必然趋势。由于农牧区教育资源有限，所以需要从基础教育抓起，以跨界整合交流的方式，结合学校体育与全民健身的特点融合发展。首先，促使学生在基础教育阶段就开始培养全民健身理念，了解全民健身的重要性。其次，设立具有当地农牧区特色的民俗体育课程，培养学生体育学习的多样化，将全民健身实践化。最后，围绕学校体育开展一系列全民健身活动，组织当地居民与学生一起参加，带动农牧区全民健身发展。通过以上三点为农牧区全民健身教育体制的发展规划提供创新思路，努力解决全民健身发展困难的现实问题，加快农牧区全民健身体系的建设，推动农牧区全民健身的"新"发展。

（2）"新制度"下的农牧区全民健身机制

①行政组织机制的跨界整合

现阶段农牧区全民健身行政组织管理存在权限不明确、行政分工重叠等问题。为了确保全民健身更好发展，需要依托跨界整合，创新优化全民健身现有的相关行政组织机制，努力解决现阶段全民健身相关行政组织管理出现的问题，为农牧区全民健身发展提供更有效的保障。

第一，优化全民健身行政组织机制。农牧区特殊的发展环境和城镇化程度偏低，导致其全民健身行政组织呈现包含关系，如地区地级市、县教育局与体育局的结合关系。这样的行政组织机制虽然适用于现阶段农牧区全民健身发展，但对未来发展规划存在一定的影响。在构建农牧区全民健身全新的行政组织机制时，需要利用跨界整合措施整合对比发达地区全民健身行政组织机制，在原有的基础上优化自身全民健身行政组织机制。如借鉴内地发达地区行政组织规划，设立专门的农牧区全民健身规划与执行机构或组织，组织协调全民健身发展的各项事宜，减轻原有机制的工作负荷。通过以上类似方法，创新优化全民健身行政组织机制，从而为农牧区全民健身工程建设提供更有效的"新"保障。

第二，促进农牧区全民健身各相关行政组织的跨界整合发展，明确其行政权限及其任务分工。现阶段农牧区全民健身发展由于行政组织上教育部门、体育部门、文化部门间的"大锅烩"，导致时常出现全民健身相关行政任务权限不明确、行政分工重叠等问题。为了更好推动农牧区全民健身发展，提高工作的效率，利用跨界整合措施促进各相关行政组织的整合发展，构建农牧区全民健身第三方监管机制，监督行政任务的下达、划分行政任务的行使权限、合理分配行政任务的工作，从而明确全民健身行政权限及其任务分工，督促全民健身行政组织机制中任务部门间的联动，确保全民健身行政任务的顺利开展和完成。以此为农牧区全民健身行政组织机制的建立提供可靠的保障，从而推动相关体系的建设，为农牧区全民健身打下坚实的基础。

②指导培训服务机制的跨界整合

现阶段农牧区全民健身指导培训服务机制的建立并不理想，多元化资源的短缺导致一些指导培训服务机制在建立后无法执行，致使在机制建立后不能产生相应的效果。为改善这样的发展现状，在根据国家全民健身指导服务要求的基础上，依托跨界整合手段开辟新思路，创立新机制，从而更好地服务农牧区全民健身发展。

第一，促进指导培训服务的多元化发展，提高指导培训服务的服务标准。由于农牧区整体城镇化程度偏低，导致在构建全民健身指导培训服务机制时，服务标准并不能达到预期目标，致使在构建时面临后续保障不足，指导培训服务怠缓，指导培训服务面较窄等局面。农牧区全民健身指导培训服务原有按部就班的状态已经无法保障自身的优化发展，所以需要从外部寻求优化驱动，从而打破和优化指导培训服务发展现状。依托跨界整合，以促进指导培训服务的多元化发展为方式，拓宽指导培训服务范围，提高指导培训服务的标准为主要目标。如借助农牧区特殊的人文环境，提供民俗体育相关的指导培训服务，带动全民健身指导培训服务的发展，从而提高指导培训服务的服务标准，加快农牧区全民健身指导培训服务机制的建立。

第二，提高指导培训服务的多元化组合，增加指导培训服务的形式。通过跨界整合，借鉴内地发达地区高效的指导培训服务形式，结合农牧区的实际发展情况，与多领域建立跨界合作联系，增加农牧区全民健身指导培训服务的服务形式，优化指导培训服务机制。如在开展培训服务时，增加培训服务的形式，结合当地特色民俗体育，开设特殊形式的培训服务。再者结合新媒体等多领域协同发展，创新优化培训内容，增加培训形式，改变培训方式，根据不同地区的需要建立多种全民健身指导培训服务的"套餐"，可以开展把内地培训师"引进来"，或者把学员"送出去"等多种培训模式，从而更好地为农牧区全民健身发展提供保障。

③监督考核机制的跨界整合

现阶段农牧区全民健身体系建设中监督考核机制的建设还不完善，甚至一些地方并没有建立监督考核机制，构建农牧区全民健身"新"机制时对监督考核机制的建设很有必要。农牧区全民健身建设由于起步晚、经济建设慢等问题，以自身现有资源去构建监督考核机制难以实现预期，需要寻求外部驱动的助力，完善全民健身监督考核机制，为农牧区全民健身体系建设提供高质量的保障服务。

第一，优化完善监督考核机制。通过跨界整合，借鉴内地全民健身监督考核机制，或类似部门监督考核机制，优化完善农牧区全民健身监督考核机制。如与2006年的《山西省体育局实行部门首长问责制暂行办法》、2011年陕西政府发布了《陕西省体育局机关效能建设八项制度》等进行对比借鉴，并结合农牧区的现实发展情况，创新构建农牧区全民健身监督考核机制，提高全民健身工作的效益，促使全民健身向正规化、常态化发展，为农牧区全民健身的发展提供全新且高效的保障。

第二，建立多种组合形式的监督考核机制，提高监督考核机制的保障水准。由于农牧区复杂的环境，在构建全民健身监督考核机制时，需要建立多部门协同发展的组合形式的监督考核机制，从而提高全民健身的保障水准。通过跨界整合，结合农牧区存在的差异性，建立不同级别的多部门组合形式的全民健身监督考核机制。依据当地全民健身发展的实际情况，定级匹配，在最大程度上高效合理利用发展资源，努力实现农牧区全民健身监督考核的全覆盖，提高全民健身发展工作效率，为全民健身体系的建设提供可靠保障，促进农牧区全民健身的整体发展。

2. 农牧区全民健身跨界整合驱动系统定位的"新资源"

全民健身资源匮乏是长期困扰农牧区而又未能很好解决的问题，导致农牧区全民健身发展境况不佳。加强农牧区全民健身工程建设，提高全民健身发展速率还需要从根本上找问题，从实践上下功夫。在构建农牧区全民健身跨界整合驱动系统时传统单一的资源供给显然已经行不通，多元化的资源供给才是最优选择。有研究认为资源融合存在三个层次：决策层融合，不同维度间的战略规划、政策法规、标准厘定、重大问题的解决方案等；管理层融合，包括资源配置、绩效评估、设施、组织、活动、人才、宣传、科技等方面要统筹；操作层融合，包括运动促进健康的具体方案、手段与方法上的融合和平台的建立，全民健身行为干预计划、手段、方法上的融合和平台的建立[1]。所以，在构建农牧区全民健身跨界整合驱动系统时，把握资源相互间的融合协同，尝试从两个方面定位推动农牧区全民健身发展的"新资源"，即"内部驱动资源"和"外部驱动资源"。得以内、外驱动资源的协同带动，实现对全民健身工程建设的多元化供给，从而提供更为高效且持久的供给驱动，为农牧区全民健身跨界整合驱动系统的三个运转执行模块提供"供给型"的"融合驱动因子"。

（1）"新资源"下的农牧区全民健身内部驱动资源

①人力资源的跨界整合

为了保障农牧区全民健身的稳定发展，人力资源的补给至关重要。应当通过跨界整合，改善全民健身人力资源匮乏的现状，补充加强人力资源基数，以及从多角度考虑发展培养其人力资源的

---

[1] 卢文云、陈佩杰：《全民健身与全民健康深度融合的内涵、路径与体制机制研究》，《体育科学》2018年第5期。

多样性为改善途径，为全民健身的发展提供助力，以"新资源"的形式实现对农牧区全民健身人力上的多样化供给。

第一，提高不同部门间的跨界交流，培养全民健身相关人员的多样化发展。现阶段农牧区全民健身人力资源相对单一，如农牧区社会体育指导员的来源相对单一，促进全民健身发展的人才培养也相对匮乏。应当通过提高不同部门间的跨界交流，从相似或相关的行业中培养全民健身人员，实现农牧区全民健身人力资源的跨界整合。如发展社会体育指导员多样性，通过以不同行业的跨界交流，培养警察、退伍军人、医生等多行业人才担任农牧区兼职社会体育指导员。再者通过与农牧区全民健身发展相关领域的本土部门进行跨界合作培养本土人才，如全民健身科研人员、体育非物质文化遗产传承人、全民健身推广普及的传播者等。树立农牧区全民健身人才标兵，改善农牧区全民健身人力资源的匮乏现状，为实现全民健身的内部驱动提供助力，为农牧区全民健身发展提供帮助。

第二，提高农牧区全民健身关联人员总体基数，依据不同地区发展进行合理化配比。在调研中发现，农牧区多数村子中全民健身相关人员配备很少，造成全民健身整体发展的氛围不浓郁，发展较困难。所以提高农牧区全民健身关联人员总体基数，依据不同地区发展进行合理化配比，这是实现全民健身人力资源跨界整合的重要途径之一。农牧区不同地区人口密集度为基准，合理配备人力资源，一些人口密集度低的地区可以进行兼管划分。受部门行政正式编制制约，可以由当地相关部门在每个村组织文化程度高的村民、驻村干部、书记等进行全民健身相关理论与实践学习，考核通过后将其聘请为该村子的全民健身义务指导员，配合当地相关部门完成相对简单的全民健身工作，适时进行考核与奖励。通过这样的形式，缓解全民健身相关人员工作压力，从实质上以多种形式提高全民健身相关人员总体基数，实现农牧区全民健身的内部驱动。

第三，提高农牧区全民健身发展的各项红利，减少农牧区本土人才的流失。农牧区全民健身人力资源的跨界整合，在培养全民健身相关人员的多样化发展与提高全民健身关联人员总体基数的同时，还需保护全民健身领域的本土人才资源，减少人才流失。农牧区全民健身人才流失一般分为两种：一是由于农牧区的社会发展程度较低，造成本土技术型人才流失十分严重。二是由于农牧区的城镇化发展使得农牧区的一些传统文化没有受到有效保护，以至于部分文化传承者流失。所以通过跨界整合，提高不同领域间的协同发展，在大方向上提升农牧区全民健身发展的红利，在减少农牧区本土人才流失的同时，也对农牧区传统文化的传承者进行保护，从而更好地发展具有特色的全民健身文化，实现农牧区全民健身内部驱动的多元化。

②物力资源的跨界整合

农牧区全民健身内部物力资源供给相对匮乏。为了保障农牧区全民健身的可持续发展，多元化物力资源供给必不可少。通过跨界整合提高全民健身内部物力资源多元化供给，以及提高内部全民健身物质资源的利用率，从而提升现阶段农牧区全民健身工程的建设。

第一，加大全民健身设施的覆盖面，提高便民健身路径的利用率。通过跨界整合寻求与多领域间的跨界合作，由政府牵头定期利用便民健身路径开展全民健身活动，以行政村为单位报名参加，最大程度利用便民健身路径。此外，在建设便民健身路径时，应当设置铭牌和介绍使用方法，提高其辨识度。

第二，加快农牧区全民健身设施建设，积极发展农牧区民族传统体育场所。由于农牧区特有的人文环境，仅以现代体育为主导开展全民健身活动比较困难，所以需要另辟蹊径，以农牧区的全民健身物质资源，通过跨界整合，将全民健身与民族传统体育结合,在增加国家规定场地设施服务标准的同时,结合自身特色发展。在农牧区积极发展民族传统体育场所,如押加、赛马、响箭、锅庄舞等项目的活动场所,促进以民族传统体育对全民健身的带动发展,加强全民健身设施建设,构建特色活动品牌,通过全民健身物质资源推动农牧区全民健身内部驱动发展。

③财力资源的跨界整合

为了保障全民健身的高效发展,相应的财力资源供给不可或缺,但农牧区全民健身发展内部财力资源供给十分短缺。应当通过跨界整合增加财力资源的供给,加大全民健身发展的财力投入,提高体育产业的竞争力,为促进农牧区全民健身发展提供帮助。

第一,与农牧区重点产业结合,提高活动收益,加大农牧区全民健身发展的财力投入。改善现阶段农牧区全民健身政府单一财政投入现状,通过跨界整合发展全民健身的多领域协同。如发展全民健身的相关科研、提高全民健身与本土企业的合作、提高全民健身与体育旅游的结合等,为全民健身提供更多且稳定的财力资源供给。加强农牧区全民健身与重点产业相结合,如通过体育旅游与全民健身的结合以民族传统体育文化特色为主要发展对象,发展小规模的体育旅游产业,形成基础产业链,将全民健身元素融入其中,提高活动收益,缓解全民健身发展的财力投入压力。加快农牧区全民健身财力资源供给的经济转型,减少对社会红利的依赖,为全民健身提供保障,实现全民健身内部财力资源供给的跨界整合,促进农牧区全民健身内部驱动的发展。

第二,提高体育产业的竞争力,建立自主特色品牌,减轻财力资源供给负荷。现阶段农牧区全民健身发展中,虽然一些资源只是整个全民健身发展所需资源中非常微小的组成部分,但是有其独特的供给价值。所以为了保障农牧区全民健身的多样化发展,多样化资源供给必不可少。所以运用跨界整合,通过民族传统体育、传统文化节日节庆等资源供给,大力推动自主特色品牌的发展。如形成全农牧区赛制式的赛马节，通过跨界合作，设置几个站点使比赛时间拉长，赛点变多，形成自主特色品牌产业，吸引更多投资提高体育产业的竞争力，减轻对农牧区全民健身内部财力资源供给的负荷，对丰富全民健身内部财力资源的多样化，提高农牧区全民健身内部驱动的效益具有积极作用。

（2）"新资源"下农牧区全民健身外部驱动资源

①社会资源的跨界整合

农牧区全民健身的内部驱动资源，仅能维持自身现阶段的平稳发展，如果要向更高层次发展，还需要寻求外部资源的推动保障，多层面社会资源的供给是农牧区全民健身发展亟须获取的重要资源。所以应当通过跨界整合，在国家相关政策的支持下打破束缚，拓宽发展视野，加强与外界社会资源的交流互动，提高社会资源的多元化供给，促进外部驱动资源与内部驱动资源的协同促进，为推动农牧区全民健身发展提供保障。

第一，加强与外部社会资源的跨界交流。为更快推动农牧区全民健身的发展，现阶段应该打破束缚动态、不可预测的环境，提高与外部社会资源的跨界交流与合作，寻求内部协调与对外开放，进而加强全民健身的基础建设。如跨界合作引进体育人才，通过跨界合作与内地体育相关行业、部门进行人才"交流式"以年限为单位引进，进行业务交流的引进，提高农牧区全民健身基础建设。不断拓宽对外界资源的影响力与接纳认知，构建内、外协同的资源共享平台，丰富自身对各类资源的利用能力，如嘉定区政府出台的"1+1+2"社区健康工程等策略，在农牧区全民健身基础提高后，都可以作为借鉴的对象，从而提高内部驱动与外部社会资源的兼容度，加快推动农牧区全民健身工程建设。

第二，促进多领域经济产业的协同发展，提高外部社会资源对农牧区全民健身多元化供给。提高经济供给，促进经济发展是农牧区全民健身外部社会资源跨界整合的重要目标。通过农牧区全民健身内部驱动以跨界整合与外部社会资源的多领域经济产业达成协同发展,针对农牧区现状及其需求发展,提高外部社会资源的多元化供给。首先,跨界合作发展特色资本市场,以农牧区第三产业发展为市场引擎,进行农牧区民营企业小范围融资,促进全民健身资本的形成、优化其资源配置的基础功能,发挥好枢纽功能,激发市场主体活力,提高农牧区全民健身市场发展质量。其次,跨界交流培养投资方,以农牧区全民健身市场的发展前景为基础,培养潜在投资方,拓宽市场业务,巩固市场发展基础,为农牧区全民健身发展提供驱动力。最后,跨界合作发展特色体育产业,通过特殊体育旅游、特色赛事举办,特殊节日节庆等形式作为全民健身发展载体,推动农牧区全民健身发展。

第三,提高农牧区全民健身发展的关注度,加强科学研究。农牧区全民健身发展不仅需要自身的发展进行驱动,也需要全民健身相关的科学研究进行驱动,这是实现农牧区全民健身外部社会资源跨界整合的重要一环。利用农牧区全民健身外部社会资源跨界整合后产生的包容性,在各个领域宣传农牧区全民健身发展前景,提高其在不同领域中的关注度,引导不同领域科研工作者加强科学研究,如经济、生态、教育、体育等领域。通过提高科学研究的水平,加强社会发展的指向性,引导全民健身发展,推动农牧区全民健身工程的建设。

第四,加强政府对农牧区全民健身外部社会资源支持力度,提高外部社会资源的供给。通过农牧区全民健身外部社会资源跨界整合,加强全民健身内部驱动与外部驱动的协同发展,形成以体育援助等相关扶持政策的"内地带动"模式,倡导政府加强对农牧区全民健身外部社会资源的支持力度,提高外部社会资源的供给力度。以体育援助为例,在原有资金、实物、人力等资源供给的基础上加大供给力度,同时增加供给形式,如相关体育产业链、体育文化、健康观念、协同模式等资源,进而加快农牧区全民健身体系建设与发展。

②技术资源的跨界整合

目前农牧区全民健身技术资源相对紧缺，主要表现在全民健身的推广、健身方法，以及健康科学研究等方面，通过向外部驱动寻求相关技术资源的支持是农牧区全民健身发展的必然需求。通过跨界整合寻求多种技术资源的支持，以便促进全民健身不同外部技术资源的融合发展，实现外部技术资源的跨界整合，为农牧区全民健身发展提供高效的外部驱动。

第一，促进技术资源的多元化发展，提高农牧区全民健身推广能力。全民健身相关信息的推广是农牧区全民健身发展的技术选择。而现阶段农牧区全民健身推广技术的紧缺，导致推广相对落后。所以通过跨界整合创新农牧区全民健身外部技术资源的多元化发展，加强外部技术资源的多元供给，拓宽内部推广路径，加大"互联网＋"技术利用率，从最开始的"一号、一群、一库、一平台"的推广，提升至"多号、多群、多库、多平台"协调推广，提高全民健身推广能力，推动农牧区全民健身工作的实施。

第二，加强健身训练技术资源和科学研究技术资源的融合，完善农牧区全民健身"运动处方"建立。由于农牧区居民对健康相关的认知差异性很大，有68.17%的农牧民认为身体没有疾病代表"身体健康"，有71.63%农牧认为身体健康"有必要"参加"身体锻炼"，可见农牧民对健康的认知并不清晰，但对参加"身体锻炼"有迫切的希望，所以建立适宜的"运动处方"，为农牧民提供技术资源的支持很迫切。通过农牧区全民健身的外部驱动资源去实现，利用其外部技术资源的跨界整合，加强健身训练技术资源和科学研究技术资源的融合，优化相关技术的培养和运用，完善全民健身"运动处方"建立，推动农牧区全民健身工程的建设。

3. 农牧区全民健身跨界整合驱动系统定位的"新传播"

农牧区全民健身相关信息的传播，始终贯穿于全民健身发展。

现阶段农牧区全民健身相关信息的传播并不理想，无论是信息的管理，还是信息的交流，或是信息的推广，都存在不足。所以从农牧区全民健身跨界整合驱动系统进行"新传播"的定位，通过跨界整合对传统信息传播的方式进行创新优化，提高全民健身相关信息的管理、交流和推广，切实改善传统信息传播的单一化模式，提高信息资源的多角度传播，实现信息传播上的跨界整合，为农牧区全民健身跨界整合驱动系统的三个运转执行模块提供"推动型"的"融合驱动因子"。

（1）"新传播"下农牧区全民健身信息的管理

①构建农牧区全民健身多元化信息服务系统

全健身信息服务是实现全民健身服务体系标准化的前提和基础保障。国家对全健身信息服务制定了相应的标准和内容，同样超高海拔地区全民健身计划中提出了，搭建"一号、一群、一库、一平台"的全民健身信息服务系统。随着农牧区发展，传统全民健身信息服务系统已经不能满足现阶段相关信息的管理，构建多元化信息服务系统是现阶段农牧区全民健身发展的必然趋势。所以通过跨界整合构建"多号、多群、多库、多平台"的全民健身多元化信息服务系统，更高水准地向农牧民提供便捷化服务。在完成国家全民健身信息服务制定的标准和内容的基础上，利用计算机网络技术促进农牧区全民健身领域信息资源的共享，以"多号关联""多群互助""多库互联""多平台共享"的信息管理模式，提高多元化信息服务系统对农牧区全民健身信息的管理，加强全民健身信息的交流，推动农牧区全民健身工程的建设。

第一，多号关联。以构建全民健身相关的微信、微博公众号为基础，利用计算机网络技术，在相关领域公众号建立超链接，加强领域间的交流，提高相似领域间的互动。

第二，多群互助。在开展全民健身相关活动时各部门建立相关工作群的基础，建立相关负责人工作群和监督管理工作群，加强部门间的联动互助，促进部门间协同发展。

第三，多库互联。在建立农牧区全民健身不同领域信息数据库的基础上，利用计算机网络技术，将不同领域信息数据库以分链接的形式整合在一起，实现农牧区全民健身信息数据的共享。

第四，多平台共享。以多号、多群、多库建立自身平台的基础，构建多类型平台跨界整合，加强信息资源的交流，实现多平台的共享。

通过信息资源的跨界互动，实现对信息资源的高效管理，促进农牧区全民健身信息资源间的共享交流。

②构建多平台的基础数据管理库

农牧区全民健身信息管理是一个复杂的问题，既是一个整体在全民健身中的信息管理问题，又在全民健身发展中存在一定的多样性。所以在完善超高海拔地区全民健身计划时，建立社会体育指导员网格化管理平台、建立全民健身专家库的基础上，利用跨界整合建立影响农牧区发展的基础数据平台，如农牧区全民健身执行人员管理平台、农牧区全民健身体质数据管理平台、农牧区体育产业数据管理平台等。将多种类型基础数据平台进行跨界整合，形成庞大的多平台基础数据管理库，由政府统一按照战略导向信息、资源供给信息、发展传播信息分类管理，并设置安全访问权限。进而对农牧区全民健身相关的信息资源形成科学化的统一管理，提高全民健身各类信息资源的利用效率，加快其传递速率，从而更好地服务于农牧区全民健身工程的建设。

（2）"新传播"下农牧区全民健身信息的交流

①促进多元文化信息的协同发展

农牧区是典型的少数民族聚居地，其独特的民族文化融于各个方面。所以现阶段农牧区全民健身的发展要结合民族传统体育文化开展，形成全民健身多元文化的协同发展。考虑到农牧区民族文化和全民健身发展的多样性，以三种发展形式作为全民健身多元文化协同发展的主要手段，即文化交融、文化碰撞、文化协同。

第一，文化交融。现阶段农牧区全民健身文化发展已经作为重点驱动手段，以全民健身文化为基础，通过跨界整合匹配契合其发展的民族文化，如民族传统体育文化、游牧体育文化等。以体育文化为联系，进行不同文化间的融合发展，为推进农牧区全民健身的发展"打基础，做铺垫"。

第二，文化碰撞。农牧区不同文化间的碰撞与融合不是特别充分。在构建农牧区全民健身跨界整合驱动系统时需要注意这一因素，以统一的形式或对象（如体育、医疗、健身方式）为碰撞前提，通过不同文化间的交流，达成文化碰撞目的，形成不同文化间的"化学反应"，实现推动农牧区全民健身发展的目标。

第三，文化协同。现阶段农牧区全民健身发展正在尝试民族传统体育文化与现代体育的文化相互协同，但其发展效果并不理想。应当通过农牧区内部民族文化协同，以发展民族传统体育文化为主要对象，通过不同民族传统体育文化的协同发展，带动全民健身文化的发展，进而推动农牧区全民健身发展

通过文化间的跨界交融形成文化驱动基础，整合文化碰撞后的良性反应，以及文化协同后的带动驱动，形成对文化驱动的辅助推动，从而共同驱动农牧区全民健身的发展。

②构建跨界整合信息共享平台

农牧区全民健身发展需要借助内、外驱动的协同发展，内部的信息、资源都需要与外部环境进行接触，同时外部的信息、资源也会进入到内部，而这样的发展趋势极有可能对农牧区的社会环境形成新的平衡发展。对跨界交流信息的整合既促进跨界交流信息的共享化，同时也加强了对跨界交流信息管理的规范化，利用计算机网络技术对相关数据进行整合构建可管理第三方的共享平台，即跨界整合信息共享平台。

第五章　超高海拔农牧区全民健身文化驱动与跨界整合

该平台包含农牧区全民健身跨界交流的所有信息资源，平台作为第三方的存在，仅在发生内、外驱动跨界交流时启用，让外部市场可以了解到农牧区的现实需求并进行选择性投入，同时也能实现农牧区内部了解到外部资源种类与基数，提高指向性的选择。跨界整合信息共享平台的建立是保障内、外部驱动聚集、合作、分享、平等、开放、互利、共赢等为目的，促进农牧区全民健身跨界交流的合理化与规范化，提高农牧区全民健身跨界交流内、外部资源的使用率，推动农牧区全民健身发展。

（3）"新传播"下农牧区全民健身信息的推广

①加强全民健身信息的多元化推广

超高海拔地区现阶段对全民健身信息传递并不理想，主要依靠地区的媒体和部门官方网站，具体到农牧区则是依靠一些宣传栏或者是传统的村委会"大喇叭"通知的形式进行信息传递。而这样的推广形式显然已经不能满足全民健身的现实发展，应当破旧立新，加强信息的多元化推广，转变传统单纯文字信息的推广，发展多样的推广形式，如音像制品的推广、广告栏目的推广、网络平台的推广、实践义务活动的推广等。多元化的推广形式以推广全民健身方法、全民健身理念、全民健身文化等为主要，通过与不同领域、不同行业、不同区域、不同部门的跨界整合，形成全民健身推广的多种形式。结合农牧区全民健身发展的现实需求，以政府为推广主体，利用学校体育推广全民健身的相关理念，利用体育旅游推广全民健身的相关文化，结合农牧区民族传统体育推广全民健身的健康观念，依托社会义务活动推广全民健身方法。通过上述四个方面全民健身信息的多元化推广策略，更有效地服务农牧区全民健身体系的建设与发展。

②利用"互联网+"技术构建全民健身信息推广平台生态圈

构建农牧区全民健身跨界整合驱动系统时全民健身信息的快速传递至关重要，通过对信息资源的合理运用可以更快为农牧区选择合理、正确的全民健身方向，加快农牧区全民健身工程的建设。可以通过跨界合作利用"互联网+"技术，借鉴内地全健身信息推广策略，结合农牧区实际发展情况，形成三种平台的协同发展：大数据类型平台、跨界整合信息管理类型平台、新媒体推广类型平台。

第一，大数据类型平台。以整合农牧区全民健身发展的相关资源数据和内地全民健身发展相关资源数据为目的，形成全民健身大数据平台。同时，平台可以提供相似信息的筛选和对比，为农牧区全民健身发展方向提供参考。

第二，跨界整合信息类型平台。通过跨界交流、跨界合作、跨界管理等，整合有利于农牧区全民健身发展的跨界资源，形成第三方管理平台，实现农牧区对全民健身发展的跨界资源合理分配和利用。

第三，新媒体推广类型平台。通过构建微信公众号、微博等网络宣传平台，以视频、音频的方式宣传和推广全民健身理念为目的，提高对农牧民全民健身知识的普及，加快农牧区全民健身工程的建设。

将三个方面的平台进行组合，以融合理念、融合平台和融合路径三个方面推进，形成农牧区全民健身信息推广平台生态圈。这个平台生态圈以聚集、合作、分享、平等、开放、互利、共赢等为特点，以实现信息资源的合理利用与分配为目的，提高农牧区全民健身信息资源的有效使用率，加快信息资源间的交换与传递，加大信息推广的力度，从而更有效地服务于农牧区全民健身发展。

（二）农牧区全民健身跨界整合驱动系统运转执行模块构建

超高海拔农牧区跨界整合驱动系统的运转核心由三个基础模块组成，而三个基础模块最后所展现出来的形式，是政府依据农牧区全民健身发展所建立的新机构下的部门（在后文以"模块"进行表述）。基础模块分别是：接收模块、转化模块、输出模块。通过模块间的相互协同，运转系统将不同类型下多样的"融合驱动因子"转化为适宜农牧区全民健身发展的驱动资源，并以"能量"的形式为农牧区全民健身"文化驱动模型"提供动力。

1. 接收模块建立：从接收单一驱动到接收混合驱动的转变

农牧区跨界整合驱动系统"接收模块"建立主要是以"边界效应"理论为重要依据，以接收—储存—传递的方式运行。接收时结合"边界效应"的屏蔽与中介特性，对不同维度下的"融合驱动因子"和农牧区全民健身发展的"需求指令"进行分类接收。储存时以"跨界整合"的特性为依据，在模块内部进行全新排列、重组、融合，从内部构建"网格式"的储存模式。向"转化模块"传递时，以农牧区全民健身发展的需求指令为依据，选择一种或多种"融合驱动因子"传递。

农牧区全民健身跨界整合驱动系统"接收模块"接收的方式有两种，一种是指令（农牧区现阶段对于自身全民健身发展的需求）的接收，另一种是"融合驱动因子"的接收。指令的接收即分类接收农牧区全民健身发展的需求指令。由于农牧区全民健身发展经济结构单一、人力资源匮乏、人才流失、体育文化建设滞后，缺乏良好的体育健身发展环境、产业基础薄弱等制约因素，而这些制约因素相互间存在一定的差异性与复杂性。将超农牧区全民健身发展的需求指令进行分类接收，以便于"融合驱动因子"的匹配和传递。"融合驱动因子"的接收即分类接收不同类型的"融合驱动因子"。由于单一的驱动资源供给已经不能满足农牧区全民健身的发展需求，而不同类型的"融合驱动因子"具有高度的多样性，"囫囵吞枣"地将这些资源供给，同样也不能满足农牧区全民健身的发展供给，所以将不同类型的"融合驱动因子"分类接收，以便于满足农牧区全民健身发展的需求。

跨界整合驱动系统"接收模块"储存时结合"融合驱动因子"与"需求指令"的匹配关系，将不同类型的"融合驱动因子"通过跨领域、跨区域、跨行业、跨部门等跨界特性"跨界整合"进行排列、重组、融合构建内部"网格式"的储存模式,以便于向"转化模块"传递时,进行合理的选取和搭配。跨界整合驱动系统"接收模块"向转化模块传递时,根据农牧区全民健身发展需求,先进行内部初步选取和搭配所需的"融合驱动因子",然后直接传递给跨界整合驱动系统"转化模块",以便于"转化模块"的运行,提高转化效率。农牧区全民健身跨界整合驱动系统"接收模块"对整个系统的运行十分重要,由于"融合驱动因子"高度的多元化和"需求指令"的多样性,所以"接收模块"本身要具有较大的承载量和多样的包容性,从而完成从接收单一驱动到接收混合驱动的转变,更好地服务农牧区全民健身发展建设。

2. 转化模块建立:从转化单一资源向多元资源的转变

农牧区跨界整合驱动系统"转化模块"建立,以跨界整合为主要转化手段,运行方式是将"融合驱动因子"转化为"融合驱动力"并传递给"输出模块"。运行时将"接收模块"选取搭配的"融合驱动因子"转化为两种形式的驱动力:一种是机制协同的手段,将"融合驱动因子"中的驱动资源转化为自体供能(利用"融合驱动因子"中适合驱动执行模块的驱动力,运用在自身模块的运行中)的"单一驱动力";另外一种通过"跨界整合",将"融合驱动因子"中驱动资源,转化为适合农牧区全民健身发展的"融合驱动力"。传递时存在两种情况:一种是驱动力形式以农牧区直接传递给"输出模块",另一种是以反馈和供能的方式传递给"接收模块"和"输出模块"。

农牧区全民健身跨界整合驱动系统"转化模块"转化方式有两种:一种是自体供能转化,另一种是农牧区全民健身驱动力转化。自体供能转化即通过选取有限的"融合驱动因子"转化为自身供给动力,转化时通过行政指令—志愿服务—群众需求形成的协同机制将"融合驱动因子"直接转化为驱动力。农牧区全民健身驱动力转化即将自体供能转化使用以外的所有"融合驱动因子"转化为适合农牧区全民健身驱动力,转化时通过跨界交流、跨界合作、跨界管理等手段,整合"融合驱动因子"中的驱动资源,将其直接转化为满足农牧区全民健身发展的融合驱动力。

农牧区全民健身跨界整合驱动系统"转化模块"传递的方式也有两种:一种是反馈和供能,另一种是以物质形式直接传递。反馈和供能即通过"自体供能转化"所得的单一驱动力,分为三部分,一部分反馈给"接收模块",供"接收模块"自体运转工作接收"融合驱动因子"和"需求指令",第二部分供给"自身模块",第三部分以驱动力的形式供给"输出模块",供其运行。物质形式直接传递即通过农牧区全民健身驱动力转化的融合驱动力,以物质的形式直接传递给"输出模块",供其分流和支配。

农牧区全民健身跨界整合驱动系统"转化模块"是整个系统的核心模块,以"跨界整合"完成从"融合驱动因子"到"融合驱动力",以自身的兼容性实现从转化单一资源向多元资源的转变,推动农牧区全民健身发展。

3. 输出模块建立:从输出单一资源到输出融合资源的转变

农牧区跨界整合驱动系统"输出模块"建立,是为了实现对"融合驱动力"合理分流和支配,运行方式按照农牧区全民健身的需求,合理分流和支配"融合驱动力"。运行时按照农牧区现实发展情况合理分配"融合驱动力"进行两种方式输出,一种是将部分"融合驱动力"直接以驱动力的形式输出给农牧区全民健身的"文化驱动模型",另一种是将另一部分的"融合驱动力"结合农牧区全民健身发展现状以不同形式输出。

构建"超高海拔农牧区全民健身跨界整合驱动系统"的本质是为"超高海拔农牧区全民健身的文化驱动模型"提供全新且有保障的驱动力,而本身所形成的"融合驱动力",具有高度的兼容性和多元的驱动资源,可以胜任农牧区全民健身的"文化驱动模型"多种形式的发展驱动。部分"融合驱动力"可以直接以驱动力的形式输出给农牧区全民健身的"文化驱动模型"。其次将其他"融合驱动力"结合农牧区全民健身发展的现状，参考农牧区全民健身发展的多样性，以及农牧区各领域、各区域、各行业、各部门间的承载力，按层次将"融合驱动力"分为人力、物力、财力等形式进行合理分流和支配，达成资源共享、合作共赢、利益互助的发展目标，更好地服务于农牧区全民健身发展建设。

超高海拔农牧区全民健身跨界整合驱动系统"输出模块"是整个系统输出口，以自身作为载体对"融合驱动力"进行分流和支配，以自身兼容性的不同发展形式进行驱动，实现从输出单一资源到输出融合资源的转变，为农牧区全民健身的"文化驱动模型"提供动力保障，为推动农牧区全民健身做出贡献。

（本章主要执笔：王丽萍、杨玺、黄聪）

结　　语

　　自2016年以来，中共中央、国务院与其下属有关部门，以及超高海拔地区先后出台了与全民健身紧密相关的战略规划、政策文件。如《体育发展"十三五"规划》（2016）、《青少年体育"十三五"规划》（2016）、《"健康中国2030"规划纲要》（2016）、《全民健身计划（2016—2020年）》（2016）、《健康中国行动（2019—2030年）》（2019）、《国务院关于实施健康中国行动的意见》（2019）、《关于加强全民健身场地设施建设发展群众体育的意见》（2020）、《关于全面加强和改进新时代学校体育工作的意见》（2020）、《全民健身计划（2021—2025年）》（2021）、《"十四五"体育发展规划》（2021）、《全民健身基本公共服务标准》（2022）、《关于构建更高水平的全民健身公共服务体系的意见》（2022）、《"十四五"国民健康规划》（2022）等。这些战略规划、政策文件在一定程度或某个视角为超高海拔地区全民健身发展，尤其是农牧区全民健身发展指明方向，并提供保障。而战略规划、政策文件的实践效果如何应当得到关注，其关键在于宣传和执行是否到位和是否落地，还需要时间落实和通过事实检验。

　　回观超高海拔地区全民健身现状与"十三五"时期的落实情况发现，规划较为完善，也对农牧区有强调，但落实和实现还是存在差距。以超高海拔地区特殊的地理自然环境和一定的人文环境来看，要全面完全落实规划必然存在挑战。因此，引用《关于构建更高水平的全民健身公共服务体系的意见》"保障措施"所提到的"既坚持一定标准，又防止好高骛远，做到各项指标和政策贴近实际、务实管用"，当前农牧区全民健身发展一定要结合实际，要做实，出成效。

　　超高海拔地区全民健身是一项兜底性系统性的民生工程，需要规划统筹、有序推进和长期坚持发展。本研究虽然深入农牧区调查，清晰地看到全民健身在地区和平解放以来所取得的成就，找到了还存在的问题，以及对存在问题因素的分析，并结合社会发展提出了发展策略与路径，但超高海拔地区全民健身发展的路还很长，需要进一步深入研究的领域与问题还很多。因此，本书聚焦农牧区全民健身研究，以中国特色社会主义理论为引领，以体育强国建设和全面推进健康中国建设为导向，深入基层，面对现实与问题，以期做到"准确"，通过农牧民体质健康监测、全民健身宣传、优化政策执行路径、提升农牧民健身意识、强化全民健身文化建设、推动跨界整合驱动等，将农牧民健身积极性调动起来，把全民健身政策落到实处，从而推动农牧区全民健身高质量发展。体育强国建设和健康中国建设离不开农牧区全民健身目标的实现，农牧区全民健身事业更离不开全国上下的支持与投入，需要同心协力，为加强边境地区建设做好基础工作，为抓好稳定、发展、生态、强边四件大事提供一定的保障。

主要参考文献

专著

常智、刘炜、王维兴主编：《少数民族体育理论与实践》，北京师范大学出版社 2012 年版。

陈力丹：《舆论学——舆论导向研究》，中国广播电视出版社 1999 年版。

陈振明主编：《政策科学——公共政策分析导论》，中国人民大学出版社 2005 年版。

高波：《政府传播论：社会核心信息体系与改革开放新路径》，中国传媒大学出版社 2008 年版。

高建华：《民族地区公共政策有效执行研究：以广西龙胜各族自治县政策执行为例》，中国社会科学出版社 2010 年版。

黄顺康主编：《公共政策学》，北京大学出版社 2013 年版。

卢兵、华志：《民族地区农村体育制度研究》，世界图书出版公司 2012 年版。

毛志雄主编：《体育运动心理学简编》，北京体育大学出版社 2011 年版。

莫勇波：《政府执行力：理论思路与现实路径研究》，经济科学出版社 2013 年版。

彭冉龄主编：《普通心理学（修订版）》，北京师范大学出版社 2001 年第 2 版。

钱再见、金太军：《公共政策执行梗阻与消解》，广东人民出版社 2005 年版。

曲升刚：《新媒体背景下政府舆论传播研究》，东北师范大学出版社 2018 年版。

苏曦凌：《广西社会治理政社协同机制的理论模型与实证研究》，中国政法大学出版社 2017 年版。

陶希东：《中国跨界区域管理：理论与实践探索》，上海社会科学院出版社 2010 年版。

王鸿春、解树江、盛继洪主编：《中国健康城市建设研究报告》，社会科学文献出版社 2016 年版。

修琪：《公民社会视野下自发性群众体育组织研究》，山东大学出版社 2015 年版。

杨锡让、傅浩坚主编：《人体运动科学经典研究方法的发展与应用》，人民教育出版社 2007 年版。

张西洲、陈占诗编著：《人到高原》，军事医学科学出版社 1996 年版。

张彦博、汪源、刘学良等主编：《人与高原》，青海人民出版社 1996 年版。

［美］保罗·A. 萨巴蒂尔编：《政策过程理论》，彭宗超、钟开斌等译，生活·读书·新知三联书店 2004 年版。

［美］克利福德·格尔茨：《文化的解释》，韩莉译，译林出版社 1999 年版。

期刊

蔡有志、张一民、李文慧：《〈全民健身条例〉颁布的战略意义》，《北京体育大学学报》2009 年第 9 期。

陈俊民：《高原训练对竞走运动员肺通气功能的影响》，《中国应用生理学杂志》1997 年第 3 期。

陈敏、徐晓琴：《体育教学中社会互动的价值与策略——基于"镜中我"理论下的探析》，《北京体育大学学报》2018年第8期。

陈鹏、葛淼、何进伟：《青春期女性用力肺活量正常参考值与地理环境的关系》，《华中师范大学学报（自然科学版）》2012年第5期。

陈蓉、马耀峰、罗赟敏：《二十年来青藏高原交通与旅游经济协调发展研究》，《青海社会科学》2016年第2期。

陈晓峰：《我国现今体育产业政策分析：存在问题与发展趋势》，《北京体育大学学报》2017年第5期。

程文广：《习近平新时代中国特色社会主义思想引领下"健康中国"的体育思想：释义、源起与意义》，《北京体育大学学报》2018年第9期。

邓星华：《论我国社会体育指导员的培养》，《体育学刊》2001年第1期。

丁煌：《政策制定的科学性与策执行的有效性》，《南京社会科学》2002年第1期。

冯振伟、张瑞林、韩磊磊：《体医融合协同治理：美国经验及其启示》，《武汉体育学院学报》2018年第5期。

高国舫：《政绩考核评价体系研究》，《理论与改革》2005年第2期。

葛淼、闫燕春、王欣等：《中年男性用力肺活量正常参考值的地理分布规律》，《地理研究》2009年第5期。

葛淼、张亚平、张旭等：《青春期男性用力肺活量正常参考值的地理分布规律》，《第四军医大学学报》2009年第22期。

关北光：《四川省不同海拔六市（州）成年人体质研究》，《北京体育大学学报》2006年第11期。

何得桂、董宇昕：《深度贫困地区健康扶贫政策执行偏差及其矫正》，《党政研究》2018年第6期。

何志金、彭莉、易东平等：《基于 RPE 值判定运动健身强度的实证研究》，《中国体育科技》2016 年第 4 期。

胡庆山、吕钶、王健：《农村体育公共服务体制的现实弊端及治理策略》，《武汉体育学院学报》2018 年第 9 期。

黄义军、翟东波：《全民健身公共服务体系研究现状及发展策略》，《西安体育学院学报》2017 年第 2 期。

李纪江、蔡睿、何仲涛：《我国成年人体质综合水平与自然环境因素的关联分析》，《体育科学》2010 年第 12 期。

李建国：《社区全民健身服务网络的理论框架》，《上海体育学院学报》1999 年第 4 期。

李孔珍：《我国公共教育政策执行：影响因素、问题和路径选择》，《中国行政管理》2010 年第 11 期。

李屹松：《政策协同视角下公共体育服务政策优化路径研究》，《北京体育大学学报》2019 年第 7 期。

李英娜：《传统媒体与新兴媒体之间的作用和联系》，《传媒论坛》2020 年第 4 期。

李佑发、王婷婷：《意志品质的质性分析及模型建构》，《北京体育大学学报》2011 年第 3 期。

林鸿潮：《第三方评估政府法治绩效的优势、难点与实现途径——以对社会矛盾化解和行政纠纷解决的评估为例》，《中国政法大学学报》2014 年第 4 期。

刘红建、孙庆祝：《群众体育政策基层执行的调查与分析》，《上海体育学院学报》2012 年第 4 期。

刘红建、张航：《基于公众满意度的全民健身政策执行评估体系构建》，《成都体育学院学报》2014 年第 8 期。

刘红建、张航、沈晓莲：《全民健身与全民健康深度融合的政策体系：价值、理念与框架》，《武汉体育学院学报》2019 年第 3 期。

卢文云、陈佩杰：《全民健身与全民健康深度融合的内涵、路径与体制机制研究》，《体育科学》2018年第5期。

陆小成：《试论公共政策执行障碍及对策》，《理论月刊》2003年第10期。

裴立新：《论全面建设小康社会的全民健身体系》，《中国体育科技》2003年第6期。

乔玉成：《运动处方在全民健身中的作用》，《体育学刊》2000年第4期。

青格乐图、张雪峰、包智章：《高原红细胞增多症动脉粥样硬化危险因素分析》，《中国动脉硬化杂志》2012年第7期

任中海、马小明：《高海拔地区大学生的肺活量及体能指标分析》，《青海大学学报（自然科学版）》2004年第2期。

孙进：《文化适应问题研究：西方的理论与模型》，《北京师范大学学报（社会科学版）》2010年第5期。

《体育与健康理论教程》编委会：《体育与健康理论教程》，高等教育出版社2001年版。

王林、虞定海：《传统武术非物质文化遗产传承的困境与对策》，《上海体育学院学报》2009年第4期。

文烨、唐炎：《我国农村体育公共服务的发展路径及模型构建》，《天津体育学院学报》2012年第3期。

席焕久、张海龙、李文慧等：《高原地区居民的体成分与形态学变化》，《解剖科学进展》2013年第2期。

熊斗寅、蔡俊五、胡利军等：《科技兴体战略对策研究》，《体育科学》1994年第2期。

阳艺武、刘同员：《"体教结合"与"教体结合"的内涵解读》，《体育学刊》2009年第5期。

曾国安、胡晶晶：《论20世纪70年代末以来中国城乡居民收入差距的变化及其对城乡居民消费水平的影响》，《经济评论》2008年第1期。

詹新寰、仇泽国：《我国农村公共体育服务运行现状研究》，《首都体育学院学报》2018年第4期。

张怀成、张铁明：《民族地区全民健身组织网络发展困境及破解对策——以湖北省恩施州为例》，《中南民族大学学报（人文社会科学版）》2018年第5期。

张立：《一种简易监测运动强度和评定运动能力的方法——RPE等级值》，《武汉体育学院学报》1995年第1期。

张明鑫、葛淼：《区域地理环境对中国男性青年收缩压参考值影响分析》，《地理科学》2012年第11期。

张明鑫、葛淼：《中国男性收缩压参考值的地理分布规律》，《中国老年学杂志》2012年第24期。

张勇、魏明涓：《中等强度主观感觉等级与心率预测最大耗氧量研究》，《体育科学》2013年第12期。

赵世林：《论民族文化传承的本质》，《北京大学学报（哲学社会科学版）》2002年第3期。

赵原：《刍议全民健身保障体系的构建》，《人民论坛》2013年第2期。

周红妹、林向阳：《政策工具视角下地方政府对国家体育产业政策的再制定》，《上海体育学院学报》2017年第3期。

朱莎、丁宁炜、刘凌：《高原及低氧环境对心率变异性影响研究进展》，《中国运动医学杂志》2010年第3期。

庄国波、杨绍陇：《领导干部政绩评价理论研究进展》，《中国行政管理》2008年第4期。

庄西真：《教育政策执行的社会学分析——嵌入性的视角》，《教育研究》2009年第12期。

外文文献

Arngrimsson S. B., Richardsson E. B., Jonsson K., et al., "Body composition, aerobic fitness, physical activity and metabolic profile among, 18 year old Icelandic high-school students", *Laeknabladid*, Vol. 98, No. 5, 2012, pp. 277 – 282.

Aryal N., Weatherall M., Bhatta Y. K., et al., "Blood pressure and hypertension in adults permanently living at high altitude: A systematic review and meta-analysis", *High Alt Med Biol*, Vol. 17, No. 3, 2016, pp. 185 – 193.

Blair S. N., Church T. S., "The fitness, obesity, and health equation: is physical activity the common denominator", *Jama*, Vol. 292, No. 10, 2004, p. 1232.

Bohannon R. W., "Hand-grip dynam om etry predicts future outcomes imaging adults", *J. Geriatric Physical Therapy*, Vol. 31, No. 1, 2008, pp. 3 – 10.

Ge RL, Helun G., "Current concept of chronic mountain sickness: pulmonary hypertension-related high-altitude heart disease", *Wilderness & environmental medicin*, Vol. 12, No. 3, 2001, p. 190.

Grossman, M., "On the Concept of Health Capital and the Demand for Health", *Journal of Political Economy*, Vol. 80, No. 2, 1972, pp. 23 – 25.

Peolsson A., H edlund R., berg B., "Intra-and inter-tester reliability and reference values for hand strength", *J. Rehabil Med*, Vol. 33, No. 1, 2001, pp. 36 – 41.

Ruiz L, Penaloza D., "Altitude and hypertension", *Mayo Clinic Proc.*, Vol. 52, No. 7, 1977, pp. 442 – 445.

Tietjen-Smith T., Smith S. W., Martin M., et al., "Grip strength in relation to overall strength and functional capacity in very old and oldest old females", *Phys. Occup Ther Geriatr*, Vol. 24, No. 3, 2006, pp. 63 – 78.